महान् खगोलविद्-गणितज्ञ

आर्यभट

ब्रह्म-कु-शशि-बुध-भृगु-रवि-कुज-गुरु-कोण-भगणान् नमस्कृत्य।
आर्यभटस्त्विह निगदति कुसुमपुरेऽभ्यर्चितं ज्ञानम्॥

महान् खगोलविद्-गणितज्ञ
आर्यभट

दीनानाथ साहनी

भूमिका

डॉ. ए.पी.जे. अब्दुल कलाम

प्रकाशक • **प्रभात प्रकाशन प्रा. लि.**
4/19 आसफ अली रोड,
नई दिल्ली–110002

संस्करण • 2025
मूल्य • पाँच सौ रुपए
मुद्रक • नरुला प्रिंटर्स, दिल्ली

MAHAN KHAGOLVID-GANITAGYA ARYABHAT
by Dinanath Sahani ₹ 500.00
Published by Prabhat Prakashan Pvt. Ltd., 4/19 Asaf Ali Road, New Delhi-2
e-mail: prabhatbooks@gmail.com ISBN 978-93-5048-138-7

खगोल विज्ञान के प्राणाधार
उन गणितज्ञों को
जिन्होंने ब्रह्मांड के रहस्यों को
अनावृत कर मानव-जीवन को
खुशहाल बनाया।

डॉ. ए.पी.जे. अब्दुल कलाम
पूर्व राष्ट्रपति, भारत

पथ-प्रदर्शक गणितज्ञ आर्यभट

अल्बर्ट आइंस्टीन ने हमारे वैज्ञानिकों के बारे में एक बार कहा था—''हमें भारतीयों का अहसानमंद होना चाहिए कि उन्होंने हमें गिनती सिखाई, इसके अभाव में कोई भी सार्थक वैज्ञानिक खोज संभव नहीं थी।''

आइंस्टीन के इस कथन से हम भारतीय वैज्ञानिकों के महत्त्व को रेखांकित कर सकते हैं। भारत में प्राचीनकाल से ही लोगों की विज्ञान और अन्वेषण में गहन रुचि रही है। वराहमिहिर, बोधायन, आपस्तंब, ब्रह्मागुप्त, भास्कर और आर्यभट जैसे उद्‌भट वैज्ञानिक हमारे देश में ही जनमे। ये महानुभाव न केवल वैज्ञानिक थे, बल्कि 'ऋषि वैज्ञानिक' थे।

मैं जब स्कूली शिक्षा के दौरान विज्ञान का छात्र था, हमें 'ऋषि वैज्ञानिक' नाम का एक पाठ पढ़ाया जा रहा था। उसे पढ़कर मैं गहन सोच में डूब गया। जब पॉलिश वैज्ञानिक कॉपरनिकस (15वीं सदी) तथा इटालवी वैज्ञानिक गैलीलियो (16वीं सदी) ने सौर-मंडल की गतिशीलता की स्थापना करते हुए कहा कि पृथ्वी गोल है और सूर्य के चारों ओर परिभम्रण करती है—तो उनकी उस अनमोल खोज के लिए उन्हें दंडित किया गया। मजबूरन कॉपरनिकस को अपने बयान से पीछे हटना पड़ा। वहीं गैलीलियो को ताउम्र कारावास भोगना पड़ा। ये स्थितियाँ वैज्ञानिकों को हतोत्साहित करनेवाली थीं।

वैज्ञानिकों के प्रति हमारा जनमानस कहीं अधिक उदार और प्रोत्साहक रहा। उपर्युक्त घटना से बहुत पहले, लगभग 500 ईसवी में हमारे देश में आर्यभट हुए। आर्यभट एक महान् खगोलविद् और गणितज्ञ थे। अपनी खगोलीय खोजों के बाद उन्होंने सार्वजनिक घोषणा की कि पृथ्वी 365 दिन, 6 घंटे, 12 मिनट तथा 30 सेकंड में सूर्य का एक चक्कर लगाती है। उनकी इस खोज की हमारे यहाँ सराहना हुई और उन्हें प्रोत्साहन मिला।

गणितज्ञ आर्यभट भारत के एक महानतम वैज्ञानिक थे, जो निरंतर जन-जन को प्रेरित करते रहेंगे। उनसे प्रेरणा ग्रहण करके आगे बढ़ते रहना ही उनके प्रति हमारी सच्ची श्रद्धांजलि होगी। उस महान् आत्मा को मेरा सादर नमन।

लेखक दीनानाथ को पुस्तक लिखने के लिए बधाई।

(डॉ. ए.पी.जे. अब्दुल कलाम)

प्रस्तावना

महान् खगोलविद् और गणितज्ञ आर्यभट ने मात्र 23 साल की आयु में अभूतपूर्व, अद्‌भुत और अद्वितीय खोज की। उन्होंने ब्रह्मांड के कई गूढ़ रहस्यों को सुलझाया और क्रांतिकारी मान्यताएँ एवं सिद्धांत स्थापित किए। उन्होंने विश्व को 'आर्यभटीय' ग्रंथ दिया। खगोलविदों एवं गणितज्ञों को एक नई सोच दी। आर्यभट एक ऐसे ही असाधारण प्रतिभा थे।

जब मैं इस पुस्तक को लिखने बैठा तब मुझे लगा कि जितनी क्षमता मेरे अंदर है, इस काम को करने के लिए उससे कहीं ज्यादा योग्यता चाहिए। मगर इस काम की महत्ता को महसूस करते हुए, इसे चुनौती के रूप में लेते हुए मैंने इस पुस्तक को पूरा करने का संकल्प लिया और फिर अपने भीतर साहस एवं हिम्मत जुटाई।

मेरे लिए सबसे बड़ी चुनौती थी आर्यभट के बारे में ज्यादा-से-ज्यादा जानकारी संग्रह करना। इसी के साथ मेरा मिशन और कार्य-योजना बनाने का सिलसिला प्रारंभ हो गया। मुझे इंडियन नेशनल साइंस एकेडमी, नई दिल्ली, अन्नाल्स ऑफ भंडारकर ओरियंटल रिसर्च इंस्टीच्यूट, अलफर्ड हुपर : मेकर्स ऑफ मैथमेटिक्स, रेनडम हाउस, न्यूयॉर्क और बिहार रिसर्च सोसाइटी, पटना से सहयोग मिला।

हिंदी में इस पुस्तक को लिखने के क्रम में बहुत से लेखकों के ग्रंथों से मैंने सहयोग लिया। तब जाकर इस पुस्तक को आकार दे सका। पहले कई लंबे-लंबे 'नोट्स' लिखे और फिर उन 'नोट्स' का पुस्तक में क्रमबद्ध ढंग से लिखने और सजाने का कार्य किया। अन्वेषण के क्रम में यात्रा के दरम्यान अपनी दिनचर्या से किसी भी तरह समय निकाला और आर्यभट के विचारों, खोजों और प्रतिपादित सिद्धांतों को गहराई तथा व्यापकता से निरंतर लिखने एवं खुद समीक्षा करने का प्रयास किया।

मेरे लिए यह पुस्तक लिखना एक ऐतिहासिक यात्रा करने जैसा रहा है।

मैं उन सभी संस्थानों एवं गुणीजनों के प्रति आभार व्यक्त करता हूँ, जो इस पुस्तक को लिखने में मेरे साथ जुड़े रहे। उन सभी लोगों के प्रति भी आभार प्रदर्शित

करता हूँ, जिन्होंने समय-समय पर मुझे ज्ञान से समृद्ध किया और यह पुस्तक कल्पना से कहीं ज्यादा अच्छे रूप में सामने लाने में मदद की।

और अंत में पत्नी रीना सुषमा, बेटी मानवी और बेटा वेदांत के प्रति मेरा हार्दिक आभार। इन तीनों ने सदैव अपने स्नेह और सहयोग से मुझे लिखते रहने के लिए प्रेरित किया। इनमें मैंने हमेशा उन मानव-मूल्यों की छवि देखी है, जिन्हें ईश्वर ने अपनी अलौकिक शक्तियों से सींचा है।

—दीनानाथ साहनी

अनुक्रमणिका

पथ-प्रदर्शन गणितज्ञ आर्यभट *7*

प्रस्तावना *9*

1. प्राचीन भारत के पहले वैज्ञानिक आर्यभट 13
2. वेधशाला प्राचीन पाटलिपुत्र (दानापुर) में थी 24
3. 'आर्यभटीय' ग्रंथ की रचना 33
4. 'आर्यभटीय' की टीकाएँ 36
5. गीतिकापाद 38
6. गणितपाद 63
7. कालक्रियापाद 141
8. गोलपाद 166
9. आर्यभट की क्रांतिकारी मान्यताएँ 213

संदर्भ और टिप्पणियाँ 224

1

प्राचीन भारत के पहले वैज्ञानिक आर्यभट

कभी-कभी सही वैज्ञानिक सिद्धांत भी सदियों तक स्वीकार नहीं किए जाते। उन्हें प्रस्तुत करनेवाले वैज्ञानिक लंबे समय तक गुमनाम और उपेक्षित रहते हैं। विज्ञान के इतिहास में इस तरह के अनेक उदाहरण मिलते हैं। ऐसा ही एक उदाहरण है—आर्यभट और गणित-ज्योतिष से संबंधित उनका क्रांतिकारी कृतित्व।

आज हम विश्वास के साथ कह सकते हैं कि आर्यभट प्राचीन भारत के एक सर्वश्रेष्ठ गणितज्ञ-खगोलविद् थे। अब पाश्चात्य विद्वान् भी स्वीकार करते हैं कि आर्यभट अपने समय (ईसा की पाँचवीं-छठी सदी) के एक चोटी के वैज्ञानिक थे, मगर उन्नीसवीं सदी के मध्यकाल तक भारतवासी उन्हें लगभग भूल ही गए थे। उनके महान् ग्रंथ 'आर्यभटीय' की हस्तलिपियाँ पिछली कई सदियों से भारत के अधिकांश प्रदेश से लुप्त रही हैं। उनका एक अन्य ग्रंथ 'आर्यभट-सिद्धांत' आज भी उपलब्ध नहीं है।

ऐसी बात नहीं है कि आर्यभट और उनका कृतित्व शुरू से ही उपेक्षित रहा है। आर्यभट का जन्म 476 ई. में हुआ था। उनके 'आर्यभटीय' ग्रंथ में नवीनता थी। उनकी कई स्थापनाएँ क्रांतिकारी थीं। ग्रंथ सूत्र शैली में लिखा गया था, इसलिए उन्हें और उनकी कृति को बहुत जल्दी प्रसिद्धि मिल गई थी।

'आर्यभटीय' की सबसे प्राचीन और सबसे उत्तम टीका है—'भास्कर (प्रथम) का आर्यभटीय भाष्य', जो उन्होंने वलभी (सौराष्ट्र, गुजरात) में 629 ई. में लिखा था। भास्कर अपने दो अन्य ग्रंथों (महाभास्करीय और लघुभास्करीय) में आर्यभट के लिए 'श्रीमद्‌भट' और 'प्रभु' जैसे शब्दों का प्रयोग करते हैं और 'आर्यभटीय' को 'तपाभिराप्तम्' अर्थात् तप से प्राप्त किया हुआ बताते हैं। आर्यभट की स्तुति में रचे गए उनके दो श्लोकों का आशय है—"उन आर्यभट की जय हो, जिनका ज्योतिषशास्त्र बहुत काल तक सुदूर देशों में स्फुट फल देता है और जिनका यश सागर के पार तक

पहुँच गया है। आर्यभट के अतिरिक्त अन्य कोई ग्रहों की गति जानने में समर्थ नहीं है। अन्य लोग गहन अंधकार के समुद्र में घूम रहे हैं।''

यह भी पता चलता है कि 800 ई. के आसपास 'आर्यभटीय' का 'जीज अल अर्जभहर' के नाम से अरबी में अनुवाद हुआ था, मगर आज वह उपलब्ध नहीं है। स्वदेश में भी आर्यभट के ग्रंथ का इतना अधिक प्रभाव रहा कि हमारे देश में ग्रह-गणित के सौर और ब्राह्म पक्षों के साथ-साथ एक स्वतंत्र आर्यपक्ष भी अस्तित्व में आ गया था। 'आर्यभटीय' के आधार पर कई स्वतंत्र ज्योतिष ग्रंथ भी लिखे गए।

दरअसल, आरंभ में कुछ सदियों तक भारतीय गणित-ज्योतिष जगत् में आर्यभट का खूब सम्मान रहा। परंपरा से प्रचलित एक काफी पुराने श्लोक के अनुसार, ''पंचसिद्धांतों (पैतामह, वासिष्ठ, पौलिश, रोमक और सौर) की पद्धतियों से गणित करने पर ग्रहों के गमन और ग्रहण आदि के बारे में जो दृष्टि-वैषम्य प्रकट होता था, उसे दूर करने के लिए कलियुग में स्वयं सूर्य भगवान् कुसुमपुर में आर्यभट के नाम से भूगोलविद् और कुलपति होकर अवतरित हुए।''[2]

17वीं सदी के प्रारंभ में कृष्ण दैवज्ञ के पुत्र नृसिंह ने भास्कराचार्य के 'सिद्धांत-शिरोमणि' पर 'वासनावार्तिक' नामक भाष्य लिखा। इसी सदी के मध्य में रंगनाथ के पुत्र मुनीश्वर अपर नामक विश्वरूप में भास्कराचार्य के इसी ग्रंथ पर 'मरीचि टीका' लिखी। इन दोनों टीकाओं में प्रथम आर्यभट और द्वितीय आर्यभट के उद्धरण दिए गए हैं। कहीं-कहीं प्रथम आर्यभट को वृद्धार्यभट और द्वितीय आर्यभट को 'लघ्वार्यभट' कहा गया है।

ज्योतिष-विज्ञानी वारेन ने अपने ग्रंथ 'काल संकलित' में बताया है कि 19वीं सदी के प्रारंभ में तमिल प्रदेश में ग्रहण की गणना के लिए आर्यभटीय के नियमों का उपयोग किया जाता है, फिर भी 19वीं शताब्दी के प्रारंभ में आर्यभटीय की प्रतियाँ दुष्प्राप्य हो गई थीं, क्योंकि कोलब्रुक को बहुत परिश्रम से ढूँढ़ने पर भी इसकी कोई प्रति नहीं मिली और उन्होंने ब्रह्मगुप्त के 'आर्याष्टशत' उल्लेख कर यह अनुमान लगाया कि प्रथम आर्यभट के ग्रंथ में 800 आर्याएँ थीं।

मगर बेंटले को प्रथम आर्यभट और द्वितीय आर्यभट दोनों के ग्रंथों की प्रतियाँ मिली थीं। इनमें द्वितीय आर्यभट के ग्रंथ महासिद्धांत को उन्होंने प्रामाणिक माना और प्रथम आर्यभट के ग्रंथ को उन्होंने अप्रामाणिक माना। उन्होंने यह भी कहा कि यद्यपि इस ग्रंथ का नाम 'लघु आर्य सिद्धांत' लिखा है। यह आधुनिक काल में लिखी अप्रामणिक पुस्तक है। कदाचित् उनकी इस धारणा का कारण यह हो कि महासिद्धांत में ब्रह्मा के एक दिन का महायुगों में मान तथा महायुग का चारों युगों में विभाजन

आदि वैसा ही है जैसा ब्रह्मगुप्त, द्वितीय भास्कराचार्य आदि ज्योतिषियों के ग्रंथों में दिया गया है और प्रथम आर्यभट के 'आर्यभटीय' ग्रंथ में इससे बहुत भिन्न है; किंतु उन्होंने इस बात पर ध्यान नहीं दिया कि इस ग्रंथ की विशिष्टताएँ वही हैं, जिनके लिए ब्रह्मगुप्त ने आर्यभट की आलोचना की है। बेंटले का ग्रंथ सन् 1823 में प्रकाशित हुआ था।

वैसे मद्रास में ह्विश को भी आर्यभट की प्रतियाँ मिली थीं। उन्होंने सन् 1827 में 'हिंदुओं की वर्णमालीय अंकन पद्धति' नामक लेख भी लिखा था, जिसमें संख्याओं के लिखने की आर्यभट की पद्धति का वर्णन किया था। डॉ. कर्ण ने जब 1874 ई. में 'आर्यभटीय' का संस्करण परमेश्वर के भाष्य के साथ छपवाया, तब संपादन के लिए ह्विश की प्रतियों का भी उपयोग किया था।

सन् 1864 में भाऊदाजी ने 'आर्याष्टशत' और 'दशगीतिका' की प्रतियाँ प्राप्त कीं और यह दिखलाया कि इनमें वे सभी उदाहरण हैं, जिनका उल्लेख बाद के भारतीय ज्योतिषियों ने किया है। उन्होंने यह स्वीकार किया है कि प्रथम आर्यभट का वास्तविक ग्रंथ यही है और 'आर्याष्टशत' का अर्थ 108 है, न कि 800। इसके पहले कुछ लोग, जो यह समझते थे कि 'आर्याष्टशत' का अर्थ 800 है, महासिद्धांत को ही प्रथम आर्यभट का ग्रंथ समझते थे, क्योंकि महासिद्धांत की खंडित प्रतियों में भी आर्याओं की संख्या लगभग 600 थी।

प्राचीन भारत में आर्यभट और उनके कृतित्व की इस तरह की ख्याति का प्रमुख कारण था 'उनके द्वारा प्रतिपादित नए सिद्धांत। आर्यभट की कुछ विशिष्ट उपलब्धियाँ हैं—

1. आर्यभट भू-भ्रमण का सिद्धांत प्रस्तुत करनेवाले पहले भारतीय हैं। उन्होंने स्पष्ट लिखा है कि पृथ्वी ही अपने अक्ष पर पश्चिम से पूर्व की ओर भ्रमण करती रहती है। इसीलिए आकाश के नक्षत्र हमें पूर्व से पश्चिम की ओर जाते दिखाई देते हैं।

2. आर्यभट ने सूर्य-ग्रहण और चंद्र-ग्रहण के वैज्ञानिक कारण दिए हैं। उन्होंने इस पौराणिक मत को स्वीकार नहीं किया कि ग्रहण किसी राहु नामक राक्षस के कारण घटित होते हैं।

3. आर्यभट की स्पष्ट मान्यता थी कि पृथ्वी चार महाभूतों (मिट्टी, जल, अग्नि और वायु) से निर्मित है। उन्होंने आकाश को मूल तत्त्व के रूप मे स्वीकार नहीं किया।

4. आर्यभट ने एक नवीन और सरल युग-पद्धति का प्रतिपादन किया। वे

43,20,000 वर्षों के महायुग को 'युग' कहते हैं और इसे चार सम्मान भागों (युगपादों) में विभाजित करते हैं, न कि 'मनुस्मृति' की तरह 4 : 3 : 2 : 1 के अनुपात में। सृष्टि और प्रलय के सिद्धांत में आर्यभट की कोई आस्था नहीं थी। वे काल को अनादि और अनंत मानते थे।

5. आर्यभट ने वृत्त की परिधि और इसके व्यास के अनुपात का मान 3.1416 दिया है, जो काफी शुद्ध मान है। इसे भी उन्होंने 'आसन्न' यानी 'सन्निकट' मान कहा है।

6. त्रिकोणमिति की नींव भले ही यूनानी गणितज्ञों ने डाली हो, परंतु पाश्चात्य विद्वान् भी स्वीकार करते हैं कि आज सारे संसार में जो त्रिकोणमिति पढ़ाई जाती है, वह आर्यभट की विधि पर आधारित है।

7. आर्यभटीय भारतीय गणित-ज्योतिष का पहला ग्रंथ है, जिसमें संख्याओं को शून्युक्त दाशमिक स्थानमान पद्धति के अनुसार प्रस्तुत किया गया है। आर्यभट ने वर्णमाला का उपयोग करके एक नई अक्षरांक-पद्धति को जन्म दिया।

फिर क्या वजह है कि आर्यभट आधुनिक काल में लगभग नामशेष हो गए थे? अभी कुछ दशक पहले तक वराहमिहिर, ब्रह्मगुप्त और भास्कराचार्य की तुलना में आर्यभट की चर्चा बहुत कम होती थी, हालाँकि इन सब में आर्यभट का कृतित्व ही अधिक प्राचीन और अधिक महत्त्व का है। करीब छह दशक पहले भारत में 'आर्यभटीय' की मुद्रित प्रतियाँ भी सहज उपलब्ध नहीं थीं।

वस्तुतः पिछले लगभग 1,000 वर्षों की लंबी कालावधि में आर्यभट का 'आर्यभटीय' ग्रंथ लुप्तप्राय रहा, विशेषकर उत्तर भारत में। मध्य एशिया के पंडित अल-बरूनी (973-1048) ने अपने ग्रंथ 'अल-हिंद' (भारत) में आर्यभट के सिद्धांतों की संक्षिप्त जानकारी दी है, उनकी स्तुति भी की है, किंतु खेद के साथ लिखते हैं—"मुझे आर्यभट की कोई पुस्तक नहीं मिल पाई। मैं उसके बारे में जो कुछ जान पाया हूँ, उसका आधार उसके वे उद्धरण हैं, जो ब्रह्मगुप्त ने दिए हैं।[3] ब्रह्मगुप्त (जन्म 598 ई.) ने आर्यभट के दोष दिखाने के लिए अपने 'ब्राह्मस्फुट-सिद्धांत' में 'तंत्रपरीक्षा' नाम से एक स्वतंत्र अध्याय लिखा है।

अंग्रेज संस्कृतज्ञ हेनरी टॉमस कोलब्रूक (1765-1837 ई.) ने जब 1817 ई. में प्राचीन भारतीय बीजगणित की विशेषताओं का विवरण प्रस्तुत किया, तब आर्यभट का ग्रंथ उन्हें उपलब्ध नहीं था। वे लिखते हैं "भारत के विभिन्न भागों में दीर्घकाल तक परिश्रमपूर्वक खोज करने पर भी पद्‌मनाभ के बीजगणित और आर्यभट की बीजगणितीय तथा अन्य कृतियों को प्राप्त करने में मुझे सफलता नहीं मिली।"[4]

आज से करीब 1,000 साल पहले अलबरूनी ने आर्यभट के ग्रंथों की खोज प्रमुखतः तत्कालीन पश्चिमोत्तर भारत में की होगी। कोलब्रूक करीब दो दशकों तक तिरहुत, पूर्णिया, मिर्जापुर और नागपुर में ईस्ट इंडिया कंपनी के बड़े अधिकारी रहे; परंतु उन्हें भी आर्यभट की कोई पुस्तक नहीं मिली। शंकर बालकृष्ण दीक्षित ने अपने प्रसिद्ध ग्रंथ 'भारतीय ज्योतिष' में 1896 ई. में लिखा था—"आर्यसिद्धांत और आर्यपक्ष शब्द तो हमारे देश में प्रसिद्ध हैं, पर प्रत्यक्ष आर्यसिद्धांत ग्रंथ विशेषतः किसी को ज्ञात नहीं है। हम समझते हैं, महाराष्ट्र में किसी भी ज्योतिषी के पास इसकी प्रति नहीं होगी। संप्रति आर्यपक्ष प्रचलित है और उसके अभिमानी भी बहुत हैं; पर मूल आर्यसिद्धांत द्वारा उसका स्वरूप जाननेवाले बहुत थोड़े हैं।"[5] तात्पर्य यह कि पिछली कई सदियों से समूचे उत्तर भारत में और महाराष्ट्र में 'आर्यभटीय' की प्रतियाँ अप्राप्य रहीं।

परंतु सुदूर दक्षिण भारत में मुख्यतः मलयालम लिपि में टीकाओं सहित 'आर्यभटीय' की कई हस्तलिपियाँ उपलब्ध थीं। उनमें से कुछ हस्तलिपियाँ यूरोप के संग्रहालयों में भी पहुँच गई थीं, मगर उनका अध्ययन और प्रकाशन नहीं हो पाया था और न ही उनके आधार पर किसी यूरोपीय विद्वान् ने आर्यभट का प्रामाणिक परिचय प्रस्तुत किया था। सर्वप्रथम यह काम महाराष्ट्र के प्रख्यात विद्वान् डॉ. भाऊ दाजी लाड (1824-1874 ई.) ने किया। उन्होंने 1863 ई. में केरल की यात्रा करके वहाँ मलयालम लिपि में 'आर्यभटीय' की तीन हस्तलिपियाँ खोजीं। उन हस्तलिपियों का अध्ययन करके डॉ. भाऊ दाजी ने अगले वर्ष आर्यभट और उनकी 'आर्यभटीय' पुस्तक के बारे में एक खोजपरक निबंध तैयार किया, जो 1865 ई. में लंदन की 'रॉयल एशियाटिक सोसाइटी' के जर्नल में प्रकाशित हुआ। तभी विद्वज्जगत् को आर्यभट के समय और उनके 'आर्यभटीय' ग्रंथ के बारे में पहली बार प्रामाणिक जानकारी मिली।

डॉ. भाऊ दाजी लाड ने अपने निबंध में सबसे पहले यह स्पष्ट किया कि शुद्ध नाम आर्यभट ही है, न कि आर्यभट्ट। उन्होंने बताया कि 'आर्यभटीय' के दो भाग हैं—'दशगीतिका' और 'आर्याष्टशत'। फिर उन्होंने यह स्पष्ट किया कि 'आर्याष्टशत' शब्द का अर्थ है—आर्या छंद में 108 श्लोक, न कि 800 श्लोक। 'दशगीतिका' भाग में मंगलाचरण सहित कुल 13 श्लोक हैं। फिर उन्होंने 'आर्यभटीय' से वे कई श्लोक भी प्रस्तुत किए, जिन्हें ब्रह्मगुप्त ने अपने 'ब्राह्मस्फुट-सिद्धांत' में उद्धृत किया है।

डॉ. भाऊ दाजी पेशे से चिकित्सक थे। साथ ही उन्होंने समाज-सेवा और

संशोधन कार्य की भी कई तरह की जिम्मेदारियाँ सँभाली थीं। फिर भी उन्होंने 'आर्यभटीय' को सुसंपादित करके प्रकाशित कर देने का निश्चय कर लिया था; किंतु 1874 ई. में असामयिक निधन के कारण वे इस कार्य को पूरा नहीं कर सके।

मगर तब तक यूरोप के विद्वानों को आर्यभट का महत्त्व काफी स्पष्ट हो गया था और डॉ. भाऊ दाजी के निबंध से कई भ्रांतियाँ भी दूर हो गई थीं। यूरोप के जिन थोड़े से संस्कृतज्ञों को आर्यभट के कृतित्व की थोड़ी-बहुत जानकारी थी, उनमें एक थे—हेंद्रिक केर्ण, जो अपने को 'भट्ट कर्ण' भी लिखते थे। उन्होंने 1863 ई. में प्रकाशित अपने एक निबंध में बताया था कि आर्यभट ने भू-भ्रमण का सिद्धांत प्रतिपादित किया है। फिर 1874 ई. में केर्ण ने यूरोप में पहुँची 'आर्यभटीय' की तीन मलयाली हस्तलिपियों का उपयोग करके परमेश्वर[6] (ईसा की पंद्रहवीं सदी का पूर्वार्ध) की टीका सहित 'श्रीमदार्यभटीयस' को लाइडेन (हॉलैंड) से प्रकाशित कर दिया। 'आर्यभटीय' के इस सर्वप्रथम मुद्रित संस्करण के उपलब्ध हो जाने के बाद ही विद्वज्जगत को जानकारी मिली कि आर्यभट की गणित और खगोल-विज्ञान के क्षेत्र की वास्तविक उपलब्धियाँ क्या हैं।

उन्नीसवीं सदी के अंत तक भारत में कहीं पर 'आर्यभटीय' का प्रकाशन नहीं हुआ था। उदयनारायण सिंह ने लाइडेन से 'आर्यभटीय' की मुद्रित प्रति प्राप्त की और उसे हिंदी अनुवाद सहित 1906 ई. में मधुरपुर (मुजफ्फरपुर जिला) से पुन:प्रकाशित कर दिया। मूल आर्यभटीय और उसके हिंदी अनुवाद का यह भारत में प्रथम प्रकाशन था, पर अब वह उपलब्ध नहीं है।[7] 'आर्यभटीय' का प्रबोधचंद्र सेनगुप्त का अंग्रेजी अनुवाद 1927 ई. में कोलकाता से और वॉल्टेर यूजेन क्लॉर्क का अंग्रेजी अनुवाद 1930 ई. में शिकागो (अमरीका) से प्रकाशित हुआ।

इस दौरान सुदूर दक्षिण भारत से 'आर्यभटीय' की टीकाओं सहित कुछ और हस्तलिपियाँ प्रकाश में आईं और 1930 ई. में उनमें से कुछ का आंशिक प्रकाशन भी हुआ। मगर उत्तर भारत और महाराष्ट्र से 'आर्यभटीय' की कोई हस्तलिपि नहीं मिली। पं. सुधाकर द्विवेदी और श. बां दीक्षित ने अपने ग्रंथों में आर्यभट के बारे में जो जानकारी दी है, वह लाइडेन से प्रकाशित 'आर्यभटीय' पर ही आधारित है।

'बिहार रिसर्च सोसायटी' (पटना) ने पं. बलदेव मिश्र से 'आर्यभटीय' की 'संस्कृत टीका' और संक्षिप्त हिंदी व्याख्या सहित एक नया संस्करण तैयार करवाया और उसे 1966 ई. में प्रकाशित किया। मगर उनका यह नया संस्करण छपी हुई पुस्तकों के आधार पर ही तैयार हुआ है। 'भूमिका' में वे बताते हैं—''मेरे गुरुदेव म.म.प. सुधाकर द्विवेदीजी ने इस पर इसलिए टीका नहीं लिखी कि उन्हें कोई

अच्छी पांडुलिपि आर्यभट की नहीं मिली। टीकाकारों के पाठ पर उनका विश्वास नहीं था। उनको संसार छोड़े 53 वर्ष हो गए। अब तक न कोई पांडुलिपि आर्यभट की मिली और न किसी नवीन विद्वान् ने इस पर टीका लिखी।''[8]

यहाँ पं. सुधाकर द्विवेदी और पं. बलदेव मिश्र को 'आर्यभटीय' की पांडुलिपि प्राप्त न होने का आशय है उत्तर भारत में 'आर्यभटीय' की हस्तलिपि उपलब्ध न होना।

क्या कारण है कि समूचे भारत और महाराष्ट्र से भी 'आर्यभटीय' की हस्तलिपियाँ गायब हो गईं और सुदूर दक्षिण भारत में प्रमुखतः केरल में ही हमारे समय तक जैसे-तैसे टिकी रहीं? भारत के अधिकांश हिस्सों से 'आर्यभटीय' के लुप्त हो जाने के कारणों की तलाश हम आगे करेंगे। सुदूर दक्षिण भारत में 'आर्यभटीय' की प्रतियाँ मौजूद रहने का कारण शं. बां दीक्षित बताते हैं : शक 1400 (1478 ई.) के बाद महाराष्ट्र और काशी में बने हुए ज्योतिष ग्रंथों में इस आर्य सिद्धांत के वचन नहीं मिलते। संप्रति इस प्रांत (महाराष्ट्र) में आर्य सिद्धांत प्रायः मूल स्वरूप में प्रचलित नहीं हैं। डॉ. केर्ण ने जिन प्रतियों के आधार पर इसे छपवाया है, वे तीनों मलयालम लिपि में थीं। इससे ज्ञात होता है कि सुदूर दक्षिण भारत में और विशेषतः मलाबार प्रांत में अभी भी इसका प्रचार है। इधर जिन प्रांतों में तमिल और मलयाली लिपियों का व्यवहार होता है, उनमें सौरमान का पंचांग चलता है और वह आर्यपक्षीय है, अर्थात् उसका वर्षमान आर्य सिद्धांतानुसार है। वैष्णव लोग आर्यपक्ष के अभिमानी हैं। वे विशेषतः कर्नाटक और मैसूर प्रांतों में रहते हैं।

केरल प्रदेश ज्योतिष के आर्यपक्ष का गढ़ रहा है। पता चलता है कि आर्यभट के कुछ समय बाद ही केरल में 'आर्यभटीय' का प्रचार हो गया था। वहाँ के गणितज्ञ-ज्योतिषी दृक्प्रत्यय के अनुसार, इसमें सतत संशोधन करते रहे। 'आर्यभटीय' की जो ताड़पत्र-पोथियाँ प्राप्त हुई हैं, उनमें से अधिकांश केरल में मिली हैं और मलयालम लिपि में हैं। 'आर्यभटीय' पर जो करीब पंद्रह टीकाएँ उपलब्ध हुई हैं, उनमें बारह केरलीय पंडितों की हैं।

अब आर्यभट के अध्ययन के लिए पर्याप्त सामग्री उपलब्ध हो गई है। सन् 1976 में आर्यभट की 1500वीं जयंती मनाई गई और उस अवसर पर भारतीय राष्ट्रीय विज्ञान अकादमी (नई दिल्ली) ने 'आर्यभटीय' के तीन प्रामाणिक संस्करण प्रकाशित किए, जिनमें एक भास्कर प्रथम का 'आर्यभटीय-भाष्य' (629 ई.) भी है।[10]

आर्यभट के ग्रंथ भारत में अधिकांश भागों से सदियों तक गायब तो रहे ही,

प्राचीन भारत के इस महान् गणितज्ञ-ज्योतिर्विद् की स्मृति भी जनमानस से लगभग निःशेष हो चुकी थी। इसके विपरीत वराहमिहिर, ब्रह्मगुप्त और भास्कराचार्य का सदैव स्मरण किया जाता रहा। देश में इनके ग्रंथों का पठन-पाठन भी सतत जारी रहा। भास्कराचार्य की गणित की 'लीलावती' पुस्तक पर 30 से भी अधिक टीकाएँ लिखी गईं और यह पुस्तक अभी हाल तक संस्कृत पाठशालाओं में पढ़ाई जाती रही। वराहमिहिर की कई छोटी-बड़ी पुस्तकें फलित-ज्योतिष (जातक, मुहूर्त) से संबंधित हैं, इसलिए वे हमेशा ही उपलब्ध रहीं, बहुतों की रोजी-रोटी का आसरा बनीं और अंधविश्वास को बढ़ावा देती रहीं।

आर्यभट का 'आर्यभटीय' ग्रंथ दुरूह है, सूत्रशैली में लिखा गया है और उसमें श्रुति-स्मृति-पुराण परंपरा का खंडन है, इसलिए उन्हें यदि लोक-परंपरा में समुचित स्थान न मिला हो तो इसमें आश्चर्य की कोई बात नहीं हैं। भारतवासी आर्यभट और उनके महान् कृतित्व को लगभग भूल ही चुके थे। 'आर्यभटीय' के प्रकाश में आने के बाद भी उनकी चर्चा विद्वज्जगत् तक ही सीमित रही। भारत में निर्मित प्रथम वैज्ञानिक उपग्रह को 'आर्यभट' नाम देकर 19 अप्रैल, 1975 को अंतरिक्ष में छोड़ा गया, तभी जाकर प्राचीन भारत के इस महान् वैज्ञानिक का नाम देश के कोने-कोने में फैला। फिर अगले वर्ष नई दिल्ली में आर्यभट की 1500वीं जयंती का भव्य आयोजन हुआ और 'आर्यभटीय' के तीन-चार उत्तम संस्करण उपलब्ध हुए, तब से उनकी अधिक चर्चा होनी लगी।

आर्यभट के साथ भारतीय गणित-ज्योतिष में एक नई परंपरा शुरू होती है। 'आर्यभटीय' को भारतीय गणित-ज्योतिष का प्रथम 'पौरुषेय' ग्रंथ माना जाता है, इसके पहले के ग्रंथों को 'अपौरुषेय' माना गया है। 'अपौरुषेय' का आशय यही है कि वे ग्रंथ अधिक प्राचीन हैं, ऋषि-प्रणीत हैं या उनके कर्ताओं के बारे में कोई स्पष्ट जानकारी नहीं मिलती। 'पौरुषेय' ग्रंथ वे हैं, जिनके रचनाकाल और कर्ताओं के बारे में स्पष्ट सूचनाएँ मिलती हैं। ऐसे ग्रंथ आचार्यों द्वारा लिखे गए। 'आर्यभटीय' भारतीय विद्वान् का पहला ग्रंथ है, जिसमें रचनाकार ने अपने नाम, स्थान और समय के बारे में स्पष्ट जानकारी दी है।

आर्यभट परंपरावादी नहीं थे। उन्होंने पुरानी मान्यताओं का अंधानुकरण नहीं किया। कई पुरानी मान्यताओं को श्रुति-स्मृति और पुराणों द्वारा समर्थित होने पर भी उन्होंने स्वीकार नहीं किया। उन्होंने गणित-ज्योतिष के वही सिद्धांत प्रतिपादित किए, जो उन्हें सही और उपयुक्त प्रतीत हुए। 'आर्यभटीय' के एक अंतिम श्लोक में उन्होंने लिखा भी है—''यथार्थ और मिथ्या ज्ञान के समुद्र में से मैंने यथार्थ ज्ञान के

डूबे हुए रत्न को देवता के प्रसाद से अपनी बुद्धि रूपी नाव की सहायता से बाहर निकाला है।''[11]

मेगस्थनीज ने अपने ग्रंथ 'इंडिका' में वृद्ध आर्यभट और कुसुमपुर के आर्यभट का उल्लेख किया है और उन्हें प्रथम आर्यभट से भिन्न व्यक्ति माना है। उन्होंने कहा है कि कुसुमपुर के आर्यभट वृद्ध आर्यभट के अनुयायियों में से थे। सखाऊ के अनुवाद के भाग 1, पृष्ठ 246 पर वे कहते हैं—

'कुसुमपुर के आर्यभट की पुस्तक में हम पढ़ते हैं कि मेरु पर्वत हिमवंत में शीत प्रदेश में है और एक योजन से अधिक ऊँचा नहीं है; परंतु अनुवाद ऐसा किया गया है, जिससे ऐसा प्रतीत हो कि मेरु हिमवंत से एक योजन से अधिक ऊँचा नहीं है।'

मगर इस विषय में अलबरूनी के कथन को प्रामाणिक नहीं माना जा सकता क्योंकि सखाऊ के अनुवाद के भाग 1 के पृष्ठ 370 पर वे स्वयं यह कहते हैं—

'मैंने आर्यभट की किसी पुस्तक को नहीं देखा है। उसके विषय में मेरी पूरी जानकारी ब्रह्मगुप्त द्वारा किए गए उसके उदाहरणों से है।

उसी पृष्ठ पर वे आगे कहते हैं—

'कुसुमपुर के आर्यभट, जो वृद्ध आर्यभट के संप्रदाय के हैं, अपनी एक छोटी सी पुस्तिका 'अल् नत्फ' में लिखते हैं कि ब्रह्मा के दिन में 1008 चतुर्युग होते हैं। इसके पहले आधे (504 चतुर्युगों) को 'ओचरपन' कहते हैं, जिसमें सूर्य ऊँचे चढ़ता है और दूसरे आधे को 'आबसररन कहते हैं, जिसमें सूर्य नीचे जाता है। इस काल का मध्य भाग सम्म अर्थात् साम्य कहलाता है, क्योंकि यह दिन के मध्य में है और प्रारंभ तथा अंत को 'दुरतम' कहा जाता है।

इस उदाहरण से स्पष्ट है कि जिसको अलबरूनी कुसुमपुर का आर्यभट समझते हैं। वे वस्तुतः प्रथम आर्यभट है। 'अल् नत्फ' वस्तुतः 'अल नगमा' है, जैसा इस टीका के पृष्ठ 7 पर दिखाया गया है। प्रथम आर्यभट ने ही कालक्रिया की नवीं आर्या में उत्सर्पिणी, अवसर्पिणी, सुषमा तथा दुष्मा का उल्लेख किया है, जो अरबी लिपि में परिवर्तित हो गए हैं।

इसके अतिरिक्त यह भी स्पष्ट है कि अलबरूनी ने अल नगमा अर्थात् दशगीतिका भी नहीं देखी थी, क्योंकि पर वे लिखते है कि हिंदू लोग संख्याओं के अंकन के लिए अपनी वर्णमाला के अक्षरों का उपयोग नहीं करते। जैसा हम लोग अरबी अक्षरों का उपयोग हिब्रू वर्णमाला के क्रम में करते हैं। अ ब ज द इत्यादि अरबी अक्षरों का उपयोग 1, 2, 3, 4 आदि अंकों के लिए किया जाता है, परंतु अ

ब ज द आदि का क्रम अरबी वर्णमाला का नहीं, बल्कि हिब्रू वर्णमाला का है। यदि अलबरूनी ने क से म तक के 25 वर्ग अक्षरों को क्रम से 1 से 25 तक का मान देकर वर्ग स्थानों में तथा अवर्ग अक्षरों (य से ह तक) को अवर्ग स्थानों में रखने का आर्यभट का नियम देखा होता, जिसमें य= ङ + म, तो वे ऐसा न कहते। स्वरों का उपयोग स्थान-निर्देशन के लिए करके आर्यभट के जिस वैज्ञानिक रीति से संख्याओं को लिखा, वह अनूठा है।

बाद के ज्योतिषियों ने वृद्ध आर्यभट, लघु आर्यभट अथवा केवल आर्यभट लिखकर जितने उदाहरण दिए हैं, वे सभी 'आर्यभटीय' के हैं अथवा 'महासिद्धांत' में पाए जाते हैं। पृथूदक स्वामी का यह उदाहरण कि तारामंडल स्थिर है और नक्षत्रों तथा ग्रहों का दैनिक उदय एवं अस्त पृथ्वी के घूमने के कारण होता है, यह 'आर्यभटीय' में नहीं पाया जाता, परंतु यह प्रथम आर्यभट के सिद्धांत के अनुकूल है।

प्रथम आर्यभट के जन्मस्थान के संबंध में कुछ नहीं कहा जा सकता, यद्यपि उनके इस कथन से वे कुसुमपुर में पूजित ज्ञान को कहेंगे। कुछ लोगों का विचार है कि उनका कुसुमपुर जन्म अर्थात् आधुनिक पटना में हुआ था; परंतु यह भी संभव है कि कुसुमपुर में उन्होंने केवल शिक्षा प्राप्त की हो और उनका जन्म किसी अन्य स्थान में हुआ हो। स्व. शंकर बालकृष्ण दीक्षित का विचार था कि 'आर्यभटीय' की प्रतियाँ दक्षिण भारत में ही पाई गई हैं और कुसुमपुर कदाचित् कोई दक्षिण भारत का नगर रहा होगा। परंतु अन्य किसी प्राचीन ग्रंथ से दक्षिण में किसी प्रसिद्ध कुसुमपुर नामक नगर का वृत्तांत नहीं प्राप्त होता और आर्यभट के उल्लेख से यह प्रतीत होता है कि कुसुमपुर कोई प्रसिद्ध नगर रहा होगा और आधुनिक पटना के अतिरिक्त अन्य किसी नगर के कुसुमपुर होने की संभावना नहीं है।

प्राचीन इतिहासकारों से यह जानकारी मिलती है कि आर्यभट के जन्म के समय उत्तरी भारत में गुप्त वंश के सम्राट् बुधगुप्त का शासन था। ह्वेनसांग के अनुसार, नालंदा में गुप्त सम्राट् कुमारगुप्त ने विश्वविद्यालय स्थापित किया था तथा बुधगुप्त और उसके परवर्ती गुप्त सम्राटों ने इस विश्वविद्यालय को दान देने की प्रथा जारी रखी थी। अतएव, कुछ इतिहासकारों का विचार है कि कदाचित् आर्यभट ने इसी विश्वविद्यालय में शिक्षा प्राप्त की होगी, परंतु यह भी ध्यान देने योग्य है कि इस काल में अग्रहार ग्रामों की प्रथा थी। ये ग्राम ऐसे थे, जिन्हें विद्वान् ब्राह्मणों को इस कार्य के लिए दिया जाता था कि वे इनकी आमदनी का उपभोग करें और विद्यार्थियों को शिक्षा दें। ये अग्रहार ग्राम उच्च शिक्षा के केंद्र थे और किसी-किसी विद्वान् के पास सैकड़ों विद्यार्थी होते थे। हो सकता है कि पाटलिपुत्र में अथवा उसके

पास ही कोई ऐसा केंद्र रहा हो, जिसमें आर्यभट ने शिक्षा पाई हो। यह भी ध्यान देने योग्य है कि मौर्य काल से ही पाटलिपुत्र भारतवर्ष के प्रधान नगरों में से एक था। गुप्त काल में इसका शिक्षा का केंद्र होना अत्यंत संभव है।

आर्यभट को अपनी विद्वत्ता के कारण ज्योतिर्विदों में बहुत गरिमापूर्ण स्थान प्राप्त था। भास्कर प्रथम महाभास्करीय में उनके तंत्र को तपोभिराप्त अर्थात् तप से प्राप्त किया हुआ कहा गया है। इसके अतिरिक्त इसी ग्रंथ में आर्यभट का उल्लेख करते हुए वे उनके लिए श्रीमद्भट और प्रभोः अर्थात् 'प्रभु का' इन विशेषणों का उपयोग करते हैं। 'लघुभास्करीय' में दो श्लोकों द्वारा उनकी अभ्यर्थना की है, जिनके अर्थ हैं—

उस आर्यभट की जय हो, जिनका ज्योतिष-शास्त्र बहुत काल तक सुदूर देशों में स्फुट फल देता है और जिनका सुंदर यश सागर के पार तक पहुँच गया है। आर्यभट के अतिरिक्त अन्य कोई ग्रहों की गति जानने में समर्थ नहीं है। अन्य लोग गहन अंधकार के समुद्र में घूम रहे हैं।

किसी अन्य ज्योतिर्विद् ने भी एक श्लोक में कहा कि पाँचों सिद्धांतों (पैतामह सिद्धांत, वासिष्ठ सिद्धांत, पौलिश सिद्धांत, रोमक सिद्धांत तथा सौर सिद्धांत) की विधि से गणित किए हुए ग्रहों के गमन, ग्रहण आदि के विषय में जो दृष्टि-वैषम्य था, उसे दूर करने के लिए कलियुग में स्वयं सूर्य भगवान् कुसुमपुर में आर्यभट के नाम से भूगोलविद् तथा कुलपति होकर अवतरित हुए।

गोविंद स्वामी तथा परमेश्वरी ने 'महाभास्करीय' के भाष्य में आर्यभट को भगवानार्य-भटः के नाम से संबोधित किया है। इन सबसे प्रकट है कि बाद के ज्योतिर्विदों ने आर्यभट को बहुत सम्मान के साथ स्मरण किया है।

❑

2

वेधशाला प्राचीन पाटलिपुत्र (दानापुर) में थी

प्राचीन भारत के अधिकांश ग्रंथों के रचनाकाल के बारे में कोई जानकारी नहीं मिलती। हमारे देश में देवी-देवताओं के बारे में ढेर सारे आख्यान गढ़े गए, बहुत से पुराण लिखे गए; परंतु उसी काल के पंडितों के बारे में बहुत कम प्रामाणिक विवरण उपलब्ध हैं। प्राचीन भारत में ऐतिहासिक दृष्टि का अभाव रहा है।

विज्ञान से संबंधित ग्रंथों और उनके रचनाकारों का भी यही हाल है। वेदांग-ज्योतिष, वक्षाली हस्तलिपि, चरक-संहिता, सुश्रुत-संहिता, सूर्य-सिद्धांत आदि अनेक ग्रंथों के रचनाकाल के बारे में स्पष्ट जानकारी नहीं मिलती, न ही इनके रचनाकारों की जीवनियाँ उपलब्ध हैं। प्राचीन भारत के किसी साहित्यकार या वैज्ञानिक का प्रतिमा-शिल्प या चित्रांकन कहीं देखने को नहीं मिलता।

ऐसी स्थिति में यह बड़े सौभाग्य की बात है कि आर्यभट अपने ग्रंथ में अपने समय के बारे में सुस्पष्ट जानकारी दे देते हैं। अपने जन्म-वर्ष के बारे में स्पष्ट सूचना देनेवाले आर्यभट संभवत: प्राचीन भारत के पहले वैज्ञानिक हैं। आर्यभट ने इस प्रथा की नींव बाद में डाली। कई भारतीय ज्योतिर्विदों ने उनका अनुकरण किया।

आर्यभट अपने 'आर्यभटीय' ग्रंथ में दो स्थानों पर अपने नाम का उल्लेख करते हैं—पहली बार 'दशगीतिका' नामक प्रथम भाग के मंगलाचरण में और दूसरी बार 'गणितपाद' नामक द्वितीय भाग के प्रथम श्लोक में। उनका सही नाम आर्यभट ही है, न कि आर्यभट्ट। 'भट' शब्द का अर्थ है 'योद्धा'[12]। बाद के ज्योतिर्विदों ने भी उन्हें आर्यभट्ट नाम से ही स्मरण किया है। 'भट्ट' लिखने से छंदभंग होता है।

प्राचीन भारत में आर्यभट नाम के कम-से-कम दो गणितज्ञ-ज्योतिष हुए हैं। एक हैं—'आर्यभटीय' के रचयिता, जिनका परिचय यहाँ दिया जा रहा है। इनका

जन्म 476 ई. में हुआ था। दूसरे हैं—'महासिद्धांत' के रचनाकार आर्यभट, जो 950 ई. के आसपास हुए।

आर्यभट द्वितीय अपने को वृद्ध आर्यभट का अनुयायी बताते हैं और अपने 'महासिद्धांत' में 'आर्यभटीय' से उद्धरण भी प्रस्तुत करते हैं; परंतु दोनों ग्रंथों की कई मान्यताओं में काफी अंतर है; जैसे 'आर्यभटीय' के अनुसार, पृथ्वी अपनी धुरी पर घूमती है, परंतु 'महासिद्धांत' में पृथ्वी को स्थिर माना गया है।

आर्यभट प्रथम अपने जन्मकाल के बारे में सुस्पष्ट जानकारी देते हैं। 'आर्यभटीय' के एक श्लोक में वे बताते हैं—साठ वर्षों की साठ अवधियाँ और

षष्ट् यब्दानां षष्टिर्यदा व्यतीतास्त्रयश्च युगपादाः।
त्र्याधिका विंशतिरब्दास्त देह मम जन्मनोडतीता॥

तीन युगपाद जब बीत चुके थे''[13] तब मेरे जन्म के 23 वर्ष गुजर चुके थे अर्थात् तीन युगों (कृत, त्रेता तथा द्वापर) के बीत जाने के बाद, जब कलियुग के भी 60 × 60 = 3,600 वर्ष बीत चुके थे, तब आर्यभट की आयु 23 साल की थी।

भारतीय ज्योतिषियों के अनुसार, कलि के 3,179 वर्ष बीतने पर शककाल का प्रारंभ हुआ था। अतः आर्यभट 3,600–3179=421 शक में 23 वर्ष के थे, यानी उनका जन्म 398 शक में हुआ था अर्थात् आर्यभट का जन्म 476 ई. में हुआ था और 499 ई. में वे 23 साल के थे।

आर्यभट के समय में अभी शककाल का विशेष प्रचार नहीं रहा होगा, इसलिए उन्होंने अपने जन्मकाल की जानकारी कलिवर्ष में दी है, मगर आर्यभट के भाष्यकार भास्कर प्रथम (629 ई.) व ब्रह्मगुप्त (628 ई.) दोनों ही शककाल का उल्लेख करते हैं। गणित-ज्योतिष के क्षेत्र में शककाल का सर्वप्रथम उल्लेख वराहमिहिर (ईसा की छठी सदी) की 'पंचसिद्धांतिका' में देखने को मिलता है।

आर्यभट ने केवल इतनी ही स्पष्ट जानकारी दी है कि 499 ई. में वे 23 साल के थे। गणना से पता चलता है कि 3,600 वर्ष, रविवार 21 मार्च, 499 ई. को मेष-संक्रांति पर पूर्ण होते हैं। इस तरह 21 मार्च, 476 को आर्यभट के जन्म का दिन निर्धारित किया जा सकता है।

मगर सवाल उठता है—आर्यभट ने कलि 3600 (=499 ई.) का उल्लेख किस प्रयोजन से किया? क्या केवल यह बताने के लिए कि उस समय उनकी आयु 23 साल थी? या यह भी कि उस समय उन्होंने 'आर्यभटीय' की रचना की है? 'आर्यभटीय' के कुछ टीकाकारों का और कुछ आधुनिक विद्वानों का भी मत है कि 'आर्यभटीय' की रचना का काल भी यही है, यानी 499 ई. में 23 साल की आयु

में आर्यभट में अपना यह ग्रंथ लिखा था; परंतु अन्य कई विद्वान् इस मत को स्वीकार नहीं करते।

प्रयोजन संभवत: यही स्पष्ट करना रहा है कि कलि 3,600 में विषुव-अयन शून्य था, इसलिए आर्यभट द्वारा दिए गए भगणों से ग्रहों की स्थितियाँ जानने के लिए वीज-संस्कार की जरूरत नहीं है। 'आर्यभटीय' एक प्रौढ़ अवस्थावाले आचार्य की रचना प्रतीत होती है।

आर्यभट सुस्पष्ट जानकारी नहीं देते कि वे कहाँ के निवासी थे, मगर 'आर्यभटीय' के द्वितीय भाग (गणितपाद) के मंगलाचरण में कहते हैं—

ब्रह्मा-कु-शशि-बुध-भृगु-रवि-कुज-गुरु-कोण-भगणान् नमस्कृत्य।
आर्यभटस्त्विह निगदति कुसुमपुरेऽयर्चित ज्ञानम्॥ (गणितपाद, आर्यभटीयम्)

अर्थात् ब्रह्मा, पृथ्वी, चंद्रमा, बुध, शुक्र, सूर्य, मंगल, बृहस्पति, शनि तथा नक्षत्रों को नमस्कार करके आर्यभट इस कुसुमपुर (पाटलिपुत्र) में अतिशय पूजित ज्ञान का वर्णन करता है।[14]

यहाँ आर्यभट ने यह नहीं कहा है कि उनका जन्म कुसुमपुर में हुआ है। उन्होंने सिर्फ इतना ही कहा है कि कुसुमपुर में आदृत ज्ञान (गणित-ज्योतिष) का वे वर्णन कर रहे हैं। चूँकि उन्होंने 'इस (इह) कुसुमपुर' में कहा है, इसलिए यह भी स्पष्ट होता है कि उन्होंने अपना ग्रंथ कुसुमपुर में बैठकर लिखा है।

पाटलिपुत्र (आधुनिक पटना) को पुष्पपुर और कुसुमपुर के नाम से भी जाना जाता था।[15] मौर्यकाल से लेकर गुप्तकाल तक भारत का एक वैभवशाली नगर रहा है। 'दशकुमारचरित' के लेखक दंडी ने पाटलिपुत्र को कुसुमपुर कहा है। कवि विशाखदत्त, जिनका समय संभवत: ईसा की आठवीं सदी है, अपने नाटक 'मुद्राराक्षस' में सूचना देते हैं कि कुसुमपुर (पाटलिपुत्र) में राजा और धनी-मानी लोगों का निवास था।

आर्यभट के सबसे पुराने भाष्यकार भास्कर प्रथम (629 ई.) ने भी मगध के पाटलिपुत्र को ही कुसुमपुर माना है। वे यह भी जानकारी देते हैं कि कुसुमपुर में स्वायंभुव या ब्रह्मा-सिद्धांत का विशेष आदर था।[16]

इसीलिए 'आर्यभटीय' के मंगलाचरणों में और अंतिम श्लोक में स्वयंभू ब्रह्मा को सर्वप्रथम नमस्कार किया गया है। जैन ग्रंथों से भी जानकारी मिलती है कि कुसुमपुर (पाटलिपुत्र) में ब्रह्म-सिद्धांत का बड़ा प्रचार था।

वराहमिहिर ने 'पंचसिद्धांतिका' में जिन पाँच पुराने सिद्धांतों का परिचय दिया है, उनमें सबसे प्राचीन 'पितामह-सिद्धांत' या 'ब्रह्म-सिद्धांत' ही है। वस्तुतः ब्रह्म-

सिद्धांत को संशोधित करने के प्रयोजन से ही आर्यभट ने अपने ग्रंथ की रचना की है।

पहले हमने आर्यभट के बारे में परंपरा से प्रचलित एक पुराने श्लोक का उल्लेख किया है। उसमें कहा गया है—''पाँचों सिद्धांतों के रहते हुए भी ग्रहों की स्थितियों और ग्रहणों में दृष्टि-वैषम्य होने लगा तो उसे दूर करने के लिए कलियुग में स्वयं सूर्य कुसुमपुर में आर्यभट के नाम से भूगोलविद् और कुलपति होकर अवतीर्ण हुए।''[17] अलबरूनी ने भी 'कुसुमपुर-निवासी आर्यभट' का उल्लेख किया है।[18]

उपर्युक्त उल्लेखों से यह लगभग निर्विवाद सिद्ध हो जाता है कि आर्यभट ने कुसुमपुर (पाटलिपुत्र, आधुनिक पटना) में रहकर अपने ग्रंथ की रचना की थी। मगर इसका यह अर्थ नहीं है कि आर्यभट का जन्म भी कुसुमपुर में ही हुआ था। उन्होंने इस तरह की कोई स्पष्ट सूचना नहीं दी है। इसके विपरीत, अन्य स्रोतों से यही जानकारी मिलती है कि आर्यभट का जन्म अन्यत्र हुआ था।

'आर्यभटीय' के भाष्यकार भास्कर प्रथम (629 ई.) ने आर्यभट को 'अश्मक', 'आर्यभटीय' को 'आश्मकतंत्र' तथा 'आश्मकीयशास्त्र' और आर्यभट के अनुयायियों को 'आश्मकीया' कहा है। 'आर्यभटीय' के टीकाकार नीलकंठ (जन्म : 1444 ई.) ने लिखा है कि आर्यभट का जन्म अश्मक जनपद में हुआ था (अश्मकजनपदजात)/

मगर यह अश्मक जनपद कहाँ था?

बुद्धकालीन 16 महाजनपदों में एक जनपद अस्सक (अश्मक) था। यह दक्षिण में गोदावरी तट के आसपास था और इसकी राजधानी पतिट्ठान (प्रतिष्ठान, आधुनिक पैठण, औरंगाबाद जिला, महाराष्ट्र) में थी।

कौटिल्य के 'अर्थशास्त्र' में जिस अश्मक प्रदेश का उल्लेख है, वह भी महाराष्ट्र में था। 'दशकुमारचरित' (दंडी) का अश्मक राज्य विदर्भ के अंतर्गत था। कुछ अन्य उल्लेख अश्मक देश को अवंति (उज्जैन) के ऊपर या सिंध प्रदेश में रखते हैं, मगर वराहमिहिर की 'बृहत्संहिता' के अनुसार, अश्मक देश पुराने पश्चिमोत्तर भारत में था। संभव है कि मूल अश्मक देश तो पश्चिमोत्तर भारत में रहा हो और दक्षिण का यह अश्मक उसका उपनिवेश हो। ज्यादा संभावना यही है कि आर्यभट का जन्म दक्षिणापथ के अश्मक प्रदेश में हुआ था।

'आर्यभटीय' की अधिकांश हस्तलिपियाँ मलयालम लिपि में केरल से मिली हैं। इस पर सबसे अधिक टीकाएँ (पंद्रह में से बारह) केरलीय पंडितों ने लिखी हैं और वहाँ आधुनिक काल तक 'आर्यभटीय' का अध्ययन-अध्यापन तथा पंचांग बनाने में उपयोग होता रहा। इसलिए कुछ विद्वानों का मत है कि आर्यभट का

अश्मक क्षेत्र केरल में ही कहीं रहा होगा। कहा जाता है कि मध्य केरल (त्रिचूर जिले) के मलयाली स्थल-नाम 'कोटुङ्गूल्लर' के संस्कृत रूपांतरण से 'अश्मक' शब्द बना है। यहाँ समीकरण बिठाया गया है—कोटुम्-कल् (= कठोर, काला पत्थर = अश्म) ऊर = स्थल।[20] परंतु यह समीकरण संभाव्य नहीं लगता।

ईसा की पाँचवीं सदी का अंतिम चरण गुप्त साम्राज्य के अवसान का काल था। बुधगुप्त 47 ई. में राज्य का उत्तराधिकारी हुआ और उसके एक साल बाद आर्यभट का जन्म हुआ। स्पष्ट पता नहीं चलता कि बुधगुप्त ने कब तक शासन किया, परंतु ज्यादा संभावना यही है कि 'आर्यभटीय' की रचना उसी के शासन-काल में हुई; परंतु आर्यभट ने अपनी पुस्तक में किसी भी राजा या सामंत का उल्लेख नहीं किया है।

आर्यभट के समय में पाटलिपुत्र पर अभी गुप्तों का ही शासन था, परंतु दक्षिणापथ के अश्मक प्रदेश पर गुप्तों का नहीं, वाकाटकों का प्रभुत्व था। एक समकालीन अभिलेख में इस अश्मक प्रदेश के बारे में जानकारी मिलती है। ईसा की पाँचवीं सदी के अंतिम चरण का यह लेख अजिंठा (अजंता) की 17 नं. की गुफा में खुदा हुआ है। यह लेख वाकाटक-नरेश हरिषेण (475-500 ई.) के एक सामंत ने खुदवाया था। ये सामंत अश्मक देश पर शासन करते थे। हरिषेण वाकाटकों की वत्सगुल्म (आधुनिक वाशीम, विदर्भ) शाखा का अंतिम ज्ञात शासक है। अर्थात् हरिषेण के शासन-काल में ही आर्यभट का जन्म हुआ था। हरिषेण के अंत के कुछ समय बाद वाकाटकों का भी अंत हो गया और विदर्भ पर कल्चुरियों का शासन स्थापित हो गया।

गुप्तों और वाकाटकों के अच्छे संबंध थे। अतः वाकाटकों के प्रभाव-क्षेत्र में पैदा हुए आर्यभट विशिष्ट अध्ययन या अध्यापन के लिए कुसुमपुर (पाटलिपुत्र) चले आए हों तो इसमें आश्चर्य की कोई बात नहीं है। उस समय पाटलिपुत्र गणित-ज्योतिष के अध्ययन के लिए प्रसिद्ध था। यहाँ एक वेधशाला भी थी। पटना के एक इलाके को आज भी खगौल (खगोल) के नाम से जाना जाता है, जिससे पता चलता है कि किसी समय वहाँ एक वेधशाला रही है। नालंदा का प्रसिद्ध विद्यापीठ भी बहुत दूर नहीं था। वैसे अश्मक जनपद के पंडित भी अपने ज्योतिष-ज्ञान के लिए प्रसिद्ध थे। इसीलिए भास्कर प्रथम (629 ई.) ने आर्यभट को अश्मक, उनकी पुस्तक को 'आश्मकतंत्र' और उनके अनुयायियों को 'आश्मकीया' कहा है। अश्मक देश में आधुनिक अहमदनगर और बीड़ जिलों के कुछ भाग भी शामिल थे। महान् गणितज्ञ-ज्योतिषी भास्कराचार्य (जन्म 1114 ई.) भी संभवतः इसी प्रदेश में पैदा हुए थे।

भास्कर प्रथम के ग्रंथों से पता चलता है कि आर्यभट अध्यापक थे, आचार्य थे। भास्कर यह भी सूचना देते हैं कि पांडुरंग स्वामी, लाटदेव और निशंकु ने आर्यभट के चरणों में बैठकर ज्योतिष-विद्या अर्जित की थी। आर्यभट के इन शिष्यों में लाटदेव का भारतीय गणित-ज्योतिष के इतिहास में विशेष स्थान है। भास्कर प्रथम ने लाटदेव को 'आचार्य' और 'सर्वसिद्धांतगुरु' कहा है। बाद के कई ज्योतिषियों ने भी उनका उल्लेख किया है। लाटदेव द्वारा ज्योतिष की एक-दो पुस्तकें और टीकाएँ लिखी जाने के बारे में जानकारी मिलती है।

उपर्युक्त सारे विवेचन का सार यह है कि आर्यभट के जीवन के बारे में केवल दो प्रामाणिक तथ्य प्राप्त होते हैं—1. आर्यभट का जन्म 476 ई. में हुआ था और 2. उन्होंने अपने 'आर्यभटीय' ग्रंथ की रचना कुसुमपुर (पाटलिपुत्र) में की। यह भी स्वीकार किया जा सकता है कि उनका जन्म अश्मक जनपद में हुआ था। कुछ विद्वानों का यह भी मत है कि आर्यभट का जन्म भी कुसुमपुर, यानी पाटलिपुत्र (पटना) में ही हुआ था और उन्होंने 'आर्यभटीय' की रचना 23 वर्ष की आयु में की।

आर्यभट के जीवन के बारे में इतनी ही जानकारी उपलब्ध है। हम नहीं जानते कि उनके माता-पिता के नाम क्या थे, उनका गोत्र क्या था, उन्होंने कहाँ और किससे विद्या प्राप्त की, उन्होंने ठीक-ठीक कितने ग्रंथों की रचना की और उनका देहांत किस वर्ष हुआ ?

प्राचीन भारत के कई पंडितों के बारे में अनेक दंतकथाएँ प्रसिद्ध हैं। कालिदास और वराहमिहिर के बारे में बहुत से मनगढ़ंत आख्यान सुनने-पढ़ने को मिलते हैं, परंतु आर्यभट के बारे में कोई आख्यान या दंतकथा प्रसिद्ध नहीं है। एक प्रकार से यह अच्छा ही है। दंतकथाओं में से सच्चाई को खोज निकालने में बड़ी कठिनाई होती है। जब देखते हैं कि प्राचीन भारत के अधिकतर महापुरुषों का समय निर्धारित कर पाना भी संभव नहीं है तो आर्यभट का जन्म-वर्ष ठीक-ठीक ज्ञात होना ही एक बहुत बड़ी उपलब्धि है।

वस्तुतः सबसे बड़ी उपलब्धि है 'आर्यभटीय' ग्रंथ, जिसका समुचित मूल्यांकन हमारे समय में ही संभव हुआ।

हमारा ब्रह्मांड रहस्यों से भरा है। इस ब्रह्मांड में सूर्य और उसके परिवार को सौरमंडल कहा जाता है। इस परिवार में बुध, शुक्र, पृथ्वी, मंगल, बृहस्पति, शनि, वरुण, वारुणी और यम समेत अनेक ग्रह व उपग्रह शामिल हैं। सूर्य दहकता हुआ एक गोला है, जो करोड़ों वर्षों से रात-दिन अपने चारों ओर ऊष्मा और प्रकाश फेंक

रहा है। कालांतर में वैज्ञानिक शोधों से यह सिद्ध हो चुका है कि ब्रह्मांड में अकेला सूर्य न होकर अनेक सूर्य हैं। ऐसे भी सूर्य हैं, जो इस सूर्य से लाखों गुना बड़े हैं। सौरमंडल का सदस्य पृथ्वी का अस्तित्व रेत के एक कण के समान ही है। मगर आज से करीब 20 लाख वर्ष पहले ब्रह्मांड के रहस्यों के बारे में मनुष्य बहुत कम जानता था। सूर्य, पृथ्वी और सौरमंडल के अन्य सदस्यों के बारे में अनेक भ्रांतियाँ व्याप्त थीं। इससे अंधविश्वास और अज्ञानता में लोग जी रहे थे। तब ब्रह्मांड को देखने, समझने, नापने, आकलन करने के लिय यंत्र और सुविधा नहीं थी।

तब आर्यभट ने सिर्फ पृथ्वी की चौहद्दी नापी, वायुमंडल का स्तर नापा, बल्कि पृथ्वी की गतिशीलता और गणितीय सिद्धांत भी प्रतिपादित किया। सूर्य ग्रहण की अवधि निर्धारित की और उन्होंने बताया कि दुनिया गोल है। जिस समय आर्यभट ने ग्रहण की अवधि का निर्धारण किया और उसकी वजह का खुलासा किया तो उन्हें काफी विरोध का सामना करना पड़ा; क्योंकि उस समय लोगों की मान्यता थी कि जब राहु सूर्य और चंद्रमा को ग्रसित कर लेता है तो ग्रहण लगता है। इसी तरह की अनेक आम मान्यताओं से आर्यभट की क्रांतिकारी मान्यताओं का विरोध हुआ था।

यहाँ तक कि कई सदी बीत जाने के बाद भी दयानंद सरस्वती और यूरोपीय विद्वान् कॉपरनिकस को भी इस समस्या का सामना करना पड़ा था। इलाहाबाद से प्रकाशित होनेवाली प्रसिद्ध पत्रिका 'भूगोल' के अप्रैल 1939 के अंक में उसके संपादक रामनारायण मिश्र ने अपने लेख (क्या पृथ्वी वास्तव में अचल है?) में लिखा है कि यूरोप में सबसे पहले जब कॉपरनिकस ने बताया कि ग्रहों की विभिन्न गतिविधियों के कारण पृथ्वी घूमती है तो उनका भी काफी विरोध हुआ था। इसी तरह स्वामी दयानंद सरस्वती ने पृथ्वी के घूमने की बात कही तो बड़ा कोलाहल मचा और उनके सिद्धांत का जोरदार विरोध हुआ। इससे अनुमान लगाया जा सकता है कि उस समय के समाज में आम मान्यताओं के विरुद्ध उन खोजों के लिए आर्यभट को कितने विरोध का सामना करना पड़ा होगा।

आर्यभट की वेधशाला दानापुर में जिस स्थान पर थी, उस स्थान का नाम 'खगौल' पड़ा। आर्यभट ने अपनी वेधशाला में वर्षों तक शोध कार्य किया और क्रांतिकारी मान्यताओं का आविष्कार किया। हालाँकि कोलंबस के समय तक यूरोपीय देशों की मान्यता थी कि पृथ्वी चपटी है। बाद में गैलीलियो ने पहली बार अंतरिक्ष को दूरबीन से देखा, ग्रहों को पढ़ा व रहस्यों का खुलासा किया और दुनिया में प्रसिद्ध हुए। आकाश में तारे टिमटिमाते हैं, ग्रह स्थिर है। पेड़ से सेब के गिरने

की घटना ने न्यूटन के मस्तिष्क को झकझोरा। उन्होंने अपने शोध से पृथ्वी में गुरुत्वाकर्षण बल को सिद्ध किया और विश्व को गुरुत्वाकर्षण का सिद्धांत देकर अमर हो गए। मगर इन वैज्ञानिकों के बहुत पहले ही आर्यभट ने पृथ्वी के गुरुत्वाकर्षण बल को बताया था। आर्यभट के ग्रंथ 'आर्यभटीय' को गणित एवं ज्योतिष-शास्त्र का प्रथम ग्रंथ माना गया है।

पंडित मदनमोहन मालवीय ने भी मेरठ से प्रकाशित 'ललिता' पत्रिका के 1919 के अप्रैल-मई अंक में लिखा है कि आज इंग्लिस्तान क्या, यूरोप भर में बहुत कम लोग ऐसे निकलेंगे, जिन्होंने सर आइजक न्यूटन का नाम न सुना होगा; परंतु एशिया क्या भारतवर्ष में भी बहुत कम लोग ऐसे हैं, जो आर्यभट के नाम से परिचित हैं। समय के फेर से संस्कृत भाषा के मृतप्राय हो जाने के कारण सारे अच्छे-अच्छे ग्रंथ शताब्दियों तक अंधकार में पड़े रहे। जब ग्रंथ के नाम से ही परिचय न हो तो ग्रंथकार के नाम से कैसे हो? यही कारण है कि आर्यभट के नाम को बहुत कम लोग जानते हैं। कई शताब्दियों बाद अब पुन: संस्कृत ग्रंथों की ओर मनुष्यों का ध्यान आकृष्ट होने लगा है। भारत में वैदिक काल से ज्योतिष-विज्ञान का प्रचार रहा है। उन्होंने लिखा है कि आर्यभट का क्रमबद्ध जीवन न है और न मिलने की संभावना है। उन्होंने बताया है कि उनका जन्म 476 में पटना के पास कुसुमपुर के असुआकम नामक गाँव में ब्राह्मण वंश में हुआ था, मगर उनकी मृत्यु कहाँ हुई, इसका कोई उल्लेख नहीं है।

अपनी अद्वितीय गणना से आर्यभट ने भी बता दिया था कि पेड़ से पत्ता हवा के दबाव से टूटता है और पृथ्वी का वेग उसे नीचे खींच लाता है। इसकी तीन प्रक्रिया के बारे में उन्होंने बताया था—

1. नोटन—निरंतर दबाव
2. अभियान—खिंचाव
3. संस्कार—खींचने की प्रवृत्ति

कोई भी वस्तु जब नीचे को गिरती है तो उसकी वेग शक्ति समाप्त हो जाती है।

कुछ विद्वानों का मत है कि इसे उन्होंने अपनी बुद्धि से नहीं लिखा, बल्कि किसी दैवी प्रेरणा ने लिखवाया है। 'आर्य स्रोत सत्' में 108 श्लोक हैं। यह भाग तीन छोटे-छोटे भागों में विभक्त है। पहले का नाम गोलपाद है। 'आर्यभटीय' में पृथ्वी का आकार, पृथ्वी की आकर्षण शक्ति, पृथ्वी का अपनी धुरी पर घूमना, पृथ्वी के मार्गों का विषम वृत्ताकार होना, पृथ्वी का रकबा, भू-वायु की ऊँचाई आदि के बारे

में वर्णन है। छठे सूत्र में है 'भूगोलः सर्वतो वृत्ताः', अर्थात् पृथ्वी गोलाकार है। अगले सूत्र में बताया गया है कि पृथ्वी के गोल होने के कारण एक साथ पूरी पृथ्वी पर सूर्योदय नहीं होता। उस समय तक पृथ्वी के थाल की तरह चपटी होने की अवधारणा थी।

आर्यभट संसार के पहले ज्योतिषी थे, जिन्होंने बताया कि पृथ्वी स्थिर नहीं है, अपनी धुरी पर घूमती है। उस समय न तो आज की तरह आधुनिक विकसित यंत्र ही थे और न ही प्रयोगशाला। किसी शास्त्र में इसका वर्णन भी नहीं है। यह अद्वितीय बुद्धि का परिचायक है। ग्रंथ में पृथ्वी के चक्कर लगाने का ब्योरा है, जिसमें लिखा गया है कि चतुर्युग यानी चार युग (कृतयुग, त्रेतायुग, द्वापर तथा कलियुग इन सबों की अवधि का भी उल्लेख है) में पृथ्वी 366 दिनों में एक बार घूमती है। इसी तरह पृथ्वी का रकवा या कहें व्यास 1,94,82,897.30 मरब्बा मील, यानी 7,832 मील है।

आज की गणना के अनुसार, 7,912 मील जो सत्य के बहुत करीब का आकलन है। काल क्रिया पद के 15वें सूत्र में गृहों में चंद्रमा को पृथ्वी के सबसे करीब बताया गया है। दास गति के 11वें सूत्र में भू-वायुमंडल की ऊँचाई 90 मील है। गोलपाद के 5वें सूत्र के अनुसार, चंद्रमा पृथ्वी के चारों ओर घूमता है। चंद्रमा का खुद का प्रकाश नहीं है। 37वें सूत्र में सूर्यग्रहण का कारण पृथ्वी और सूर्य के बीच चंद्र का आ जाना है। सूर्य के विषय के बारे में आर्यभट की मान्यता थी कि सूर्य का वर्तमान अंश 43,20,000 हो चुका है। इसकी वास्तविक आयु नहीं बतलाई जा सकती। वैसे इन तमाम बिंदुओं पर इस पुस्तक के अगले अध्याय में विस्तार से उल्लेख किया गया है।

❑

3

‘आर्यभटीय’ ग्रंथ की रचना

‘आर्यभटीय’ ग्रंथ के चार खंड हैं—दशगीतिका, गणितपाद, कालक्रियापाद एवं गोलपाद। ‘दशगीतिका’ की पहली आर्या में वंदना है और पुस्तक का विषय निर्देशन है। दूसरी आर्या में स्वरों एवं व्यंजनों की सहायता से बड़ी संख्याओं को लिखने की विधि का वर्णन है, फिर दश आर्याओं में ब्रह्मा के एक दिन का परिमाण, वर्तमान दिन का बीता समय आकाशीय पिंडों के भ्रमण, उनके मंद वृत्त तथा शीघ्र वृत्त की परिधियों, उनकी कक्षाओं के पारस्परिक झुकाव और 24 अर्धज्याओं के मान दिए गए हैं। इसी से इसे ‘दशगीतिका’ कहते हैं।

गणितपाद में गणित के कुछ साधारण नियम, क्षेत्रफल व घनफल प्राप्त करने की विधियाँ, वृत्त में परिधि और व्यास का अनुपात, कुट्टक आदि का वर्णन है। भास्कर प्रथम ने ‘आर्यभटीय’ भाष्य में कई पूर्व गणिताचार्यों के नाम दिए हैं और कहा है कि ‘आर्यभटीय’ में दी हुई गणित बहुत संक्षेप में है। अतएव, यह कहना कठिन है कि इन नियमों में कौन से स्वयं आर्यभट द्वारा निकाले गए हैं और कौन से पूर्वाचार्यों द्वारा प्राप्त किए गए थे, परंतु ‘आर्यभटीय’ में प्रत्येक सूत्र बहुत संक्षिप्त रूप में कहे गए हैं। इससे प्रतीत होता है कि इनका ज्ञान पहले के आचार्यों को भी था, परंतु दुर्भाग्य से उनकी पुस्तकें अब अप्राप्य हैं।

‘कालक्रिया’ और ‘गोलपाद’ में ज्योतिष संबंधी बातें हैं। इनके संबंध में यह कहा जा सकता है कि इनका उल्लेख सर्वप्रथम आर्यभट ने किया है, जैसा कि वह गोलपाद की उनचासवीं आर्या में कहते हैं।

‘आर्यभटीय’ एक तंत्र ग्रंथ है। तंत्र उन्हें कहते हैं, जिनमें गणना कलियुग के प्रारंभ से की जाती है। जिन ग्रंथों में गणना कल्प के आरंभ से की जाती है, उन्हें सिद्धांत कहते हैं। इसके अतिरिक्त करण ग्रंथ होते हैं, जिनमें गणना किसी निश्चित क्षण से की जाती है और जिनमें उस निश्चित क्षण पर ग्रहों तथा चंद्रोच्च और चंद्रपात

की स्थिति के अनुसार क्षेप (वे संख्याएँ, जिन्हें गणना करते समय जोड़ा अथवा घटाया जाता है) दिए रहते हैं ब्रह्मगुप्त का 'खंडखाद्यक' एक करण ग्रंथ है।

ज्योतिष के भारतीय ग्रंथों में पहले अहर्गण निकाला जाता है और उससे ग्रहों की मध्यम स्थिति प्राप्त की जाती है। 'आर्यभटीय' में इनका वर्णन नहीं है और न शक काल का उल्लेख है। 'आर्यभटीय' के भाष्यकार भास्कर प्रथम ने अपने ग्रंथों में शक काल का उल्लेख करते हुए कहा है कि शक काल में 3,179 जोड़ने से कलियुग के प्रारंभ से गत वर्षों की संख्या प्राप्त होती है। ब्रह्मगुप्त तथा भास्कर प्रथम समकालीन थे। ब्रह्मगुप्त ने भी कहा है कि शक काल से पहले के 3,179 वर्ष व्यतीत हो चुके थे, परंतु शक काल का सर्वप्रथम उल्लेख वराहमिहिर की 'पंचसिद्धांतिका' में मिलता है।

आर्यभट ने 'आर्यभटीय' में कल्प का उल्लेख किया है। ब्रह्मा का एक दिन एक कल्प के तुल्य होता है। ब्रह्मगुप्त आदि अन्य ज्योतिषियों ने भी ब्रह्मा के एक दिन का मान एक कल्प के तुल्य माना है, परंतु ब्रह्मा के एक दिन के महायुगों की संख्या में आर्यभट और ब्रह्मगुप्त में अंतर है, जैसे पहले बताया जा चुका है। आर्यभट के अनुसार, ब्रह्मा के एक दिन में अर्थात् एक कल्प में महायुगों की संख्या 1,008 है। यही मान आर्यभट के अनुयायी वटेश्वर ने भी माना है; परंतु ब्रह्मगुप्त, आर्यभट द्वितीय, श्रीपति, भास्कर द्वितीय तथा सूर्य सिद्धांत के अनुसार एक कल्प में महायुगों की संख्या 1,000 है।

कल्प की धारणा का प्रारंभ आर्यभट से बहुत पहले हो चुका था। सम्राट् अशोक ने अपने एक शिलालेख में कहा है—

पुत्राः च पैत्राः च प्रपौत्राः च देवानां प्रियस्य प्रियदर्शिनः राज्ञः प्रवर्धयिष्यन्ति इदं धर्म चरणं यावत संवर्तकल्पं, धर्मे शीले (च) तिष्ठतः धर्म अनुशासिष्यन्ति (च)।'

देवताओं के प्रिय प्रियदर्शी राजा (अशोक) के पुत्र, पौत्र तथा प्रपौत्र संवतकल्प तक इस धर्माचरण को बढ़ाएँगे, धर्म और शील में स्थिर रहेंगे और धर्म का अनुशासन करेंगे।

संवर्त का अर्थ है—संसार का आवर्ती विनाश। इससे प्रतीत होता है कि अशोक के काल में भी यह धारणा थी कि एक कल्प के उपरांत संसार का विनाश हो जाता है।

महाभारत के वनपर्व के 188 अध्याय में कल्प के अंत के प्रलय काल के दृश्य का वर्णन है। उसके अनुसार, पहले बहुत वर्षों तक वृष्टि नहीं होती है। तदनंतर

प्रचंड तेजवाले सात सूर्य सब जल सुखा देते हैं। इसके बाद संवर्तक नाम की अग्नि प्रचंड वायु के साथ मिलकर सबकुछ भस्म कर देती है और भेदन कर पृथ्वी के अंदर तक पहुँच जाती है, तत्पश्चात् प्रलयकालीन मेघों की वर्षा से सारी पृथ्वी अगाध जल-राशि से भर जाती है।

अशोक के शिलालेखों के अतिरिक्त दो अन्य शिलालेखों में भी प्रलयकालीन अग्नि तथा वायु का उल्लेख है। पहला लेख महाक्षत्रप रुद्रमन का है, जिसकी तिथि 150 ई. है। इसमें कहा गया है कि बहुत अधिक वर्षा के कारण सुदर्शन सरोवर में गिरनेवाली नदियों से अत्यधिक जल सरोवर में आ गया, जिससे सरोवर का बाँध टूट गया। इसके पश्चात् ऐसी प्रचंड वायु चली, जैसी युगों के अंत में चलती है।

दूसरा लेख झालावाड़ जिले के गंगाधर स्थान में मिला है। इसे राजा विश्ववर्मन ने सन् 423 ई. में उत्कीर्ण कराया था। इसमें विश्ववर्मन के लिए कहा गया है, 'उसकी दीप्ति संवतर्क अग्नि से भी अधिक असहनीय है।' ये सभी लेख आर्यभट के समय से पहले के हैं।

इससे स्पष्ट है कि कल्प के अंत में प्रलय की धारणा का प्रचार अशोक के समय अथवा उसके पहले से हो चुका था। यह भी संभावना है कि आर्यभट के बहुत पहले से कलि वर्षों की परंपरा का प्रचार रहा हो और उसी आधार पर आर्यभट ने यह कहा हो कि जब वह 23 वर्ष का था, तब कलियुग को प्रारंभ हुए 3,600 वर्ष हो चुके थे। इसी कारण सभी ज्योतिषियों में इस बात पर मंतव्य है कि कलि का प्रारंभ शक काल से 3,179 वर्ष पहले हुआ था।

❑

4

'आर्यभटीय' की टीकाएँ

प्रारंभ से ही 'आर्यभटीय' की टीकाएँ होती आई हैं। प्रथम भाष्य आचार्य प्रभाकर ने लिखा था। ये कदाचित् आर्यभट के शिष्य थे। इनकी टीका अब उपलब्ध नहीं है, किंतु इसके होने का उल्लेख भास्कर प्रथम तथा पृथूदक स्वामी की रचनाओं में है। शंकर नारायण, उदय दिवाकर, सूर्यदेव तथा नीलकंठ ने भी आचार्य प्रभाकर का उल्लेख किया है।

इसके पश्चात् प्रथम ने 629 ई. में सौराष्ट्र के वलभी नगर में इसकी टीका की। यह भाष्य बहुत विस्तृत है, पर पूरा भाष्य उपलब्ध नहीं है। 'गोलपाद' के मध्य तक ही उपलब्ध है।

'आर्यभटीय' के अन्य टीकाकार हैं सोमेश्वर (लगभग 1040), सूर्यदेव (जन्म 1191 ई.), परमेश्वर (अनुमानतः 1360–1455 ई.), नीलकंठ (जन्म 1443 ई.), यल्लय (लगभग 1480 ई.), रघुनाथ राज (जन्म 1590 ई.), विरूपाक्ष सूरि, विरूपाक्ष के पुत्र माधव, भूतविष्णु, घटीगोप (अनुमानतः 1800–1860), कोदंडराम (1807–1883 ई.) कृष्णा एवं कृष्णादास। सोमेश्वर की टीका का आधार भास्कर प्रथम का भाष्य है और यह भास्कर प्रथम के भाष्य का संक्षिप्त रूप है। सूर्यदेव चोल प्रदेश में श्रीरंग गंगापुरी के रहने वाले थे। इनके भाष्य का नाम 'भट-प्रकाश' है और 'आर्यभटीय' के भाष्यों में इसका महत्त्वपूर्ण स्थान है। परमेश्वर उत्तरी केरल में अरब समुद्र तट के समीप निला पर (भारतत्पुजा) नदी के तीर पर अश्वत्थ (आधुनिक आलत्तुर) ग्राम के निवासी थे। 'आर्यभटीय' भाष्य के अतिरिक्त उन्होंने अन्य ग्रंथों पर भाष्य लिखे हैं तथा स्वतंत्र ग्रंथों की रचना की। कन ने इनसे भाष्य का संपादन करके लाइडेन में 1964 ई. में छपवाया था। 1972 ई. में इसका पुनर्मुद्रण हुआ।

नीलकंठ दक्षिण मलाबार में कुंड ग्राम के रहने वाले थे। इसे अब त्रिक्कंटियूर

कहा जाता है। यह परमेश्वर के पुत्र दामोदर के शिष्य थे। इनका भाष्य बहुत विस्तृत है और त्रिवेंद्रम संस्कृत माला से तीन भागों में छपा है। इन्होंने गणितपाद, कालक्रियापाद तथा गोलपाद पर ही भाष्य किया है।

यल्लय श्रीधराचार्य के पुत्र तथा बालादित्य के पुत्र सूर्याचार्य के शिष्य थे। आंध्र प्रदेश कुर्नूल जिले के स्कंद सोमेश्वर स्थान पर उन्होंने अपना भाष्य 1480 ई. के लगभग लिखा था। कृष्णा नदी के दाहिने किनारे पर स्थित प्राचीन तीर्थ श्रीशैल से स्कंद सोमेश्वर दक्षिण-पूर्व में था। इनका भाष्य सूर्यदेव के भाष्य का विस्तृत रूप है, जिसमें उदाहरण भी दिए गए हैं।

रघुनाथ राज भी कुर्नूल जिले के ही अहोबिल ग्राम के रहने वाले थे। घटीगोप ने एक भाष्य संस्कृत में और दूसरा मलयालम में लिखा है। विरूपाक्ष का भाष्य तेलुगू में है। कोदंडराम का भाष्य भी तेलुगू में है और मद्रास गवर्नमेंट ओरिएंटल सीरीज में प्रकाशित हुआ है। भूतविष्णु ने कदाचित् 'दशगीतिका' पर ही भाष्य लिखा है। डेविड पिंगरे के अनुसार, 800 ई. के लगभग 'आर्यभटीय' का अरबी में अनुवाद 'जीज अल् अर्जबहार' के नाम से किया गया था। आधुनिक काल में पं. बलदेव मिश्र ने संस्कृत और हिंदी दोनों में टीका लिखी है और यह पटना से 1966 ई. में छपवाया था। एक हिंदी अनुवाद बिहार में मुजफ्फरपुर जिले के उदय नारायण सिंह ने 1906 में छपवाया था; किंतु अब यह उपलब्ध नहीं है।

इसके दो अनुवाद अंग्रेजी में छपे हैं। ये अनुवाद प्रबोधचंद्र सेनगुप्त तथा डब्ल्यू. ई. क्लार्क द्वारा किए गए हैं। केवल गणितपाद का रोडे द्वारा किया फ्रेंच भाषा का अनुवाद 1879 ई. में छपा था। 1975 ई. में गणितपाद का के. एल्फेरिंग कृत जर्मन अनुवाद छपा है। किसी अन्य ने सन् 1860 में इसका मराठी में अनुवाद किया था, मगर अब वह उपलब्ध नहीं है।

हमारे देश के गणितज्ञों में आर्यभट का बहुत ऊँचा स्थान है। अलबरूनी ने आर्यभट के अनुयायियों और अन्यों की तुलना करते हुए लिखा है—''सत्यता पूर्णत: आर्यभट के अनुयायियों के साथ है। वे मुझे बहुत ऊँची वैज्ञानिक योग्यता के आदमी प्रतीत होते हैं।''

प्राचीन भारत में गणित और ज्योतिष का अध्ययन साथ-साथ होता था, इसलिए प्राय: एक ही ग्रंथ में गणित व ज्योतिष की जानकारी दी जाती थी। 'आर्यभटीय' ऐसा ही ग्रंथ है। ब्रह्मगुप्त ने भी अपने 'ब्राह्मस्फुट-सिद्धांत' में गणित व ज्योतिष दोनों विषयों का विवेचन किया है।

❑

5

गीतिकापाद

गीतिकापाद में कुल 13 श्लोक हैं। इनमें 10 श्लोक गीतिका छंद में हैं, इसलिए इसे 'दशगीतिका सूत्र' भी कहते हैं; स्वयं आर्यभट ने इसे 'दशगीतिका सूत्र' कहा है। बाकी तीन श्लोकों में से प्रथम श्लोक में ब्रह्मा की वंदना और पुस्तक में प्रतिपादित तीन विषयों—गणित, कालक्रिया व गोल का उल्लेख है। अंतिम 13वें श्लोक में पुनः ब्रह्मा की वंदना है।

आर्यभट को अपना ग्रंथ पद्य में लिखना था, गणित व ज्योतिष के विषयों को श्लोकबद्ध करना था। प्रचलित शब्दांकों से आर्यभट का काम नहीं चल सकता था, इसलिए उन्होंने संस्कृत वर्णमाला का उपयोग करके एक नई वर्णांक या अक्षरांक पद्धति को जन्म दिया। संस्कृत व्याकरण के विशिष्ट शब्दों का उपयोग करके आर्यभट ने अपनी नई अक्षरांक-पद्धति के सारे नियम एक श्लोक में भर दिए। वह अद्‌भुत श्लोक है—

वर्गाक्षराणि वर्गेऽवर्गेऽवर्गाक्षराणि कात् ङ्मौ यः।
खद्विनवके स्वरा नव वर्गेऽवर्गे नवान्त्यवर्गे वा॥

ग्रंथ के आरंभ में ही अपनी नई अक्षरांक पद्धति को प्रस्तुत कर देने के बाद आर्यभट अब बड़ी-बड़ी संख्याओं को अत्यंत संक्षिप्त रूप में प्रस्तुत रूप में रखने में समर्थ थे। उन्होंने शब्दांकों का भी काफी प्रयोग किया है।

'दशगीतिका' के शेष दस श्लोकों में कल्प, मनु तथा युग जैसी बड़ी कालावधियों की परिभाषाएँ देकर बताया गया है कि 43,20,000 वर्षों के युग में सूर्य, चंद्र तथा ग्रहों की कितनी आकाश-परिक्रमाएँ (भगण) होती हैं। आर्यभट ने स्पष्ट लिखा है कि पृथ्वी पश्चिम से पूर्व की ओर एक युग में 1,58,22,37,500 बार अपनी धुरी पर भ्रमण करती है।

आर्यभट ने 'मनुस्मृति' और 'सूर्य-सिद्धांत' की कृत्रिम युग-पद्धति को

स्वीकार नहीं किया। उनके अनुसार—

कल्प (ब्रह्मा का एक दिन) = 14 मनु या 1008 युग (महायुग) या 4,35,45,60,000 वर्ष

1 मनु = 72 युग; 1 युग = 43,20,000 वर्ष

आर्यभट की इस युग-पद्धति में युगसंधि के लिए कोई स्थान नहीं है। सृष्टिकाल को भी उन्होंने स्वीकार नहीं किया। सृष्टि और प्रलय की मान्यताओं में उनकी आस्था नहीं थी। वे काल को अनादि और अनंत मानते थे (कालोऽयगनाद्यन्तः)। आर्यभट ब्रह्मा की आयु की भी बात नहीं करते।

आर्यभट ने भी युग (महायुग) को चार छोटे युगों (युगपादों) में विभक्त किया; मगर उनके युगपाद समान कालावधि के हैं, यानी प्रत्येक युगपाद 10,80,000 वर्षों का है।

आगे एक श्लोक में आर्यभट बताते हैं कि पृथ्वी अपने अक्ष पर एक प्राण या उच्छ्‌वास काल में एक कला (एक चक्र में 21,600 कलाएँ होती हैं) घूमती है (प्राणेनैति कलां भूः)।

ब्रह्मगुप्त ने आर्यभट के भू-भ्रमण के मत का स्पष्ट उल्लेख करके उसका खंडन किया है, इसलिए कि वह श्रुति-स्मृति के अनुसार नहीं है।[23]

ऐसा क्यों किया गया, इसकी चर्चा हम आगे करेंगे।

'दशगीतिका' का एक श्लोक त्रिकोणमिति से संबंधित है। इस तरह गणित-ज्योतिष के प्रमुख स्थिरांकों और पैमानों को सूत्र रूप में प्रस्तुत करके आर्यभट ने इसके अध्ययन को अत्यावश्यक बताया।

प्रणिपत्यैकमनेकं कं सत्यां देवतां परं ब्रह्म।
आर्यभटस्त्रीणि गदति गणितं कालक्रियां गोलम्॥ क॥

अर्थात् जो ब्रह्मा कारण रूप से एक होते हुए भी कार्य रूप से अनेक है, जो सत्य देवता परम ब्रह्म अर्थात् जगत् का मूल कारण है उसको मन, वाणी और कर्म से नमस्कार करके आर्यभट गणित, कालक्रिया और गोल इन तीनों का वर्णन करता है।

'क' के कई अर्थ होते हैं, जैसे ब्रह्मा, विष्णु, कामदेव, अग्नि, यम, वायु, सूर्य आदि। परंतु यहाँ इसका अर्थ ब्रह्मा है, जिससे आचार्य इसका संकेत करते हैं कि वे उस सिद्धांत का वर्णन करेंगे, जिसका वर्णन पहले ब्रह्मा ने किया था। इसको स्पष्टतः उन्होंने 'आर्यभटीय' की अंतिम आर्या में कहा है। इसी कारण 'गणितपाद' की प्रथम आर्या में फिर सबसे प्रथम ब्रह्मा को नमस्कार किया है। ब्रह्मगुप्त और वटेश्वर ने भी कहा है कि वे ब्रह्मोक्त ग्रह गणित को कहेंगे।[1]

गणित का अर्थ तो स्पष्ट ही है। कालक्रिया में कालविभाग, ग्रहों के अपनी कक्षा में तथा नीचोच्च वृत्त में गमन आदि का वर्णन है और गोल में पृथ्वी के गोल

होने और ग्रहों तथा उनकी कक्षाओं के गोल होने के कारण जो कर्म करने पड़ते हैं उनका वर्णन है।

इस आर्या से प्रतीत होता है कि 'आर्यभटीय' ग्रंथ में दशगीतिका सूत्र भी सम्मिलित है; परंतु नीलकंठ ने 'आर्यभटीय' के भाष्य में केवल गणितपाद, कालक्रियापाद तथा गोलपाद की टीका की है। इसके अतिरिक्त स्वयं आर्यभट दशगीतिका की अंतिम आर्या में इसका उपसंहार करते हुए प्रतीत होते हैं और गणितपाद की प्रथम आर्या में नया मंगला-चरण करते हैं। ब्रह्मगुप्त ने 'आर्याष्टशत' तथा 'दशगीतिका' का अलग-अलग उल्लेख किया है[2]। गणित, कालक्रिया और गोलपादों में कुल 108 आर्याएँ हैं, परंतु सब बातों पर विचार करने से यही प्रतीत होता है कि 'दशगीतिका' भी 'आर्यभटीय' का ही अंश है।

वर्गाक्षराणि वर्गेऽवर्गेऽवर्गाक्षराणि कात् ङ्मौ यः।
खद्विनवके स्वरा नव वर्गेऽवर्गे नवान्त्यवर्गे वा॥ ख॥

अर्थात् क से प्रारंभ करके वर्ग अक्षरों को वर्ग स्थानों में और अवर्ग अक्षरों को अवर्ग स्थानों में (व्यवहार करना चाहिए), (इस प्रकार) ङ और म का जोड़ य (होता है)। वर्ग और अवर्ग स्थानों के नव के दूने शून्यों को नव स्वर व्यक्त करते हैं। नव वर्ग स्थानों और नव अवर्ग स्थानों के पश्चात् (अर्थात् इनसे अधिक स्थानों के उपयोग की आवश्यकता होने पर) इन्हीं नव स्वरों का उपयोग करना चाहिए॥ ख॥

'आर्यभटीय' के भाष्यकार परमेश्वर कहते हैं[3]—केनचिदनुस्वारादिविशेषण संयुक्ताः प्रयोज्या इत्यर्थः' अर्थात् किसी अनुस्वार आदि विशेषणों का उपयोग (स्वरों में) करना चाहिए।

संस्कृत वर्णमाला में क से म तक पच्चीस वर्ग अक्षर हैं और य से ह तक आठ अवर्ग अक्षर हैं। संख्याओं के लिखने में दाहिनी ओर से पहला, तीसरा, पाँचवाँ अर्थात् विषम स्थान और दूसरा, चौथा, छठा आदि सम स्थान अवर्ग स्थान है। क से म तक 25 अक्षर हैं। आर्यभट ने इन्हें 1 से 25 तक मान दिए हैं अर्थात् क = 1, ख = 2, ग = 3 आदि। य अवर्ग अक्षर है। इसका मान ङ और म के योग के बराबर अर्थात् 30 है। इसी प्रकार र = 40, ल = 50 और ह = 100।

अइउण। ऋलृक्। एओङ्। ऐऔच्। अर्थात् अ, इ, उ, ऋ, लृ, ए, ऐ, ओ तथा और नव स्वर हैं। इन स्वरों का उपयोग नव वर्ग और नव अवर्ग स्थानों को प्रकट करने के लिए करना है, अर्थात् इनका उपयोग आगे लिखे नियम के अनुसार करना है—

---

1. ब्राह्मस्फुटसिद्धांत, प्रथम अध्याय, आर्या 2; वटेश्वर सिद्धांत, मध्यमाधिकार, प्रथम अध्याय, श्लोक 1।

2. ब्राह्मस्फुटसिद्धांत, तंत्रपरीक्षाध्याय, आर्या 8।

3. परमेश्वरकृत आर्यभटीय भाष्य, पृ. 4।

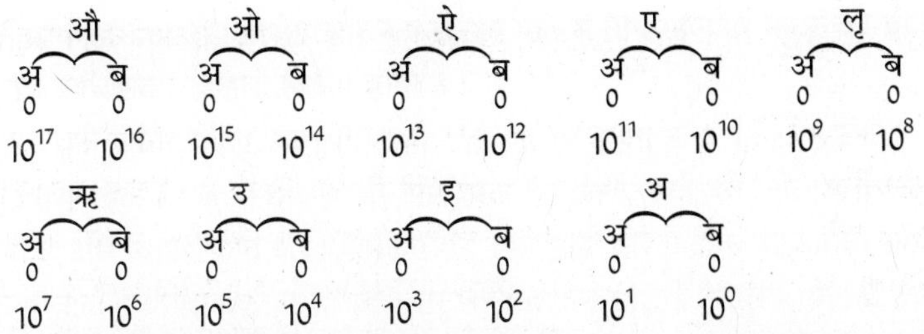

औ		ओ		ऐ		ए		ऌ	
अ	ब	अ	ब	अ	ब	अ	ब	अ	ब
0	0	0	0	0	0	0	0	0	0
10^{17}	10^{16}	10^{15}	10^{14}	10^{13}	10^{12}	10^{11}	10^{10}	10^{9}	10^{8}

ऋ		उ		इ		अ	
अ	ब	अ	ब	अ	ब	अ	ब
0	0	0	0	0	0	0	0
10^{7}	10^{6}	10^{5}	10^{4}	10^{3}	10^{2}	10^{1}	10^{0}

यहाँ उपरोक्त विस्तार में अ = अवर्ग स्थान तथा व = वर्ग स्थान है।

स्थान-निर्देशन के लिए आर्यभट ने स्वरों के ह्रस्व तथा दीर्घ रूपों में कोई भेद नहीं किया है, जैसा आगे की आर्याओं के अर्थ में दिखाया जाएगा। जिस प्रकार दशमलव पद्धति में एक ही अंक का मान उसके स्थान के अनुसार भिन्न-भिन्न होता है, उसी प्रकार एक ही व्यंजन का मान भिन्न-भिन्न स्वरों के संयोग से भिन्न-भिन्न होता है। जैसे ग का मान 3 है, गि का 300, गु का 3,000 आदि। यह बात आगे की आर्याओं से अधिक स्पष्ट हो जाएगी।

क्	=	1	ख्	=	2	ग्	=	3	घ्	=	4	ङ्	=	5
च्	=	6	छ्	=	7	ज्	=	8	झ	=	9	ञ्	=	10
ट्	=	11	ठ्	=	12	ड	=	13	ढ	=	14	ण्	=	15
त्	=	16	थ्	=	17	द्	=	18	घ्	=	19	न्	=	20
प्	=	21	फ्	=	22	ब्	=	23	भ्	=	24	म्	=	25
य	=	30	र्	=	40	ल्	=	50	व	=	60	श्	=	70
ष्	=	80	स्	=	90	ह्	=	100						

इस आर्या के अर्थ पर ह्विश[1], ब्राकहाउस[2], कर्न[3], रोडे[4], के[5], फ्लीट[6], क्लार्क[7] आदि पाश्चात्य विद्वानों ने तथा शारदाकांत गांगुली एवं सुकुमाररंजन दास[9] भारतीय

1. सी. एम. ह्विश, ट्रैजेक्शंस ऑफ द लिटरेरी सोसाइटी ऑफ मद्रास, भाग 1, (1827), पृ. 54।
2. ब्राकहाउस, जाइश्रिफ्ट डेर ड्याशेन, मार्गनलै डिशेन गेजेलशफ्ट, भाग 4, (1842), पृ. 74
3. एच. कर्न, जर्नल रॉयल एशियाटिक सोसाइटी, भाग 20, (1863), पृ. 371।
4. एल. रोडे, जर्नल एशियाटिक, सीरिज 7, भाग 16, (1880), पृ. 440।
5. जी. आर. के, जर्नल एशियाटिक सोसाइटी ऑफ बंगाल, (1907), पृ. 473।
6. जे. एफ. फ्लीट, जर्नल रॉयल एशि. सोसाइटी, (1911), पृ. 109।
7. डब्ल्यू. ई. क्लार्क, 'आर्यभटीय' का अंग्रेजी में अनुवाद, (1930)
8. एस. के. गांगुली, बुलेटिन कलकत्ता मैथेमेटिकल सोसाइटी, भाग 17, (1926) पृ. 195।
9. एस.के. दास, इंडियन हिस्टॉरिकल क्वार्टरली, भाग 3, (1927) पृ. 97।

विद्वानों ने अच्छी तरह विचार किया है। पलीट और क्लार्क ने ख का अर्थ स्थान किया है, क्योंकि क्लार्क का विचार है कि कदाचित् आर्यभट के समय तक शून्य के

किसी चिह्न का उपयोग नहीं हो रहा था; परंतु यह ठीक नहीं है। शून्य के एक चिह्न का उपयोग बहुत पहले से हो रहा था। (देखिए, कुश्यार इब्न लब्बान की पुस्तक 'किताब फ़ी उसूल हिसाबुल्हिन्द का लेबी तथा पेट्रक कृत अंग्रेजी अनुवाद, पृष्ठ 7)। बख्शाली हस्तलेख में शून्य का उल्लेख है और उसके चिह्न का भी उपयोग है। 'आर्यभटीय' के प्रथम भाष्यकार भास्कर प्रथम ने कहा है, 'खानि शून्यानि' अर्थात् 'ख' का अर्थ है 'शून्य'। जिनभद्रंगणि (529 ई. से 590 ई.) ने अपने ग्रंथ 'बृहत् क्षेत्र समास' में 224400000000 को इस प्रकार लिखा है—'बाईस, चौवालीस, आठ शून्य'। इसके अतिरिक्त उन्होंने 58545048750 का वर्गमूल $241960\frac{407150}{483920}=241960\frac{40715}{48392}$ निकाला है, जिसे इस प्रकार लिखा है—दो लाख इकतालीस हजार नव सौ साठ तथा अंश और हर में से शून्य हटा देने पर उनका मान क्रमश: चालीस सहस्त्र सात सौ पंद्रह तथा अड़तालीस सहस्त्र तीन सौ बानबे। यहाँ यह द्रष्टव्य है कि वर्गमूल निकालने के लिए $(\text{क}^2+\text{ख})^{\frac{1}{2}} = \text{क} + \frac{\text{ख}}{2\text{क}}$ सूत्र का उपयोग किया गया है।

इस तरह यह स्पष्ट है कि आर्यभट के समय में शून्य के चिह्न का उपयोग प्रचलित था। उत्तरी भारत के बहुत से भागों में प्रारंभिक कक्षाओं के विद्यार्थी बड़ी संख्याओं को जोड़ने के लिए पहले इकाई, दहाई, सैकड़ा आदि स्थानों पर सबसे ऊपरी पंक्ति में शून्य लिखते हैं, फिर संख्या को लिखने के लिए इष्ट स्थान पर शून्यों को गिनकर संख्या लिखते हैं। ऐसा प्रतीत होता है कि यह प्रथा आर्यभट के पहले से उपयोग में लाई जाती थी और इसका उपयोग आर्यभट ने बड़ी संख्याओं को सुगमता से लिखने के लिए किया है। स्थान निर्देशन के लिए शून्यों का उपयोग किताब फी उसूल उसूल हिसाबुल्हिन्द में घनमूल निकालते समय किया गया है। इसका उल्लेख 'गणितपाद' में उपयुक्त स्थान पर किया जाएगा।

इस विवेचन से यह भी स्पष्ट है कि आर्यभट को स्थानीय मान की दशमलव पद्धति का पूरा ज्ञान था और श्रीयुत ने इसके विरुद्ध जो विचार प्रकट किए हैं, वे सर्वथा निराधार हैं। स्वयं आर्यभट ने गणितपाद (आर्या 2) में कहा है—"स्थानात् स्थानं दशगुणं स्यात्" अर्थात् प्रत्येक स्थान (पहले) से दस गुना है।

सुधाकर द्विवेदीजी ने 'गणक तरंगिणी' में यह अनुमान किया था कि कदाचित् आर्यभट ने अक्षरों द्वारा संख्याओं को लिखने की पद्धति ग्रीस के लोगों से प्राप्त की

हो[1]। श्रीयुत ने भी यही प्रतिपादित किया था, परंतु श्रीयुत शारदाकांत गांगुली ने यह स्पष्ट कर दिया है कि यह पद्धति स्वयं आर्यभट द्वारा आविष्कृत की गई थी और वह इसके लिए विदेशियों का ऋणी नहीं था।

युगरविभगणाः ख्युघृ शशि चयगियिङुशुछ्लृ कु ङिशिबुणलृख्षृ प्राक्।
शनि ढुङ्विघ्व गुरु ख्रिच्युभ कुज भद्लिझ्नुखृ भृगुबुधसौराः॥ 1॥
चन्द्रोच्चं ज्रुष्खिध[2] बुध सुगुशिथृन भृगु जषबिखुछृ शेषार्काः।
बुफिनच पातविलोमा बुधाह्न्यजार्कोदयाच्च लङ्कायाम्॥ 2॥

अनुवाद—युग में सूर्य के भगणों की संख्या ख्युघृ है। अर्थात् ख = 2 है। उ की मात्रा लगने से यह तीसरे वर्ग स्थान में गया अर्थात् खु = 20,000 है। इसी प्रकार यु = 30,0000, तथा घृ = 4,00,0000 है। इस प्रकार सूर्य की भगण संख्या 4,320,000 है।

चंद्रमा की भगण संख्या (च = 6) + (य = 30) + (गि = 300) + (यि = 3,000) + (ङु = 50,000) + (शु = 700,000) + (छ = 7,000,000)+ (लृ = 50,000,000) अर्थात् 57,753,336 है।

कु अर्थात् पृथ्वी पूर्व की ओर (ङि = 500) + (शि = 7,000) + (बु = 230,000) + (ण = 1, 500,000,000) + (खृ = 2,000,000) + (षृ = 80,000,000) बार अर्थात् 1,582,237,500 बार घूमती है।

शनिश्चर की भगण संख्या (ढु = 140,000) + (ङि = 500) + (वि = 6,000) + (घ = 4)+ (व=60) अर्थात् 146,564 है।

गुरु अर्थात् बृहस्पति की भगण संख्या (खि = 200) + (रि = 4,000) + (चु = 60,000) + (यु = 300,000) + (भ = 24) अर्थात् 364,224 है।

कुज अर्थात् मंगल की भगण संख्या (भ = 24) + (दि = 1,800) + (लि = 5,000) + (झु = 90,000) + नु = 200,000) + (खृ = 2,000,000) अर्थात् 2,296, 824 है।

भृगु अर्थात् शुक्र और बुध के भगण वही हैं, जो सूर्य के हैं॥ 1॥

चंद्रोच्च की भगण संख्या (जु = 80,000) + (रु = 400,000) + (षि = 8,000) + (खि = 200) + (ध = 19) अर्थात् 488,219 है।

---

1. सुधाकर द्विवेदी कृत 'गणक तरङ्गिणी', पृ. 5, प्रथम संस्करण 1892, द्वितीय संस्करण 1933, वाराणसी।

2. भास्कर प्रथम तथा भूतविष्णु ने 'र्जुष्खिध' पाठ दिया है, 'ज्रुष्खिध' पाठ सूर्यदेव एवं परमेश्वर ने दिया है।

बुध के शीघ्रोच्च की भगण संख्या (सु = 900,000) + (गु = 30,000) + (शि = 7,000) + (थृ =17,000,000) + (न = 20) अर्थात् 17,937, 020 है।

शुक्र के शीघ्रोच्च की भगण संख्या (ज = 8) + (ष = 80) + (बि = 2,300) + (खु = 20,000) + (छ = 7,000,000) अर्थात् 7, 022,388 है।

शेष के अर्थात् मंगल, बृहस्पति तथा शनि के शीघ्रोच्च भगण सूर्य के भगण के तुल्य होते हैं। चंद्रपात के भगणों की संख्या उलटी ओर अर्थात् पूर्व से पश्चिम की ओर (बु = 230,000) + (फि = 2,200) + (न = 20) + (च = 6) अर्थात् 232,226 है।

ये भगण युग के आरंभ में बुध के दिन लंका में सूर्योदय के समय से मेष राशि के आरंभ से कहे गए हैं ॥ 2 ॥

ये सभी भगण नक्षत्रों के सापेक्ष कहे गए हैं, जो आर्यभट के अनुसार स्थिर हैं। इसका यह अर्थ है कि पृथ्वी से देखने पर ये पिंड अपने-अपने भगणों के तुल्य नक्षत्रों में परिक्रमण करते हैं और पूर्व में नक्षत्र 1,582,237,500 बार उदय होते हैं, अर्थात् नाक्षत्र दिनों की संख्या 1,582,237,500 है। श्री प्रबोधचंद्र सेनगुप्त ने 'आर्यभटीय' के अनुवाद में कहा है कि ग्रहों के भगण वर्तमान कल्प के प्रारंभ में बुध के दिन से प्रारंभ होते हैं और कल्प के आदि से कलियुग के आदि तक दिनों की गणना करके यह दिखाया है कि कलियुग का प्रथम दिन बृहस्पतिवार था[1]। परंतु यह ठीक नहीं है। परमेश्वर ने 'आर्यभटीय' के भाष्य में स्पष्ट लिखा है— ''कृतयुगादौ बुधवारे लङ्कायां सूर्योदयमारभ्य'' अर्थात् सतयुग के प्रारंभ में बुध के दिन लंका में सूर्योदय से आरंभ करके[2]। ब्रह्मगुप्त ने तंत्रपरीक्षाध्याय की ग्यारहवीं आर्या में आर्यभट की आलोचना करते हुए लिखा है—

ओङ्कारो दिनवारो गुरुरौदयिकोऽस्य भवति कल्पादौ।

अर्थात् आर्यभट ने स्वीकार किया है कि कल्प के आदि का दिन बृहस्पति था। अगली आर्या के अर्थ के बाद यह दिखाया जाएगा कि कल्प का प्रथम दिन बृहस्पति मानने से आर्यभट के अनुसार वर्तमान महायुग का प्रथम दिन बुध और कलियुग का प्रथम दिन शुक्र आता है।

मेगस्थनीज ने अपने ग्रंथ 'इंडिका[3]' में लिखा है, ''ब्रह्मगुप्त के उल्लेखों

---

1. पी. सी. सेनगुप्त 'आर्यभटीय' का अंग्रेजी में अनुवाद, जर्नल ऑफ द डिपार्टमेंट ऑफ लेटर्स, कलकत्ता विश्वविद्यालय, भाग 16, (1927), पृ. 1।

2. The Aryabhatiya, with commentary Bhatadipika of Paramadisvara edited by H.Kern, 1874, P.7

3. Alberuni's India translated by Sachau, reprinted by S.Chand, 1964, P. 370.

से ही मुझे आर्यभट के सिद्धांतों का ज्ञान हुआ है और मैंने स्वयं आर्यभट की कोई पुस्तक नहीं देखी है। ब्रह्मगुप्त अपने तंत्रपरीक्षाध्याय में कहते हैं कि आर्यभट ने चतुर्युग में दिनों की संख्या 1,57,79,17,500 मानी है, जो पुलिश की संख्या से 300 कम है। इस तरह आर्यभट के अनुसार कल्प में दिनों की संख्या 15,90,54,08,40,000 है।''

यह संख्या आर्यभट की औदायिक पद्धति की है और अलबरूनी के समय के पुलिश के अनुसार, चतुर्युग में दिनों की संख्या आर्यभट की आर्द्धरात्रिक पद्धति के बराबर है। यही भट्टोत्पल के पुलिश सिद्धांत में भी है।

उसी पृष्ठ पर अलबरूनी आगे लिखते हैं—''आर्यभट और पुलिश के अनुसार, कल्प और चतुर्युग का प्रारंभ उस अर्द्धरात्रि से होता है, जो उस दिन के बाद आती है, जिस दिन ब्रह्मगुप्त के अनुसार कल्प का प्रारंभ होता है।

इससे स्पष्ट है कि अलबरूनी आर्यभट की आर्द्धरात्रिक पद्धति से परिचित थे, परंतु अलबरूनी की यह भूल है कि आर्द्धरात्रिक पद्धति औदायिक पद्धति के उपरांत प्रारंभ होती है।

भारतीय ज्योतिषियों में आर्यभट को छोड़कर यह किसी ने नहीं माना है कि पृथ्वी अपने कक्ष पर पूर्व की ओर घूमती है। आर्यभट ने नक्षत्र मंडल को स्थिर और पृथ्वी को पूर्व की ओर घूमती माना है। परमेश्वर 'आर्यभटीय' के भाष्य में और महाभास्करीय की दीपिका व्याख्या में इसे 'मिथ्या ज्ञान' कहते हैं। गोविंद स्वामी भी इसे मिथ्या ज्ञान कहते हैं।[1]

अलबरूनी का कहना है, ''इसके अतिरिक्त पृथ्वी के आवर्तन से ज्योतिष की उपयोगिता में किसी प्रकार की कमी नहीं होती, क्योंकि खगोलीय विशेषता वाली सभी बातें इस सिद्धांत द्वारा उतनी ही संतोषजनक रीति से समझाई जा सकती हैं, जितनी दूसरे सिद्धांत से। परंतु कई और कारण हैं, जो इसे असंभव बना देते हैं[2]। परंतु अलबरूनी ने इन अन्य कारणों पर प्रकाश नहीं डाला है।

पृथूदक स्वामी 'ब्राह्मस्फुट सिद्धांत' के गोलाध्याय की चौथी आर्या की व्याख्या में लिखते हैं[3]—''अन्य लोग इसकी व्याख्या अन्य प्रकार से करते हैं कि पृथ्वी पूर्व की ओर घूमती है, नक्षत्र मंडल आकाश में स्थिर रहता है। इस प्रकार भी नक्षत्रों का

---

1. महाभास्करीयम् भास्कराचार्यकृत गोविंद स्वामिकृतभाष्येण, परमेश्वरकृतया सिद्धांतदीपिकया व्याख्याया च समेतम्, मद्रास, (1957), पृ. 259।

2. सखाऊ कृत अनुवाद, भाग 1, पृ. 277।

3. ब्राह्मस्फुट सिद्धांत, रामस्वरूप शर्मा आदि द्वारा संपादित तथा इंडियन इंस्टीट्यूट ऑफ अस्ट्रोनॉमिकल एंड संस्कृत रिसर्च, दिल्ली द्वारा प्रकाशित, पृ. 1615-1616।

घूमना देवताओं के लिए सव्य और असुरों के लिए अपसव्य होगा।' परंतु ऐसा नहीं है तथा पृथ्वी के घूमने के विरुद्ध वराहमिहिर के दिए तर्क[1] तथा कुछ अन्य तर्क देते हैं और 'आर्यभटीय' के गोलपाद की दसवीं आर्या भी उद्धृत करते हैं। वस्तुतः इस आर्या का अर्थ समझने में इन आचार्यों ने भूल की है (देखिए, 'गोलपाद' में इसका अर्थ)।

ब्रह्मगुप्त ने आर्यभट की चंद्रोच्च तथा चंद्रपात भगण संख्याओं की आलोचना की है। वे कहते हैं[2]—"आर्यभट ने चंद्रमा के मंदोच्च की गति मेरी अपेक्षा अधिक और चंद्रपात की गति मेरी अपेक्षा कम दी है। अतएव, यदि तिथ्यंत एवं ग्रहण में उनके साथ मेरा मतैक्य हो तो इसे घुणक्षर न्याय समझना चाहिए।

ब्रह्मगुप्त ने 1,000 युगों में चंद्रोच्च की भगण संख्या 48,81,05,858 दी है और आर्यभट ने प्रति युग भगण संख्या 4,88,219 दी है, जो 1000 युगों में 48,82,19,000 होगी। यह ब्रह्मगुप्त की संख्या से अधिक है। इसी प्रकार चंद्रपात की भगण संख्या ब्रह्मगुप्त ने 23,231-1,168 दी है और आर्यभट ने प्रतियुग 2,32,226; अतएव 1000 युगों में आर्यभट की भगण संख्या ब्रह्मगुप्त की अपेक्षा कम है।[3]

फिर भी ब्रह्मगुप्त द्वारा 'घुणाक्षर न्याय' जैसे कठोर शब्द का उपयोग करना ठीक नहीं था। कई अन्य स्थलों पर ब्रह्मगुप्त ने अनावश्यक रूप से आर्यभट की आलोचना की है। ऐसे ही स्थलों को देखकर अलबरूनी ने लिखा है कि ब्रह्मगुप्त को आर्यभट से पूरी घृणा है। अतएव, वे आर्यभट के लिए अत्यधिक अपशब्दों का प्रयोग करते हैं।[4]

काहो मनवो ढ मनुयुग श्ख गतास्ते चे मनुयुग छ्‌ ना च।
कल्पादेर्युगपादा ग च गुरुदिवसाच्च भारतात्पूर्वम्॥ 3॥

अर्थात् ब्रह्मा के एक दिन में अर्थात् एक कल्प में 14 (ढ = 14) मनु होते हैं। और एक मन्वंतर में (श = 70) + (ख = 2) अर्थात् 72 युग होते हैं। कल्प के प्रारंभ से महाभारत युद्ध के अंतिम दिन बृहस्पतिवार तक च अर्थात् 6 मनु, छुना अर्थात् 27 युग तथा ग अर्थात् 3 युगपाद बीत चुके थे॥ 2॥

---

1. पंचसिद्धान्तिका, थीबो तथा सुधाकर द्विवेदी द्वारा संपादित तथा चौखंबा संस्कृत सीरीज ऑफिस, वाराणसी द्वारा पुनः प्रकाशित (1968), अध्याय 13, आर्याएँ 6 एवं 7।

2. ब्राह्मस्फुट सिद्धांत, पृ. 134

3. आधुनिक मान के अनुसार चंद्रोच्च की एक युग में भगण संख्या 488, 130.97 तथा चंद्रपात की भगण संख्या 232, 297.60।

4. सखाऊ का अनुवाद, भाग 1, पृ. 376।

इस तरह आर्यभट के अनुसार—ब्रह्मा के एक दिन में 14×72= 1008 युग होते हैं। अलबरूनी ने लिखा है[1]—"कुसुमपुर के आर्यभट, जो वृद्ध आर्यभट के मतानुयायी हैं, अपनी एक छोटी सी पुस्तिका 'अल नत्फ़' में कहते हैं कि ब्रह्मा के एक दिन में 1008 चतुर्युग होते हैं।"

यह पुस्तिका 'अल नत्फ़' नहीं 'अल नग़मा' अर्थात् 'गीतिका' है। अरबी लिपि में 'गैन' के ऊपर एक बिंदु के स्थान पर दो बिंदु हो जाने पर उसे 'ते' पढ़ा जाएगा और 'मीम' और 'हे' के सम्मिलित रूप पर एक बिंदु लग जाए तो वह 'फे' पढ़ा जाएगा। अतएव, अलबरूनी के कुछ काल बाद लिपिकारों की असावधानी से 'अलनगमा' 'अल नत्फ़' में रूपांतरित हो गया। यह भी स्पष्ट है कि अलबरूनी भी भ्रमवश कुसुमपुर के आर्यभट और वृद्ध आर्यभट को दो भिन्न-भिन्न व्यक्ति समझते थे।

तीन युगपाद से स्पष्ट है कि आर्यभट प्रत्येक युगपाद के वर्षमान अर्थात् सतयुग, त्रेता, द्वापर एवं कलियुग के वर्षमान के बराबर मानते हैं।[2] इसके विरुद्ध स्मृतियों का अनुसरण करते हुए ब्रह्मगुप्त इनकी वर्ष संख्या क्रमश: 4:3:2:1 के अनुपात में मानते थे। अतएव, ब्रह्मगुप्त कहते हैं—[3]

युगपादानार्यभटश्चत्वारि समानि कृतयुगादीनि।
यदभिहितवान् न तेषां स्मृत्युक्तसमानमेकमपि॥
आर्यभटो युगपादांस्त्रीन् यातानाह कलियुगादौ यत्।
तस्य कृतान्तर्यस्मात् स्वयुगाद्यन्तौ न सत् तस्मात्॥

अर्थात् आर्यभट ने सतयुग आदि चारों खंडों को जो बराबर कहा है, उनमें एक भी स्मृति कथित युगखंडों के समान नहीं है। कलियुग के आदि में जो आर्यभट ने तीन युगपादों को बीता हुआ कहा है, उससे उनके एक युग का आदि और दूसरे युग का अंत सतयुग के मध्य में पड़ते हैं। अतएव, उनके युग ठीक नहीं हैं।

मनुसन्धिं युगमिच्छत्यार्यभटस्तन्मनुर्यतः श्ख युग।
कल्पश्चतुर्युगानां सहस्त्रमष्टाधिकं तस्य॥

आर्यभट मनुसंधि को एक युग के तुल्य मानते हैं, क्योंकि उनका एक मनु 72 युग के बराबर होता है और उनका एक कल्प 1008 युग के तुल्य होता है।

---

1. सखाऊ कृत अनुवाद, भाग 1, पृ. 370
2. सखाऊ कृत अनुवाद, भाग 1 पृ. 373-374
3. ब्राह्मस्फुट सिद्धांत, पृ. 18, आर्या 9 तथा पृ. 657, आर्या 4, 21 आर्या 12 तथा पृ. 58, आर्या 29।

अधिकः स्मृत्युक्तमनोरार्यभटोक्तश्चतुर्युगेन मनुः।
अधिकं विंशांशयुतैस्त्रिभिर्युगैस्तस्य कल्पगतम्॥

आर्यभट का मनुकाल स्मृति में कहे मनुकाल की अपेक्षा एक चतुर्युग अधिक है। अतएव, उनके अनुसार कल्प का बीता काल (स्मृत्युक्त की अपेक्षा) 3 युग तथा युग का बीसवाँ भाग अधिक है।

आर्यभट के अनुसार, कल्पगत काल = 6 मनु + 27 चतुर्युग + 3 युगपाद

= 432 चतुर्युग + 27¾ चतुर्युग

= 459¾ चतुर्युग

स्मृत्युक्त कल्पगत काल = 6 मनु + 7 मनुसंधि + 27 चतुयुर्ग + $\frac{9}{10}$ चतुर्युग

= $(426 + \frac{14}{5} + 27 + \frac{9}{10})$ चतुर्युग

= $456\frac{7}{10}$ चतुर्युग

आर्यभट के अनुसार, अधिक कल्पगत काल $(459\frac{3}{4} - 456\frac{7}{10}$ चतुर्युग

= $3\frac{1}{20}$ चतुर्युग।

आर्यभट ने लिखा है—

'भगण द्वयोर्द्वयोर्ये विशेषशेषा युगे द्वियोगास्ते' (कालक्रिया 3) तथा 'रविभूयोगा दिवसाः' (कालक्रिया 5)

अर्थात् दो ग्रहों के भगण के अंतर जितने होते हैं उतनी ही बार उन दोनों ग्रहों के मिलन होते हैं तथा सूर्य और पृथ्वी के मिलन सावन दिनों के तुल्य होते हैं। अतएव 'आर्यभटीय' के अनुसार सावन दिनों की संख्या—

= 1582237500 – 4320000 = 1577917500।

परंतु आर्द्धरात्रिक पद्धति में सावन दिनों की संख्या 300 से अधिक है[1]।

अतएव ब्रह्मगुप्त ने आलोचना करते हुए लिखा है[2]—

युगरविभगणः ख्युघ्निति यत् प्रोक्तं तत् तयोर्युगं स्पष्टम्।
त्रिशती रव्युदयानां तदन्तरं हेतुना केन॥

अर्थात् आर्यभट ने दोनों पद्धतियों में युगरविभगण 4320000 कहा है तो किस कारण से सूर्योदय की संख्या में 300 का अंतर है?

हमने अभी ऊपर गणना की कि वर्तमान चतुर्युग के पहले इस कल्प में 459 चतुर्युग बीत चुके हैं और आर्यभट के अनुसार, प्रति चतुर्युग 1577917500 दिन होते हैं। अतएव कल्पादि से वर्तमान चतुर्युग के पहले तक दिनों की संख्या = 450×1577917500 = 724264132500 है। इसमें 7 का भाग देने से 6 शेष बचता है। अतएव यदि कल्प का प्रथम दिन बृहस्पतिवार है तो 459वें चतुर्युग का अंतिम दिन मंगलवार होगा और वर्तमान चतुर्युग का पहला दिन बुधवार होगा।

इसी तरह वर्तमान चतुर्युग के तीन चरणों की दिन संख्या युग दिन संख्या का अर्थात् 1183438125 होगी। इसमें 7 का भाग देने से शेष 2 आता है। अतएव यदि चतुर्युग का प्रथम दिन बुधवार था तो तीन चरणों का अंतिम दिन बृहस्पतिवार हुआ और कलियुग का प्रथम दिन शुक्रवार हुआ।

ब्रह्मगुप्त कल्प का प्रथम दिन रविवार मानते हैं। उनके अनुसार, कल्प के प्रारंभ से द्वापर के अंत तक $456\frac{7}{10}$ चतुर्युग बीत गए और प्रत्येक चतुर्युग में दिनों की संख्या 1577916450 है। अतएव, कल्प के आदि से द्वापर के अंत तक दिनों की संख्या—

$$= 1577916450 \times 456\frac{7}{10}$$

$$= 720634442715$$।

इसमें 7 से भाग देने पर 5 शेष आता है। द्वापर का अंतिम दिन बृहस्पतिवार तथा कलियुग का प्रथम दिन शुक्रवार है।

---

1. महाभास्करीय, सप्तम अध्याय, श्लोक 22।
2. ब्राह्मस्फुटसिद्धांत, तंत्रपरीक्षाध्याय, आर्या 5।

आर्यभट की आर्द्धरात्रिक पद्धति में प्रत्येक चतुर्युग में 1,57,79,17,800 दिन होते हैं। पुलिश सिद्धांत के अनुसार भी चतुर्युग में दिनों की संख्या यही है।[1] पुलिश सिद्धांत के अनुसार भी एककल्प में 1008 चतुर्युग होते हैं।[2] पुलिश सिद्धांत के ग्रहों की भगण संख्याएँ भी वही हैं, जो आर्यभट की आर्द्धरात्रिक पद्धति की।[3] इससे प्रतीत होता है कि भट्टोत्पल एवं अलबरूनी का जो पुलिश सिद्धांत उपलब्ध था, उसमें और आर्यभट की आर्द्धरात्रिक पद्धति में बहुत साम्य था।

आर्द्धरात्रिक पद्धति के अनुसार कल्प के प्रारंभ से द्वापर के अंत तक दिनों की संख्या

$$= 1,57,79,17,800 \times 459\frac{3}{4}$$

$$= 7,25,44,77,08,550\text{।}$$

इसमें भी 7 से भाग देने पर शेष 5 आता है। अतएव इस पद्धति में कल्प का प्रथम दिन रविवार होना चाहिए, जिससे द्वापर का अंतिम दिन बृहस्पतिवार और कलियुग का प्रथम दिन शुक्रवार हो सके[4]।

परंतु 'पंचसिद्धांतिका' का पुलिश सिद्धांत भट्टोत्पल के पुलिश सिद्धांत से बहुत भिन्न है। अनुमानतः वराहमिहिर के कुछ काल बाद किसी ने पुलिश सिद्धांत को बदलकर आर्यभट की आर्द्धरात्रिक पद्धति के अनुरूप कर दिया, परंतु अधिक मास आदि की गणना में विशेष परिवर्तन नहीं किया। इसी कारण 'पंचसिद्धांतिका' में सौर दिनों में 10 का गुणा करके फिर 9,761 से भाग देकर अधिक मास निकालने को कहा है।[5]

दिग्घ्ना साष्टनवरसा दिवसा क्वर्तुसप्तनव भक्ताः।,
पौलिशमतेऽधिमासा..

अलबरूनी के अनुसार, सौर दिनों में से एक अंश घटाकर शेष 976 से भाग देने को कहा गया है[6]।

---

1. वराहमिहिर की बृहत्संहिता का भट्टोत्पल कृत भाष्य, वाराणसेय संस्कृत विश्वविद्यालय, 1892 शकाब्द, पृ. 36
2. बृहत्संहिता पृ. 48 तथा अलबरूनी की पुस्तक का सखाऊ कृत अनुवाद, भाग 1, पृ. 370 तथा 375
3. बृहत्संहिता, पृ. 49
4. सखाऊ का अनुवाद, भाग 2, पृ. 32
5. पंचसिद्धांतिका, प्रथम अध्याय, आर्या 11
6. सखाऊ का अनुवाद, भाग 2, पृ. 41

यदि यह अनुमान ठीक है तो हो सकता है कि अलबरूनी के पुलिश में ब्रह्मा की जो आयु वर्तमान कल्प के प्रारंभ तक दी गई है, वह भी आर्यभट की आर्द्धरात्रिक पद्धति के अनुसार हो[1]। 'आर्यभटीय' में आर्यभट ने ब्रह्मा की आयु के संबंध में कुछ नहीं कहा है, परंतु अलबरूनी के पुलिश के अनुसार ब्रह्मा की आयु 8 वर्ष, 5 महीने, 4 दिन है[2]।

आधुनिक सिद्धांतों की गणना के अनुसार, कलियुग का प्रथम दिन 18 फरवरी 3102 वर्ष ईसा पूर्व था। कल्प के प्रारंभ से द्वापर के अंतिम दिन तक अथवा कलियुग के प्रारंभ तक दिनों की संख्या 7,25,44,75,70,625 है। यह संख्या आर्यभट की औदायिक पद्धति के अनुसार है।

शशि राशयष्ठ चक्रं तेंऽशकलायोजनानि य व ञ गुणाः।
प्राणेनैति कलां भूः खयुगांशे ग्रहजवो भवांशेऽर्कः॥ 4॥

अनुवाद—चंद्रमा की भगण संख्या को 'ठ' अर्थात् 12 से गुणा करने पर राशियों की संख्या प्राप्त होती है। इस संख्या को 'य' अर्थात् 30 से गुणा करने पर अंश मिलते हैं। अंशों की संख्या को व अर्थात् 60 से गुणा करने पर कलाओं की संख्या होती है और इस संख्या को ञ अर्थात् 10 से गुणा करने पर आकाश का मान योजन में प्राप्त होता है। एक प्राण के तुल्य कालांतर में पृथ्वी एक कला घूमती है। आकाश कक्ष्या को युग के सावन दिनों से भाग देने पर ग्रहों की दैनिक गति मिलती है। भकक्ष्या अर्थात् नक्षत्र कक्ष्या का और अंश अर्थात् 60वाँ भाग सूर्य की कक्ष्या होती है॥ 4॥

इस प्रकार एक चक्र =12 राशि = 360 अंश = 21,600 कला। प्राण की परिभाषा आर्यभट ने कालक्रिया की पहली तथा दूसरी आर्याओं में दी है। उसके अनुसार, एक दिन = 60 नाड़ी = 3,600 विनाड़ी = 21,600 प्राण। इस तरह पृथ्वी के घूमने की कलाओं की तुल्यता प्राणों से होती है।

आकाश कक्ष्या का यही प्रमाण भास्कर प्रथम तथा बटेश्वर ने भी कहा है। भास्कर प्रथम कहते हैं—[3]

'इंदोर्गरणाः खखवियद्रसबृन्दनिघ्नाः व्योम्नो भवेयुरिह वृत समान संख्याः।'

रस वृंद अर्थात् 6 के घन के दाहिने तीन शून्य रखो। इस संख्या से अर्थात् 2,16,000 से चंद्रमा से भगणों को गुणा करने से आकाशवृत्त के तुल्य संख्या प्राप्त होती है।

---

1. सखाऊ का अनुवाद, भाग 1, पृ. 375, भाग 2, पृ. 31
2. सखाऊ का अनुवाद, भाग 2, पृ. 31
3. महाभास्करीय, सप्तम अध्याय, श्लोक 20

बटेश्वर कहते हैं[1]—

'रविशशियुगघात: खाक्षिभक्त: खकक्ष्या शशिभगणहता वा दिग्घ्नचक्रस्य लिप्ता:'।

सूर्य और चंद्रमा के भगणों को परस्पर गुणा करके 20 से भाग दें अथवा चक्र की लिप्ताओं को 10 से गुणा कर उसमें चंद्रमा के भगणों से गुणा करें तो आकाश कक्ष्या प्राप्त होती है।

इस तरह आकाश कक्ष्या = 5,77,53,336 × 2,16,000 योजन,
= 1,24,74,72,05,76,000 योजन।

परमेश्वर ने 'आर्यभटीय' के भाष्य में लिखा है कि आकाश कक्ष्या में ग्रहों के भगण से भाग देने पर 'ग्रहजव' प्राप्त होता है। यह संख्या ग्रहों की कक्ष्या की परिधि के तुल्य होगी, अर्थात् ग्रहों की कक्ष्या की परिधि = $\frac{\text{आकाश कक्ष्या}}{\text{ग्रह भगण}}$। ऊपर जो अर्थ दिया गया है वह परमेश्वर ने 'महाभास्करीय' की सिद्धांत दीपिका व्याख्या में दिया है। इसके अनुसार, ग्रहों की दैनिक गति = $\frac{\text{आकाश कक्ष्या}}{\text{युगीय सावन दिन}}$

रवि कक्ष्या की परिधि = 28,87,666 $\frac{4}{5}$ योजन,

चंद्र कक्ष्या की परिधि = 2,16,000 योजन।

बुध शीघ्रोच्च की परिधि = 6,95,473 $\frac{3,73,277}{8,96,851}$ योजन।

शुक्र शीघ्रोच्च की परिधि = 17,76,421 $\frac{2,55,221}{5,85,199}$ योजन।

मंगल कक्ष्या की परिधि = 54,31,291 $\frac{1,32,027}{2,87,103}$ योजन।

बृहस्पति कक्ष्या की परिधि = 34,250,133 $\frac{699}{1,897}$ योजन।

---

2. बटेश्वर सिद्धांत, मध्यमाधिकार, सप्तम अध्याय, श्लोक 5

शनिश्चर कक्ष्या की परिधि = $8,51,14,493 \frac{5,987}{36,641}$ योजन।

नक्षत्र कक्ष्या की परिधि = 17,32,60,008 योजन।

$$\text{ग्रहों की दैनिक गति} = \frac{1,24,74,72,05,76,000}{15,77,91,500} \text{ योजन।}$$

$$= \frac{8,31,64,80,384}{10,51,945} \text{ योजन।}$$

$$= 7,905 \frac{8,55,159}{10,51,945} \text{ योजन।}$$

$$= 7,905 \frac{13}{16} \text{ योजन (सन्निकटतः)}$$

भारतीय ज्योतिषियों के अनुसार, सभी ग्रह पृथ्वी के चारों ओर समान गति से घूमते थे। आधुनिक ज्योतिष के अनुसार, सभी ग्रह सूर्य के चारों ओर घूमते हैं और उनकी गति समान नहीं होती। जो ग्रह सूर्य से दूर है, वह धीरे घूमता है।

आकाश कक्ष्या के विषय में भिन्न-भिन्न आचार्यों के भिन्न-भिन्न मत हैं। लल्लाचार्य ने वही मान दिया है, जो 'आर्यभटीय' का मान है[1], अन्य आचार्यों ने कल्पचंद्रभगण को 3,24,000 से गुणा करने पर जो संख्या प्राप्त हो उसे आकाश कक्ष्या माना है। युग चंद्र भगण तथा 3,24,000 के गुणनफल को भट्टोत्पल ने प्रत्येक ग्रह का चतुर्युगीय पथ कहा है।[2] आचार्यों के युग चंद्र भगण तथा एक कल्प में युगों की संख्या भिन्न-भिन्न है। इनके अनुसार, आकाश कक्ष्या के मान नीचे दिए हैं।

पुलिशाचार्य[3] : 18, 861, 777, 510, 912, 000 योजन।

सूर्यसिद्धांत[4] : 18, 712, 080, 864, 000,000 योजन।

ब्रह्मगुप्त[5] : 18, 712, 069, 200,000,00 योजन।

श्रीपति और भास्कर द्वितीय ने ब्रह्मगुप्त के ही मान दिए हैं।[6]

---

1. शिष्यधीवृद्धिद, मध्यमाधिकार, 13
2. बृहत्संहिता, वाराणसी, पृ. 48
3. वही, पृ. 48।
4. सूर्यसिद्धांत, द्वादश अध्याय, श्लोक 90
5. ब्राह्मस्फुट सिद्धांत, इक्कीसवाँ अध्याय, आर्या 11

6. सिद्धांतशेखर, द्वितीय अध्याय, श्लोक 62 तथा सिद्धांत शिरोमणि, कक्षाध्याय श्लोक

'महाभास्करीय' के प्रथम अध्याय की बीसवीं आर्या की व्याख्या करते हुए गोविंद स्वामी ने लिखा है—"आकाश का जो प्रदेश सूर्य की किरणों द्वारा प्रकाशित होता है, उसे अंबर कहते हैं। उसी की परिधि के तुल्य ग्रह चलते हैं।" अन्यथा का कुल प्रमाण अपरिमित है। अलबरूनी भी आर्यभट के अनुयायियों से ऐसा ही कहते हैं।[1]

भास्कर प्रथम से लेकर नीलकंठ तक 'आर्यभटीय' के सभी भाष्यकारों ने इस आर्या के 'प्राणेनैतिकलां भूः' को 'प्रानेनैतिकलां भं' में परिवर्तित करके व्याख्या लिखी है। गोविंद स्वामी ने 'महाभास्करीय' के भाष्य में दो स्थानों पर उसे उद्धृत किया है और दोनों स्थानों पर 'भूः' को भं में परिवर्तित कर दिया है, परंतु वास्तविक पाठ 'भूः' है, क्योंकि ब्रह्मगुप्त ने आर्यभट की आलोचना करते हुए लिखा है—[2]

प्राणेनैति कलां भूर्यदि तर्हि कुतो व्रजेत कमध्वानम्।
आवर्त्तनमुर्व्याश्च्वेन्न पतन्ति समुच्छ्रयाः कस्मात्॥'

अर्थात् यदि पृथ्वी एक प्राण में एक कला घूमती है तो आदमी किसी स्थान से किसी मार्ग से आते-जाते हैं और यदि पृथ्वी का भ्रमण नीचे या ऊपर होता है तो ऊँचे प्रासाद पर्वत आदि क्यों नहीं गिर पड़ते?

पृथूदक स्वामी ने 'ब्राह्मस्फुट सिद्धांत' के गोलाध्याय की 30वीं आर्या की व्याख्या करते हुए लिखा है—"यदि फिर पृथ्वी के घूमने की कल्पना करें और नक्षत्र मंडल को स्थिर मानें तो भी प्रतिदैवसिक उदय-अस्त संभव है।" आचार्य आर्यभट ने भू-भ्रमण माना है, क्योंकि 'दशगीतिका' उदय अस्त संभव है। आचार्य ने भू-भ्रमण माना है, क्योंकि दशगीतिका में कहा है कि 'प्राणेन कलां भूः' तथा 'आर्याष्टशत' में कहा है।

अनुलोम गतिनौस्थः पश्यत्यचलं विलोमगं यद्वत्।
अचलानि भानि तद्वत् समपश्चिमगानि लंकायाम्॥

परंतु लोक-भय से भास्कर आदि ने अन्यथा मानकर इन आर्याओं की व्याख्या की है।

यह लोक-भय वराहमिहिर आदि अन्य आचार्यों के मत के कारण था, जिसका उल्लेख ऊपर किया गया है।

---

1. सखाऊ का अनुवाद, भाग 1, पृ. 225
2. ब्राह्म स्फुटसिद्धांत, तंत्रपरीक्षाध्याय, आर्या 17
3. सिद्धांतशेखर, बबुआजी मिश्र द्वारा संपादित तथा कलकत्ता विश्वविद्यालय द्वारा प्रकाशित, पृ. 25

केवल सिद्धांतशेखर के भाष्यकार मक्कीभट्ट ने स्पष्ट शब्दों में आर्यभट के दृष्टिकोण का समर्थन किया है। वे लिखते हैं—"भूमिः प्राङ्मुखी भ्रमति, सा च— यावत्तावतो वारान् क्षितिजे रविगा सह सम्बध्यते तावन्ति सावनदिनानि भूदिनानीत्युच्यन्ते," अर्थात् पृथ्वी पूर्व की ओर घूमती है। वह जितनी बार क्षितिज पर सूर्य के साथ मिलती है उतने ही सावन दिन अथवा भू दिन होते हैं[3]। मक्कीभट्ट ने अपना भाष्य शक 1299 अर्थात् ईसवी सन् 1377 में लिखा था।

प्रसिद्ध विद्वान् अप्पय दीक्षित ने अमलानंद के 'वेदांत कल्पतरु' के भाष्य (वेदांत-कल्पतरु परिमल) में लिखा है—(आर्यभटाद्यभिमतभूभ्रमणादिवादानां श्रुतिन्याय-विरोधेन हेयत्वात्) अर्थात् आर्यभट आदि द्वारा अभिमत भू-भ्रमण का वाद श्रुति और न्याय के विरुद्ध होने के कारण हेय है। अप्पय दीक्षित 16वीं सदी में थे। कदाचित् मक्कीभट्ट की भाँति कुछ अन्य ज्योतिषी भी आर्यभट के मत के रहे हों। इसी कारण अप्पय दीक्षित ने आर्यभटादि कहा है।

नृषियोजनं ञिलां भूव्यासोऽर्केन्द्वोर्घ्रिञागिण क मेरोः।
भृगुरगुरुबुधशनिभौमाश्शशि ङञणनमांशकास्समार्कसमाः ॥ 5 ॥

अनुवाद—षि अर्थात् 8,000 'नृ' (नर) के बराबर योजन होता है। पृथ्वी का व्यास (त्रि = 1,000) + (ला = 50) अर्थात् 1,050 योजन है। सूर्य का व्यास (घि = 400) + (रि = 4,000) + (ञ = 10) अर्थात् 4,410 योजन है। चंद्रमा का व्यास (गि = 300) + (ण = 15) अर्थात् 315 योजन है और मेरु का व्यास 'क' अर्थात् 1 योजन है।

शुक्र, बृहस्पति, बुध, शनि तथा मंगल के व्यास चंद्रमा के क्रमशः 5, 10, 15, 20 तथा 25वें भाग हैं। युग के वर्षों की संख्या सूर्य के भगण के तुल्य होती है ॥ 5 ॥

परमेश्वर के अनुसार, ग्रहों के ये व्यास चंद्रमा की दूरी पर हैं, अर्थात् कलाओं में उनके मान चंद्रमा के बिंब कलाओं के ऊपर बताए भाग हैं। इनका स्फुट व्यास इन कलाओं में मंदकर्ण और शीघ्रकर्ण के योग के आधे से गुणा करने पर प्राप्त होता है।

भास्कर प्रथम ने पृथ्वी, सूर्य और चंद्रमा के व्यासों का मान वही दिया है, जो आर्यभट ने दिया है। लल्लाचार्य, जो आर्यभट के अनुयायी हैं और उन्हीं की तरह चंद्रमा की कक्ष्या की एक कला का मान 10 योजन मानते हैं, सूर्य और पृथ्वी के व्यासों का मान आर्यभट के अनुसार देते हैं, पर चंद्रमा के व्यास को 320 योजन मानते हैं। अन्यों के मान इन मानों के लगभग ड्योढ़े हैं।

भास्कर प्रथम ने ग्रहों के बिंबमान प्राप्त करने के लिए 32 को 5 आदि से विभाजित करने को कहा है।[1] परंतु भाष्यकार गोविंद स्वामी ने साढ़े इकत्तीस को 5 आदि से विभाजित करने को कहा है, क्योंकि उनके अनुसार कलाओं में चंद्रबिंब का मान इतना ही है। नीचे की सारणी में ये मान विभिन्न ग्रंथों के अनुसार दिए हैं।

यहाँ यह द्रष्टव्य है कि ब्रह्मगुप्त और भास्कराचार्य के मान अन्यों से बहुत भिन्न हैं।

ब्रह्मगुप्त ने आर्यभट के पृथ्वी के व्यास के मान की समालोचना की है। यह समालोचना तंत्राध्याय की पंद्रहवीं आर्या में की गई है। छपी पुस्तक में पाठ बहुत अशुद्ध है।[1] शुद्ध पाठ नीचे दिया जाता है—

गसगियि योजन परिधिं पञिभूव्यासं पुनर्ञिला वदता।
आत्मज्ञान ख्यापितमनिश्चयस्तत्कृतव्यासः॥

पृथ्वी की परिधि को ग स गि यि अर्थात् 3,393 योजन (ग = 3, स = 90, गि = 300, यि = 3,000) पृथ्वी के व्यास को 1,080 योजन (ष = 80, ञि = 1,000) और फिर 1,050 योजन (ञि = 1,000, ला = 50) कहते हैं। इससे आत्मज्ञान मात्र को प्रसिद्ध किया है। वस्तुतः उनके मत से भू-व्यास अनिश्चित है।

आर्यभट ने 'आर्यभटीय' में भू-व्यास को 1,050 योजन दिया है और भू-परिधि के मान के विषय में चुप हैं। वटेश्वर ने अपने सिद्धांत में भू-व्यास का मान 1074 योजन दिया है[2]। यह मान 1080 योजन के बहुत समीप हैं। अतएव यह संभव है कि 'आर्यभटीय' लिखने के पश्चात् आर्यभट ने फुटकर श्लोकों द्वारा अथवा अपनी दूसरी पुस्तक में जो अब अप्राप्य है, ये मान दिए हों। आर्यभट के अनुसार, परिधि और व्यास का अनुपात 3927 : 1250 है। इससे 1,080 में गुणा करने से 3,392.928 मिलता है, जो सन्निकटतः 3,393 के तुल्य है।

भापक्रमो ग्रहांशाश्शशिविक्षेपोऽपमण्डलाज्झार्धं।
शनिगुरुकुज खकगार्धं भृगुबुध ख स्चाङ्गुलो घहस्तो ना॥ 6॥

अनुवाद—विषुवत् वृत्त से ग्रहों का अपक्रम 'भ' अर्थात् 24 अंश है, अर्थात् सूर्य आदि ग्रह विषुवत् वृत्त से 24 अंश उत्तर या दक्षिण जाते हैं। अपमंडल अर्थात् कांति वृत्त से चंद्रमा का विक्षेप अथवा शर 'झ' अर्थात् नव का आधा अर्थात् साढ़े चार अंश है। शनि का विक्षेप अर्थात् 2 अंश है 'ख'। बृहस्पति का विक्षेप अर्थात्

---

1. महाभास्करीय, पृष्ठ अध्याय, श्लोक 56
2. ब्राह्मस्फुट सिद्धांत, पृ. 673, आर्या 15
3. वटेश्वर सिद्धांत, मध्यमाधिकार, अष्टम अध्याय, श्लोक 3

		बुध	शुक्र	मंगल	बृहस्पति	शनि
(क) आर्यभट के अनुसार	चंद्रमा की दूरी पर योजनों में	21	63	12.6	31.5	15.75
	कलाओं में	2'6''	6'18''	1'15.6''	3'9''	1'34.5''
(ख) नुसार	चंद्रमा की दूरी पर योजनों में	21.3	64	12.8	32	16
	कलाओं में	2'8''	6'24''	1'16''	3'12''	1'36''
(ग) सूर्य सिद्धांत के अनुसार	चंद्रमा की दूरी पर योजनों में	45	60	30	52½	37½
	कलाओं में	3'	4'	2'	3'30''	2'30''
(घ) लघुमानस के अनुसार	कलाओं में	3'31''	5'43''	2'44''	4'5''	2'38''
(ङ) टइको ब्राहे के अनुसार	कलाओं में	2'10''	3'15'	1'40''	2'45''	1'50''
(च) ब्रह्मगुप्त के अनुसार	कलाओं में	6'14''	9'0''	4'46''	7'22''	5'24''
(छ) भास्कर द्वितीय के अनुसार	कलाओं में	6'15''	9'0''	4'45''	7'20''	5'20''
(ज) आधुनिक मान कलाओं में	अधिकतम	9'10.5''	6'24''	1'51''	4'54''	57.5''
	न्यूनतम	31'	1'2.4''	23''	3'19.2''	51.8'

1 अंश है 'क'। मंगल का विक्षेप 'ग' अर्थात् 3 का आधा अर्थात् डेढ़ अंश है और शुक्र तथा बुध के विक्षेप 'ख' अर्थात् 2 अंश है। 'स्च' (स = 90, च = 6) अर्थात् 96 अंगुल अथवा 'घ' अर्थात् 4 हाथ का नर अथवा पुरुष होता है ॥ 6 ॥

जिस मार्ग से सूर्य अपनी वार्षिक गति में चलता है, उसे क्रांतिवृत्त कहते हैं। यह वृत्त खगोलीय विषुवत् वृत्त के साथ 24 अंश का कोण बनाता है। यह मान्यता भारतीय ज्योतिषियों की है। वर्तमान काल में यह कोण 23½ अंश से कुछ कम है।

चंद्रमा एवं बुध आदि ग्रहों की कक्षाएँ इस क्रांतिवृत्त पर झुकी हुई हैं। जिन बिंदुओं पर इनके कक्ष्यावृत्त को काटते हैं, उन्हें पात कहते हैं। चंद्रपात तथा अन्य पातों का स्थान क्रांतिवृत्त पर स्थिर नहीं है। ये बिंदु उलटी दिशा में अर्थात् पूर्व से पश्चिम को घूमते हैं। 'दशगीतिका' की दूसरी आर्या में चंद्रपात की युगीय भ्रमण संख्या दी गई है। कक्ष्या वृत्तपात बिंदुओं पर क्रांतिवृत्त के साथ जो कोण बनाते हैं, उनके मान विभिन्न आचार्यों के अनुसार नीचे की सारणी में दिए हैं।

	आर्यभटीय	सू.सि.	ब्रा.स्फु.सि. एवं सि.शि.	पंच सि.	सि.शे.	आधुनिक
चंद्र कक्ष्या	270'	270'	270'	270'	270'	309'
बुध कक्ष्या	120'	120'	152'	135'	152'	420'
शुक्र कक्ष्या	120'	120'	136'	101'	136'	204'
मंगल कक्ष्या	90'	90'	110'	101'	110'	111'
बृहस्पति कक्ष्या	60'	60'	76'	101'	86'	78'
शनि कक्ष्या	120'	120'	130'	135'	130'	150'

यहाँ यह स्मरण रखना चाहिए कि बुध और शुक्र के लिए भारतीय ज्योतिषियों द्वारा दिए मान भू केंद्रीय हैं और आधुनिक मान रवि केंद्रीय हैं। यदि रवि केंद्रीय मानों को भू केंद्रीय मानों में परिवर्तित करें तो बुध के लिए यह मान 157' 30'' और शुक्र के लिए 147' 20'' है। 'सिद्धांत शेखर' में सभी बातें 'ब्राह्मस्फुट सिद्धांत' के अनुसार हैं। अतएव संभव है कि बृहस्पति कक्ष्या का भिन्न मान पाठ की अशुद्धता के कारण हो।

परमेश्वर ने 'आर्यभटीय' के भाष्य में कहा है[1]—''इह विक्षेपकथने शन्यादीनां भृगुबुधयोश्च पृथग्ग्रहणं कृतं। तेन तेषां विक्षेपानयने प्रकारभेदोऽस्तीति सूचितं।'' अर्थात् इस विक्षेप कथन में शनि आदि का मान बुध एवं शुक्र से पृथक् कहा है।

1. परमेश्वरकृत आर्यभटीयभाष्य, पृ. 11

इससे यह सूचित किया है कि विक्षेप प्राप्त करने में इन सबके लिए उन दोनों से अलग विधि का उपयोग किया जाता है।

इसीलिए बुध और शुक्र के लिए रवि केंद्रीय तथा भू-केंद्रीय विक्षेपों में अंतर होता है। पर अन्यों के लिए नहीं होता है।

बुध भृगुकुजगुरुशनि नवराषह[1] गत्वांशकान्प्रथमपाताः।
सवितुरमीषाञ्च तथा द्वा ञखि सा हृदा ह्लय खिच्य मन्दोच्चं॥ 7॥

अनुवाद—बुध, शुक्र, मंगल, बृहस्पति तथा शनि के प्रथम पात मेषादि से गमन करके क्रमशः 'न' 'व' 'र' 'ष' 'ह' अंशों पर स्थित हैं, अर्थात् बुध का पात 20 अंश पर, शुक्र का 60 अंश पर, मंगल का 40 अंश पर, बृहस्पति का 80 अंश पर तथा शनि का 100 अंश पर है। सूर्य और इनके (अर्थात् उसी क्रम में) मंदोच्च 'द्वा' (दा = 18, वा = 60) अर्थात् 78 अंश पर, बुध का मंदोच्च वखि (व = 10, खि = 200) अर्थात 210 अंश पर, शुक्र का सा अर्थात् 90 अंश पर, मंगल का मंदोच्च हदा (हा = 100, दा = 18) अर्थात् 118 अंश पर, बृहस्पति का मंदोच्च ह्लय (ह = 100, ल = 50, य = 30) अर्थात् 180 अंश पर एवं शनि का मंदोच्च खिच्य (खि = 200, च = 6, य = 30) अर्थात् 236° अंश पर स्थित हैं॥ 7॥

'गत्वा' का अर्थ है कि चंद्रपात और चंद्रोच्च की तरह बुध, शुक्र, मंगल, बृहस्पति तथा शनि का पात विलोम दिशा में और सूर्य एवं इन ग्रहों के मंदोच्च अनुलोम दिशा में गतिशील हैं; परंतु इनकी गति बहुत ही धीमी है। आर्यभट ने इनकी गति का मान नहीं दिया है, केवल अपने समय में इनकी स्थिति कही है। कालक्रिया की चौथी आर्या में कहा है कि प्रत्येक ग्रह के उच्च के भगण और स्वयं उसके भगण के अंतर के तुल्य उनके नीचोच्च वृत्त का परिभ्रमण होता है। गोलपाद की द्वितीय आर्या में भी पातों को गतिशील बताया है। फिर भी ब्रह्मगुप्त लिखते हैं—[2]

आर्याष्टशते पाता भ्रमन्ति दशगीतिके स्थिराः पाताः।
मुक्त्वेन्दुपातमपमण्डले भ्रमन्ति स्थिरा नातः॥

अर्थात् 'आर्याष्टशत' में पात भ्रमणशील हैं और 'दशगीतिका' में चंद्रपात को छोड़कर अन्य सभी स्थिर कहे गए हैं। वस्तुतः अपमंडल में भ्रमणशील हैं पात, वे स्थिर नहीं हैं। गणितपाद, कालक्रियापाद और गोलपाद में कुल 108 आर्याएँ हैं। अतएव उन्हें ब्रह्मगुप्त ने 'आर्याष्टशत' नाम दिया है। प्रथम खंड में दशगीति आर्याओं में कल्पमान, भगण आदि कहे गए हैं। इसे 'दशगीतिका' कहते हैं।

---

1. यह पाठ भास्कर प्रथम के अनुसार है। सूर्यदेव एवं परमेश्वर ने न, व, र, ष, हा पाठ दिया है।
2. ब्राह्मस्फुट सिद्धांत, तंत्रपरीक्षाध्याय, आर्या 8

ब्रह्मगुप्त की इस आर्या के भाष्य में सुधाकर द्विवेदीजी लिखते हैं—

'भौमादिमन्दपातानां वर्षशतेनापि गतिर्नोपलक्ष्यत इति स्वसमये आर्यभटेन स्थिराः पठिता इति वस्तुतो न किमपि दूषणमिहाचार्यस्याग्रह एव स्पष्टः', अर्थात् भौमादि के मंदपात की गति सौ वर्ष में भी नहीं देखी जा सकती। आर्यभट ने अपने समय के मंदपात की स्थिति का पाठ दिया है। इसमें कोई दोष नहीं है, इससे आचार्य का दुराग्रह स्पष्ट है।

झार्धानित्तं मन्दवृ शशिनश्छ गछघढछझ यथोक्तेभ्यः।
झ ग्ड ग्ल झल[1]द्ड तथा शनिगुरुकुजभृगुबुधोच्चशीघ्रेभ्यः॥ 8॥
मन्दात् ङ खदजडा वक्रिणां द्वितीये पदे चतुर्थे च।
जा ण क्ल छ्‌ ल झनोच्चाच्छीघ्रात् गियिङश कुवायु कक्ष्यान्त्या॥ 9॥

अनुवाद—'झ' के आधे अर्थात् 9 के आधे साढ़े चार से विभाजित करने पर चंद्रमा के मंदवृत्त की परिधि 'छ' अर्थात् 7, ऊपर कहे ग्रहों के मंदवृत्तों की परिधियाँ यथाक्रम 'ग' (= 3), 'छ' (= 4), 'ढ' (= 14), 'छ' (= 7) तथा 'झ' (= 9) हैं अर्थात् सूर्य की मंद परिधि 3, बुध की 7, शुक्र की 4, मंगल की 14, बृहस्पति की 7 तथा शनि की मंद परिधि 9 (प्रथम तथा तृतीय पदों में) हैं। शनि, बृहस्पति, मंगल, शुक्र तथा बुध की शीघ्र परिधियाँ (प्रथम तथा तृतीय पदों में) क्रमशः 'झ' अर्थात् 9, 'ग्ड' अर्थात् (ग = 3, ड = 13), 'ग्ल' अर्थात् 53 (ग = 3, ल = 50), 'झ्ल' अर्थात् 59 (झ = 9, ल = 50) एवं 'द्ड' अर्थात् 31 (द = 18, ड = 13 हैं॥ 8॥

मंद गति के कारण द्वितीय तथा चतुर्थ पदों में ऊपर के उलटे क्रम में अर्थात् बुध, शुक्र, मंगल, बृहस्पति, शनि क्रम में ग्रहों के मंदवृत्तों की परिधियों के मान 'ड', 'ख', 'द', 'ज', 'डा' हैं अर्थात् बुध का 5, शुक्र का 2, मंगल का 18, बृहस्पति का 8 तथा शनि का 13 है। पूर्व कहे क्रम में अर्थात् शनि, बृहस्पति, मंगल, शुक्र तथा बुध क्रम में शीघ्र परिधियों के मान 'जा' (= 8), 'ण' (= 15), 'क्ल' (= 15), 'छल' (= 57) तथा 'झ्न' (= 29) हैं। भू-वायु कक्ष्या का मान (गि = 300) + (यि = 3000) + (ङ = 5) + (श = 70) अर्थात् 3,375 योजन है॥ 9॥

इन आर्याओं में मंद और शीघ्र परिधियों का मान अंशों में यह मानकर दिया गया है कि कक्ष्या की परिधि 360 अंश है। चंद्रमा के मंदवृत्त की परिधि का मान

---

1. यह पाठ सूर्यदेव, परमेश्वर तथा भूतविष्णु के अनुसार है; भास्कर का पाठ 'झ' ग्ड ग्ला र्ध है।

$7 \times 4\frac{1}{2} = 3\frac{1}{2}$ अंश कहा गया है। इसका यह अर्थ है कि चंद्रमा के नीचोच्च वृत्त की परिधि : चंद्रमा की कक्ष्या की परिधि = $31\frac{1}{2}^0 : 360^0$

मंद केंद्र और शीघ्र केंद्र के मान ग्रह की स्थिति और मंदोच्च तथा शीघ्रोच्च की स्थिति पर निर्भर करते हैं। इनकी परिभाषा निम्नलिखित है—

मंद केंद्र = ग्रह का रेखांश—मंदोच्च का रेखांश,

शीघ्र केंद्र = शीघ्रोच्च का रेखांश— ग्रह का रेखांश।

मंद केंद्र और शीघ्र केंद्र के मान शून्य अंश और 90 के बीच में हों तो वे प्रथम पद में हैं, 90 अंश और 180 अंश के बीच हों तो वे द्वितीय पद में हैं, फिर 270 अंश तक तृतीय पद में और इसके पश्चात् 360 अंश तक चतुर्थ पद में हैं।

आर्यभट ने बुध, शुक्र, मंगल, बृहस्पति तथा शनि की मंद और शीघ्र परिधियों के मान सम व विषम पदों से अलग-अलग दिए हैं, पर यह नहीं बताया कि ये मान पदों के प्रारंभ के हैं अथवा पदों के अंत के हैं।

'ब्राह्मस्फुट सिद्धांत' तथा 'सूर्य सिद्धांत' में यह स्पष्ट कर दिया गया है कि कौन से मान विषम पदांत के हैं और कौन से युग्म पदांत के हैं। नीचे की सारणियों में ये मान दिए जा रहे हैं।

मंद वृत्त की परिधियाँ

	आर्यभटीय		सूर्य सिद्धांत		ब्राह्मस्फुट सिद्धांत	
	विषम पद	युग्म पद	विषम पदांत	युग्म पदांत	विषम पदांत	युग्म पदांत
सूर्य	$13\frac{1}{2}^\circ$	$13\frac{1}{2}^\circ$	$13^\circ 40'$	14°	$13^\circ 40'$	$13^\circ 40'$
चंद्रमा	$31\frac{1}{2}^\circ$	$31\frac{1}{2}^\circ$	$31\frac{1}{2}^\circ 40'$	32°	$31^\circ 36'$	$31^\circ 36'$
बुध	$31\frac{1}{2}^\circ$	$22\frac{1}{2}^\circ$	28°	30°	38°	38°
शुक्र	18°	9°	11°	12°	9°	11°
मंगल	63°	81°	72°	75°	70°	70°
बृहस्पति	$31\frac{1}{2}^\circ$	36°	32°	33°	33°	33°
शनि	$40\frac{1}{2}^\circ$	$58\frac{1}{2}^\circ$	48°	49°	30°	30°

इस सारणी में सूर्य तथा चंद्रमा के लिए ब्रह्मगुप्त द्वारा कही हुई मध्याह्न कालिक मंद परिधियाँ दी हुई हैं। मध्याह्न काल से भिन्न होने पर ये परिधि मान भी भिन्न होते हैं।

शीघ्र वृत्त की परिधियाँ

	आर्यभटीय		सूर्य सिद्धांत		ब्राह्मस्फुट सिद्धांत	
	विषम पद	युग्म पद	विषम पद	युग्म पद	विषम पद	युग्म पद
बुध	139½°	130½°	132°	133°	132°	132°
शुक्र	265½°	256½°	260°	262°	263°	258°
मंगल	238½°	229½°	232°	235°	243° 40′	243° 40′
बृहस्पति	72°	67½°	72°	70°	68°	68°
शनि	40½°	32°	40°	39°	35°	35°

ब्रह्मगुप्त ने 'ब्राह्मस्फुट सिद्धांत' में आर्यभट की मंद परिधियों की तथा शीघ्र परिधियों की आलोचना की है[1]। इस पर सुधाकर द्विवेदीजी की टिप्पणियाँ हैं 'असद्दूषण-मेतत्' 'मन्दपरिधिखण्डनवदिदं खंडनमप्यसत्' 'वाग्बलमेतत्' तथा 'इदमपि वाग्बलम्'। इन टिप्पणियों से स्पष्ट है कि ब्रह्मगुप्त की आलोचनाएँ पूर्वग्रह पूर्ण हैं।

आर्यभट ने भू-वायु की कक्ष्या 3,375 योजन कही है। अतएव भू-वायु का व्यास 1,074.3 योजन और पृथ्वी की सतह से भू-वायु की अंतिम ऊँचाई 12.15 योजन हुई।

मखि मखि फखि धखि णखि ञखि ङखि हस्झ स्ककि किष्ग श्घकि किघ्व।
घ्लकिं किग्र हक्य धकि किच स्ग श्झ ङ्व ल्क प्त फ छ कलार्धज्याः ॥ 10 ॥

अनुवाद—अर्धज्या खंडों के मान कलाओं में मखि अर्थात् 225, भखि अर्थात् 224, फखि अर्थात् 222, धखि अर्थात् 219, णखि अर्थात् 215, ञखि अर्थात् 210, ङखि अर्थात् 205, हस्झ अर्थात् 199, स्ककि अर्थात् 191, किष्ग अर्थात् 183, श्घकि अर्थात् 174, किघ्व अर्थात् 164, घ्लकि अर्थात् 154, किग्र अर्थात् 143, हक्य अर्थात् 131, धकि अर्थात् 119, किच अर्थात् 106, स्ग अर्थात् 93, श्झ अर्थात् 79, ङ्व अर्थात् 65, ल्क अर्थात् 51, प्त अर्थात् 37, फ अर्थात् 22 छ अर्थात् 7 हैं।

ये मान 3° 45′ के अंतर पर कहे गए हैं।

❑

---

1. ब्राह्मस्फुट सिद्धांत, द्वितीय अध्याय, आर्या 33 एवं एकादश अध्याय, आर्याएँ 18 से 21 तक

6

गणितपाद

'आर्यभटीय' का दूसरा भाग है—गणितपाद। जैसा कि नाम से ही स्पष्ट है, इसका संबंध गणित से है। 'आर्यभटीय' भारतीय ज्योतिर्विज्ञान का पहला ग्रंथ है, जिसमें गणित से संबंधित एक स्वतंत्र अध्याय है। बाद के कई गणितज्ञ-ज्योतिषियों ने आर्यभट का अनुकरण किया।

गणितपाद में कुल 33 श्लोक हैं। प्रथम श्लोक की प्रथम पंक्ति में आर्यभट ने ब्रह्मा एवं ग्रह-नक्षत्रों को नमस्कार किया और दूसरी पंक्ति में वे बताते हैं—"आगे उस ज्ञान (गणित-ज्योतिष) का प्रतिपादन है, जिसका कुसुमपुर (पाटलिपुत्र) में बहुत ज्यादा सम्मान होता है (आर्यभटस्त्विह निगदति कुसुमपुरेऽभ्यर्चितं ज्ञानम्)।"

यहाँ शुरू में ही यह स्पष्ट कर देना जरूरी है कि आर्यभट ने गणित से संबंधित केवल महत्त्वपूर्ण विषयों की ही चर्चा की है और वह भी अत्यंत संक्षिप्त सूत्रों में। उन्होंने केवल नियम और निष्कर्ष दिए हैं। उनके सूत्रों की रचना इतनी संक्षिप्त और गठी हुई है कि कई बार समझने में काफी कठिनाई होती है। 'गणितपाद' के श्लोकों की बातों को आज की पद्धति के अनुसार विस्तारपूर्वक लिखा जाए तो एक बड़ी सी पुस्तक तैयार हो जाएगी और उन्हें समझने में हाई स्कूल तक पढ़े हुए विद्यार्थी भी कठिनाई महसूस करेंगे।

आर्यभट ने नियमों की उपपत्तियाँ नहीं दी हैं, उदाहरण भी नहीं दिए हैं। सूत्रों का स्पष्टीकरण और उनसे संबंधित उदाहरण टीकाकारों ने प्रस्तुत किए हैं। जैसे, भास्कर प्रथम के 'आर्यभटीय भाष्य' (629 ई.) में नियमों को समझाने के बाद काफी संख्या में उदाहरण दिए गए हैं।

भास्कर प्रथम यह भी बताते हैं कि आचार्य आर्यभट ने बहुत थोड़े गणित की जानकारी दी है। वस्तुतः गणित विषय काफी व्यापक है। इसमें आठ व्यवहार हैं—1. मिश्रक—इसमें विविध विषयों का समावेश होता है; 2. श्रेढी—यह श्रेणी होती

है, जिसमें प्रथम पद और दो पदों के बीच का अंतर दिया रहता है; 3. क्षेत्र—जिसमें बताया जाता है कि विभिन्न कोणोंवाली आकृतियों का क्षेत्रफल किस तरह जाना जाए; 4. खात—यह व्यवहार खोदी हुई भूमि का घनफल या आयतन जानने के लिए था; 5. चिति—इसमें ईंटों के चट्टों का मापन किया जाता था; 7. राशि—अनाज की ढेरी के मापन को राशि-व्यवहार कहा जाता था; 8. छाया—शंकु की छाया का मापन करके समय जानने को छाया-व्यवहार कहा जाता था।

इनके अलावा, भास्कर प्रथम बताते हैं कि गणित में यावत्-तावत् (अज्ञात राशि, सरल समीकरण), वर्गावर्ग (वर्ग समीकरण), घनावर्ग (घन समीकरण) और विषम (ऐसे समीकरण, जिनमें कई अज्ञात होते हैं) का भी समावेश होता है। आचार्य आर्यभट अपनी छोटी सी पुस्तक में गणित के इन सभी विषयों को सम्मिलित नहीं कर सकते थे।

फिर भी, आर्यभट ने उनके समय तक ज्ञात गणित के सभी प्रमुख विषयों को संक्षेप में प्रस्तुत कर दिया है। कुल 32 श्लोकों में उन्होंने अंकगणित, क्षेत्रमिति, त्रिकोणमिति एवं बीजगणित से संबंधित प्रमुख और महत्त्वपूर्ण नियमों तथा निष्कर्षों को समेट लिया है। इनमें से कुछ नियम पहले से ज्ञात थे, कुछ स्वयं आर्यभट ने खोजे।

सर्वप्रथम आर्यभट संख्या-स्थानों के नाम बताते हैं—एक, दश, शत, सहस्र (1,000), अयुत (10,000), (1,00,00,00,000)। ये दस स्थान-नाम क्रमशः दाएँ से बाएँ गिनाए गए हैं और अगला स्थान पिछले स्थान से दस गुना है, इसलिए आर्यभट लिखते हैं—'स्थानात् स्थानं दशगुणं स्यात्'।

आर्यभट के तीन-चार सदियों पहले भारत में शून्य की धारणा पर आधारित दाशमिक स्थानमान अंक-पद्धति की खोज हो चुकी थी, परंतु 'आर्यभटीय' गणित-ज्योतिष का पहला ग्रंथ है, जिसमें इस नई अंक-पद्धति का स्पष्ट निर्देश है और इसे अपनाया गया है। आर्यभट ने जिस नई अक्षरांक-पद्धति का निर्माण किया, वह भी दाशमिक स्थानमान पद्धति पर आधारित है।

ज्यामिति में वृत्त की परिधि और उसके व्यास के अनुपात (π) का बड़ा महत्त्व है। आर्यभट के पहले हमारे देश में इस अनुपात के लिए 3, $\sqrt{10}$ और 3.09 जैसे स्थूल मानों का प्रयोग होता रहा है। आर्यभट ने इस अनुपात के लिए एक काफी शुद्ध मान प्रस्तुत किया। वे कहते हैं—

चतुरधिकं शतगष्टगुणं द्वाषष्टिस्तथा सहस्राणाम्।
अयुतद्वयविष्कम्भस्यासन्नो वृत्तपरिणाहः ॥

अर्थात्, 62,832 उस वृत्त की परिधि का आसन्न (सन्निकट) मान है, जिसका व्यास 20,000 है।

$$\text{अर्थात्}\ \pi = \frac{62.832}{20.000} = 3.1416$$

π का यह मान चार दशमलव स्थानों तक शुद्ध है। विशेष महत्त्व की बात यह है कि आर्यभट ने इसे 'आसन्न' यानी सन्निकट मान कहा है, वास्तविक मान नहीं। अर्थात् आर्यभट जानते थे कि इस अनुपात का यथार्थ मान ज्ञात करना असंभव है। आज हम जानते हैं कि π एक अबीजीय (Transcendental) संख्या है और इसलिए वृत्तक्षेत्र को वर्गक्षेत्र में ठीक-ठीक बदलना कदापि संभव नहीं है।

त्रिकोणमिति के क्षेत्र में आर्यभट का योगदान विशेष रूप से महत्त्वपूर्ण है। यूनानी गणितज्ञ-खगोलविद् हिपार्कस (ईसा पूर्व दूसरी सदी) को त्रिकोणमिति का आविष्कारक माना जाता है, फिर टॉलेमी (लगभग 150 ई.) ने इसका परिष्कार किया; परंतु आज दुनिया भर में जिस विधि से त्रिकोणमिति पढ़ाई जाती है, वह आर्यभट (जन्म 476 ई.) की देन है। गणित के इतिहासकार अल्फ्रेड हूपर लिखते हैं—''यह आर्यभट की विधि है, जिसका थोड़े बदल के साथ आज उपयोग होता है। आधुनिक दृष्टि से सबसे महत्त्वपूर्ण बात यह है कि आर्यभट ने समकोण त्रिभुज का उपयोग किया। यही समकोण त्रिभुज आज हमारे त्रिकोणमितीय फलनों का आधार है।''[25]

'गणितपाद' के अंतिम दो श्लोकों (32-33) का भारतीय गणित के इतिहास में विशेष महत्त्व है। इनमें आर्यभट ने पहली बार प्रथम घात के अनिर्णीत समीकरण (Indeterminate Equations of the first Degree) को हल करने की व्यापक विधि प्रस्तुत की है। प्रथम घात के अनिर्णीत समीकरण का स्वरूप होता है—ब य—अ र = स।

प्रथम घात के अनिर्णीत समीकरण को भारतीय गणितज्ञों ने कुट्टक, कुट्टीकार, कुट्टीकार या सिर्फ कुट्ट नाम दिया था। ये सभी शब्द 'कुट्टू' धातु से बने हैं, जिसका अर्थ है—कूटना या बारीक करना। अन्य शब्दों में, 'कुट्ट' एक ऐसी क्रिया है, जिसमें तोड़ने या बारीक का काम बार-बार होता है। प्राचीन भारत में कुट्टक को इतना अधिक महत्त्व दिया गया था कि एक समय समूचा बीजगणित विषय कुट्टक के नाम से ही जाना जाता था। आर्यभट के बाद के प्रायः सभी भारतीय गणितज्ञों ने कुट्टक को विशेष महत्त्व देकर इसकी पृथक् रूप से चर्चा की है। इतना ही नहीं,

आर्यभट प्रथम के एक टीकाकार देवराज ने इस विषय पर 'कुट्टाकार-शिरोमणि' नाम से एक स्वतंत्र पुस्तक लिखी है।

आर्यभट ने प्रथम घात के अनिर्णीत समीकरण को हल करने की जो विधि दी है, वह कुछ अस्पष्ट सी है, परंतु भास्कर प्रथम ने अपने 'आर्यभटीय-भाष्य' में कुट्टाकार के विविध प्रकारों (साग्र कुट्टाकार, निरग्र कुट्टाकार, ग्रह कुट्टाकार आदि) की चर्चा करके इनके कई सारे उदाहरण प्रस्तुत किए हैं। एक उदाहरण लीजिए, "एक संख्या को 12 से भाग देने पर 5 शेष बचते हैं और उसी संख्या को 31 से पुन: भाग देने पर 7 शेष बचते हैं। वह संख्या बताओ?"

मान लीजिए कि वह संख्या स है। तब स ऐसी संख्या है, जिसे 12 से भाग देने पर 5 और 31 से भाग देने पर 7 शेष बचते हैं। यदि भागफल क्रमशः य और र है तो स = 12, य 5 = 31 र + 7

या $$\text{य} = \frac{31\,\text{र}+2}{12}$$

य = 26 और र = 10। अत: संख्या स = 317।

आर्यभट प्रथम ने प्रथम घात के अनिर्णीत समीकरणों का उपयोग युग में ग्रहों के भगण जानने के लिए किया था। भास्कर प्रथम ने अपने 'आर्यभटीय-भाष्य' में कुट्टाकार (प्रथम घात के अनिर्णीत समीकरण) के जो 26 उदाहरण प्रस्तुत किए हैं, उनमें 18 उदाहरण गणित-ज्योतिष से संबंधित हैं।

एक उदाहरण लीजिए—"सूर्य द्वारा गमन किए गए भगण, राशि व अंश वायु द्वारा उड़ गए हैं; केवल 5 लिप्तिका (कोणीय मिनट) ही नजर आ रही हैं। यदि आप आश्मकीय (आर्यभटीय) में निपुण हैं तो क्षण भर में अहर्गण तथा सूर्य द्वारा गमन किए गए भगण आदि बताइए।" (उत्तर—अहर्गण = 62,715 और सूर्य का गमन = 171 भगण, 8 राशि और 12° 8'।

इस उदाहरण में भास्कर—प्रथम ने 'आर्यभटीय' को 'आश्मकीय' कहा है तो दूसरे उदाहरण में 'भटशास्त्र' कहा है।

ब्रह्मकुशशिबुधभृगुरविकुजगुरुकोणभगणान्नमस्कृत्य।
आर्यभटस्त्विह निगदति कुसुमपुरेऽभ्यर्चितं ज्ञानम्॥ 1॥

अनुवाद—ब्रह्मा, पृथ्वी, चंद्रमा, बुध, शुक्र, सूर्य, मंगल, बृहस्पति, शनि तथा नक्षत्रों को नमस्कार करके आर्यभट इस कुसुमपुर अर्थात् पाटलिपुत्र नगर में अतिशय पूजित ज्ञान का वर्णन करता है।

'दशगीतिका' में आर्यभट ने कहा था कि वे गणित, कालक्रिया और गोल का

वर्णन करेंगे। अब इस मंगलाचरण की आर्या में उसी ज्ञान के लिए कहते हैं कि वह कुसुमपुर में अतिशय पूजित था।

'दशगीतिका' के मंगलाचरण की आर्या में ब्रह्मा की वंदना की थी। अब इस आर्या में ब्रह्मा की वंदना के साथ-साथ पृथ्वी और ग्रहों तथा नक्षत्रों की भी वंदना की तथा यह भी बताया कि पृथ्वी से दूरी की दृष्टि से ग्रहों और नक्षत्रों का क्या क्रम है।

कुछ लोगों का विचार है कि 'इह कुसुमपुरे' से यह इंगित होता है कि आर्यभट कुसुमपुर के निवासी थे। परमेश्वर ने लिखा है—'कुसुमपुराख्येऽस्मिमन्देशे'। इससे भी उनका कुसुमपुर निवासी होना प्रकट होता है। परंतु नीलकंठ ने इस आर्या के भाष्य में आर्यभट को 'अश्मक जनपदजात' लिखा है। भास्कर प्रथम ने भी 'स्फुटतंत्रमाश्मकं' लिखा है।

यह संभव है कि आर्यभट ने कुसुमपुर में केवल ज्ञानार्जन किया हो। उस समय कुसुमपुर विद्या का बड़ा केंद्र था। जैनों के प्रसिद्ध मुनि भद्रबाहु, जिनका काल 313 वर्ष ईसा के पूर्व बताया जाता है,' यहीं रहते थे। बिहार में अकाल की स्थिति आ जाने के कारण वे दक्षिण में मैसूर के पास श्रवणबेलगोला में जाकर रहने लगे।[1] यह भी गणित का बड़ा केंद्र था। भद्रबाहु ने सूर्य-प्रज्ञप्ति पर भाष्य लिखा था और एक अन्य ग्रंथ 'भद्रभावो संहिता' लिखा था। ये दोनों अब अप्राप्य हैं।

एक अन्य जैन विद्वान् उमास्वाति भी कुसुमपुर में ही रहते थे। श्वेतांबर जैनियों के अनुसार ये लगभग 150 वर्ष ईसा के पूर्व में थे, परंतु दिगंबर जैनियों के अनुसार ये 135 ई. से 219 ई. तक जीवित थे[2]। इस प्रकार ईसवी पूर्व 300 से लेकर कम-से-कम आर्यभट के समय तक पाटलिपुत्र विद्या गणित एवं ज्योतिष का केंद्र था[3]।

एक च दश च शतं च सहस्रमयुतनियुते तथा प्रयुतम्।
कोट्यर्बुदं च वृन्दं स्थानात् स्थानं दशगुणं स्यात्॥ 2॥

अनुवाद—एक, दश, शत, सहस्र, अयुत, नियुत, प्रयुत, कोटि, अर्बुद तथा वृंद में प्रत्येक पिछले स्थान वाले से अगले स्थान वाला दस गुना है।

साधारणत: यही अर्थ प्रतीत होता है, परंतु श्री शारदाकांत गांगुली इससे भिन्न अर्थ करते हैं।[4]

---

1. A Comprehensive History of India, Vol 2, p 356
2. A New History of The Indian People, Vol 6, P. 393
3. गुप्त सम्राट् और उनका काल, डॉ. उदयनारायण राय, पृ. 207
4. शारदाकांत गांगुली, अमेरिकन मैथेमेटिकल मंथली, 34 (1927) 409

'प्रथम दश स्थानों के नाम एक, दश, शत, सहस्त्र (1,000) अयुत (10,000), नियुत (1,00,000), प्रयुत (10,00,000), कोटि (1,00,00,000), अर्बुद (10,00,00,000) तथा वृंद (1,00,00,00,000) हैं। ऊँचे स्थानों के नाम इस नियम से प्राप्त किए जा सकते हैं कि प्रत्येक स्थान अगले नीचे के स्थान का दस गुना है और प्रत्येक स्थान का नाम उस संख्या का बोधक है, जिस पर उसका नाम रखा गया है, जैसा प्रथम दस स्थानों से प्रकट है।

उनका कहना है कि जब भारत में वेदों के समय से इन दस स्थानों से अधिक के नाम दिए हैं, तब आर्यभट दस ही नाम इस कारण दे रहे हैं कि जिस तरह इन स्थानों में प्रत्येक अपने नीचे से नीचे वाले का दस गुना है, वैसे ही अन्य स्थानों के लिए समझना चाहिए।

यजुर्वेद के चौथे कांड के चौथे प्रपाठक के मंत्र 4.11 में एक, दश, शत, सहस्त्र, अयुत, नियुत, प्रयुत, अर्बुद, न्यर्बुद, समुद्र, मध्य, अंत्य, परार्ध ये तेरह नाम दिए हैं। इनमें प्रयुत तक वही नाम हैं, जो आर्यभट ने दिए हैं। उसके पश्चात् कुछ अंतर हैं। जैन ग्रंथ 'अनुयोगद्वारसूत्र' (लगभग 100 वर्ष ईसा पूर्व) में 10^{29} से बड़ी संख्याओं के नाम दिए हैं। बौद्ध वाङ्मय 'ललित विस्तार' में 10^{53} तक की संख्याओं के नाम आते हैं।

श्रीधराचार्य, भास्कराचार्य तथा नारायण पंडित ने 18 स्थानों के नाम दिए हैं। महावीराचार्य ने 24 स्थानों के नाम दिए हैं। अर्बुद तक इनके नाम वही हैं, जो आर्यभट ने दिए हैं। केवल नियुत के स्थान पर इन सभी ने लक्ष दिया है और वृंद के स्थान पर अब्ज दिया है। शेष नए स्थानों के नाम हैं। अलबरूनी ने भी इन 18 स्थानों के नाम दिए हैं[1], परंतु उन्होंने अर्बुद की जगह न्यर्बुद लिखा है तथा मध्य को सोलहवें स्थान पर और अंत्य को सत्रहवें स्थान पर रखा है। आर्यभट के नामों में भी उन्होंने थोड़ी गड़बड़ की है और प्रयुत के बाद कोटिपद्म तथा परदपद्मनाम दिए हैं।

श्री गांगुली का विचार है कि 'आर्यभटीय' पहला ग्रंथ है, जिसमें स्थानीय मान और दशमलव प्रणाली का विवेचन किया गया है, परंतु डॉ. विभूतिविभूषण दत्त का मत है कि ईसवी सन् के प्रवर्तन से पूर्व भारत में दशमलव पद्धति का प्रचार था।[2] बखशाली पोथी में भी संख्याओं को दशमलव पद्धति से लिखने के उदाहरण हैं और इसे तीसरी सदी का माना जाता है।

---

1. सखाऊ कृत अनुवाद, भाग 1, पृ. 175
2. विभूतिभूषण दत्त, बुलेटिन ऑफ कैलकटा मैथेमेटिकल सोसाइटी, 21 (1930) पृ. 139

वर्गः समचतुरश्रः फलञ्च सदृशद्वयस्य संवर्गः।
सदृशत्रयसंवर्गो धनस्तथा द्वादशाश्रिः[1] स्यात्॥ 3॥

अनुवाद—जिस क्षेत्र की चारों भुजाएँ बराबर हों तथा चारों कोण परस्पर बराबर हों उसे समचतुरश्र कहते हैं। इस क्षेत्र विशेष को वर्ग कहते हैं। इसके क्षेत्रफल को तथा दो सदृश संख्याओं के गुणनफल को वर्ग कहते हैं। तीन सदृश संख्याओं के गुणनफल को घन कहते हैं। बाहर किनारे वाला ठोस, जिसके सब कोण बराबर हों, 'घन' कहलाता है और उसका आयतन उसके तीन किनारों के गुणनफल के बराबर होता है।

इस आर्या में आर्यभट ने संक्षेप में केवल यही कहा है कि दो सदृश संख्याओं के गुणनफल को वर्ग कहते हैं, परंतु ब्रह्मगुप्त ने वर्ग निकालने की विधि का भी वर्णन किया है; परंतु उन्होंने या उनके भाष्यकार पृथूदक स्वामी ने गुणा करने की विधि का विस्तृत वर्णन नहीं दिया है। यह विधि श्रीधराचार्य की पाटी गणित के भाष्यकार ने दी है। यह विधि उससे भिन्न है, जिसमें कूश्यार इब्न लब्बान ने अपनी पुस्तक 'किताब की उसूल हिसाबुलहिंद' में दी है। इब्न लब्बान की विधि नीचे दी जा रही है।

पहले गुण्य और गुणक को इस प्रकार लिखा जाता है कि गुणक का प्रथम अंक गुण्य के अंतिम अंक के नीचे हो। फिर गुणक के अंतिम अंक से गुण्य के अंतिम अंक में गुणा करके गुणक के अंतिम अंक के ऊपर लिखा जाता है।

325	6 325
243	243

अब गुणक के अगले अंक से गुण्य के अंतिम अंक में गुणा किया जाता है और इस अंक के ऊपर लिखा जाता है और गुणनफल 9 से अधिक हो तो दहाई के अंक को गुणनफल के पहले प्राप्त अंक में जोड़ दिया जाता है।

7 2 9 2 5
2 4 3

फिर गुणक के अगले अंक से गुण्य के अंतिम में गुणा करके लिखा जाता है। यदि यह गुणक का प्रथम अंक है तो गुणनफल को इसके ऊपर लिखकर गुण्य के अंतिम अंक को मिटा दिया जाता है।

7 2 9 2 5
2 4 3

1. यह पाठ नीलकंठ ने अपने भाष्य में दिया है। कर्न ने 'द्वादशाग्रः' तथा पं. बलदेव मिश्र ने 'द्वादशास्त्रः' पाठ दिया है।

अब गुण्य के द्वितीय अंक में गुणक के अंतिम अंक से गुणन करके गुणक के द्वितीय अंक के ऊपर के अंक में जोड़ा जाता है और यह फल मिलता है—

7 6 9 2 5

2 4 3

यदि गुणनफल दस से अधिक होता है तो दहाई के स्थान के अंक को गुणनफल के बाईं ओर के अंक में जोड़ दिया जाता है। अब गुणक के द्वितीय अंक से गुण्य के उसी अंक को गुणित करके उसे दाईं ओर के अंक में जोड़ा जाता है। योग 17 है। अतएव 1 को 6 में जोड़ दिया जाता है और फल मिलता है—

7 7 7 2 5

2 4 3

अब 3 से गुणा करके 3 के ऊपर एक स्थान दाहिने रखकर 2 को मिटा दिया जाता है और अब फल मिलता है—

7 7 7 6 5

2 4 3

अब 2 से 5 में गुणा करके शून्य को 2 से दो स्थान दाहिने के अंक के ऊपर के गुणनफल के अंक 7 में और 1 को इसके बाएँ स्थान के अंक 7 में जोड़ा जाता है और फल मिलता है—

7 8 7 6 5

2 4 3

अब 4 से 5 में गुणा करके शून्य को 6 में और 2 को इसके बाएँ के अंक 7 में जोड़ा जाता है और फल मिलता है—

7 8 9 6 5

2 4 3

ऐसे ही गुणक के अंतिम अंक के साथ किया जाता है और फल मिलता है—

7 8 9 6 5

ब्रह्मगुप्त ने संख्याओं के घन निकालने की विधि का भी वर्णन किया है, जो वही है, जिसे श्रीधराचार्य और भास्कराचार्य ने दिया है—

भागं हरेदवर्गान्नित्यं द्विगुणेन वर्गमूलेन।
वर्गाद्वर्गे शुद्धे लब्धं स्थानान्तरे मूलम्॥ 4॥

अनुवाद—अवर्ग को (पहले के) वर्ग के वर्गमूल के दूने से सर्वदा विभाजित करना चाहिए। लब्धि के वर्ग को वर्ग में से घटाने पर लब्धि वर्गमूल के अगले स्थान का अंक होगा।

'दशगीतिका' की दूसरी आर्या में वर्ग तथा अवर्ग स्थानों को बताया जा चुका है। दाहिने से प्रथम, तृतीय, पंचम आदि विषम स्थान वर्ग स्थान हैं और युग्म स्थान अवर्ग स्थान हैं। आचार्य के अनुसार, पहले अंतिम वर्ग स्थान की संख्या से मूल प्राप्त करना चाहिए, फिर उसके दूने से अवर्ग स्थान की संख्या को सर्वदा विभाजित करना चाहिए। इस लब्धि के वर्ग को वर्ग स्थान की संख्या में से घटाना चाहिए और लब्धि को वर्गमूल की पंक्ति में अगले स्थान पर रखना चाहिए। यही क्रिया वर्गमूल की पंक्ति के अगले अंक को प्राप्त करने के लिए फिर करनी चाहिए। नित्य का अर्थ यह है कि भाग सर्वदा देना चाहिए, चाहे लब्धि स्थान में शून्य ही प्राप्त हो।

नीचे कूश्यार इब्न लब्बान द्वारा दिए उदाहरण को दिया जा रहा है—

हम 65,342 का वर्गमूल निकालना चाहते हैं। इसे हम 'धूलिपट्टिका' पर लिखते हैं और (दाहिने से) दो-दो करके तब तक चिह्नित करते हैं, जब तक अंत तक नहीं पहुँच जाते। फिर हम ऐसी संख्या चुनते हैं, जिसके वर्ग को वर्ग स्थान की संख्या में से घटाने पर शून्य मिले अथवा शेष इस संख्या से कम हो। इसे हम वर्ग स्थान की

2

6 5 3 4 2

6

संख्या के ऊपर और नीचे रखते हैं, जैसा चित्र (1) में दिखाया गया है। फिर हम इसके वर्ग को 6 में से घटाते हैं। नीचे के 2 को द्विगुणित करते हैं और इसे और ऊपर के 2 को एक स्थान (दाहिने) से हटाते हैं, जैसा चित्र 2 में दिखाया गया है। फिर

2

2 5 3 4 2

4

हम ऐसी संख्या प्राप्त करना चाहते हैं, जिसे हम 3 के नीचे रखते हैं और जिसे 4 से तथा स्वयं उसी से गुणित कर प्राप्त गुणनफल को वर्ग के उस खंड में से घटाने पर, जो इसके ऊपर है, शेष शून्य हो अथवा नीचे की संख्या से कम हो। ऐसी संख्या 5 है। इसे हम 3 के ऊपर नीचे रखते हैं, जैसा चित्र 3 में दिखाया गया है। फिर हम

2 5

2 5 3 4 2

4 5

45 और 5 के गुणनफल को वर्ग खंड में से घटाते हैं और नीचे के 5 को द्विगुणित

करके ऊपर व नीचे की संख्याओं को एक स्थान (दाहिने) से हटाते हैं, जैसा चित्र (4) में दिखाया गया है।

2 5

2 8 4 2

5 0

हम फिर ऐसी संख्या प्राप्त करते हैं, जिसे नीचे की संख्या और स्वयं उसी से गुणित करके गुणनफल को वर्ग में से घटाने पर शेष शून्य हो अथवा ऐसी संख्या हो, जो नीचे की संख्या से कम हो। यह संख्या 5 है। इसे हम 2 के ऊपर-नीचे रखकर इससे नीचे की संख्या को गुणित करके वर्ग में से घटाते हैं, फिर नीचे के 5 को द्विगुणित करके तथा 1 जोड़ करके रखते हैं, जैसा चित्र (5) में दिखाया गया

2 5 5

3 1 7

5 1 1

है। प्राप्त वर्गमूल 255 तथा 1 के 511 भागों में से 317 भाग हैं (अर्थात् वर्गमूल $255\frac{317}{511}$ है)।

यदि कोई संख्या पूर्ण वर्ग न हो तो उसके मूल का आसन्न मान प्राप्त करने के लिए ईसा से कुछ सदी पूर्व जो सूत्र दिया गया था, वह था $(\text{क}^2 + \text{ख})^{1/2} = \left(\text{क} + \frac{\text{ख}}{2\text{क}}\right)$ $\left(\text{क} + \frac{\text{ख}}{2\text{क}}\right)$ का वर्ग $(\text{क}^2 + \text{ख})$ से कम होता है। यह दिखाया जा सकता है कि ख का मान $\frac{8\text{क}^3+4\text{क}^2}{8\text{क}^2+4\text{क}+1} = \text{क} - \frac{1}{8\text{क}^2+4\text{क}+1}$ से कम हो तो प्रथम सूत्र अधिक शुद्ध मान देता है, परंतु यदि ख का मान उपर्युक्त भिन्न से अधिक हो तो द्वितीय सूत्र से अधिक शुद्ध मान प्राप्त होता है। इस तरह हम देख सकते हैं कि संख्या के लिए इब्न लब्बान का मान अधिक शुद्ध है। परंतु ब्रह्मगुप्त

$$\left(\text{क}^2 + \text{ख}\right)^{1/2} = \text{क} + \frac{\text{ख}}{2\text{क} + \frac{\text{ख}}{2\text{क}}}$$

इसके अनुसार $\sqrt{65432} = 255 + \cfrac{317}{510+\cfrac{317}{510}}$ । इब्न लब्बान के सूत्र की के अनुसार अपेक्षा इस सूत्र से अधिक शुद्ध फल मिलता है।

बख्शाली पोथी में जो सूत्र मिलता है, वह निम्नलिखित है—

$$(क^2+ख)^{½} = क + \frac{ख}{2क} - \frac{1}{2}\left(\frac{ख}{2क}\right)^2 \Big/ \left(क + \frac{ख}{2क}\right)।$$

यह देखा जा सकता है कि यह सूत्र ब्रह्मगुप्त के सूत्र के बहुत समीप है।

फ्रांसीसी विद्वान् रोडे का अनुमान है कि शुल्व सूत्र के रचयिताओं को आकृति राशियों के मूल के लिए चतुर्थ श्रेणी तक आसन्न मान ज्ञात था, अर्थात्

$$(क^2+ख)^{½} = क + \frac{ख}{2क+1} + \frac{\frac{ख}{2क+1}\left(1-\frac{ख}{2क+1}\right)}{\left(2क+\frac{ख}{2क+1}\right)} + \in$$

जहाँ

$$\in \quad \frac{ख - \left\{\frac{ख}{2क+1} + \frac{\frac{ख}{2क+1}\left(1-\frac{ख}{2क+1}\right)}{2\left(क+\frac{ख}{2क+1}\right)}\right\}\left\{2क + \frac{ख}{2क+1} + \frac{\frac{ख}{2क+1}\left(1-\frac{ख}{2क+1}\right)}{2\left(क+\frac{ख}{2क+1}\right)}\right\}}{2\left\{क + \frac{ख}{2क+1} + \frac{\frac{ख}{2क+1}\left(1-\frac{ख}{2क+1}\right)}{2\left(क+\frac{ख}{2क+1}\right)}\right\}}$$

और इसी सूत्र से उन्होंने $\sqrt{2} = 1 + \frac{1}{3} + \frac{1}{3 \times 4} - \frac{1}{3 \times 4 \times 34}$ प्राप्त किया था।

परंतु 'आर्यभटीय' के भाष्यकार नीलकंठ का कहना है कि भगवान् बौधायन ने बारह राशि के वर्गक्षेत्र को मन में रखकर देखा कि इसका दूना 288 है, जो 17 के वर्ग से एक कम है। अतः इसका मूल $17-\frac{1}{34}$ है। इस तरह

$$\sqrt{2}\times 12 = 17-\frac{1}{34}$$

तथा $\sqrt{2}= \frac{1}{2}\left(17-\frac{1}{34}\right)=\frac{1}{12}\left(12+4+1-\frac{1}{34}\right)$

$$= = 1 + \frac{1}{3}+ \frac{1}{3 \times 4} - \frac{1}{3 \times 4 \times 34}$$

$= 1.4142156\cdots,$

जो कि दशमलव के चार अंकों तक शुद्ध है।

अघनाद्भजेद् द्वितीयात् त्रिगुणेन घनस्य मूलवर्गेण।
वर्गास्त्रिपूर्वगुणितः शोध्यः प्रथमाद् घनश्च घनात्॥ 5॥

अनुवाद—(पहले के) घन के (घन) मूल के वर्ग के तिगुने से द्वितीय अघन में भाग देना चाहिए। (लब्धि के) वर्ग तथा पूर्व के (मूल के) तथा तीन के गुणनफल को प्रथम अघन में से घटाना चाहिए और (लब्धि के) घन को घन में से घटाना चाहिए।

वर्गमूल की तरह जिस संख्या का घनमूल निकालना हो, उसके अंकों का वर्गीकरण किया जाता है। दाहिने से प्रथम, चतुर्थ, सप्तम आदि स्थानों के अंक घन स्थानों के अंक हैं। द्वितीय, पंचम, अष्टम आदि स्थानों के अंक प्रथम अघन स्थानों के अंक हैं। तृतीय, षष्ठ, नवम आदि स्थानों के अंक द्वितीय अघन स्थानों के अंक हैं।

ऐसा वर्गीकरण करने के पश्चात् सबसे बाईं ओर एक, दो या तीन अंक बचेंगे। इनमें से 1 से 9 तक किसी संख्या के घन घट सकेंगे। इनमें उस सबसे बड़ी संख्या को चुनना चाहिए, जिसका घन घट सके। आगे की प्रक्रिया के लिए यह पूर्व घनमूल होगा। इसके वर्ग के तीन गुने से द्वितीय अघन में भाग देना चाहिए और सूत्र में बताई गई प्रक्रिया करनी चाहिए। इसके बाद जो संख्या मिलेगी, वह आगे की प्रक्रिया के लिए पूर्व घनमूल होगी।

शून्यों का उपयोग करते हुए इब्न लब्बान ने जिस विधि को दिया है, वह नीचे दी जा रही है।

हम घनमूल निकालना चाहते हैं। हम संख्या को धूलि पट्टिका पर लिखते हैं और (दाहिने से तीन-तीन के) समूह गिनते हैं और 2 तक पहुँचते हैं। इसके नीचे

2 9 8 6 1 0 0

0 0 0 0 0 0 0

चित्र (1)

हम शून्यों की पंक्ति लिखते हैं (चित्र 1)। इसके (अर्थात् 2 के) ऊपर और नीचे हम 1 लिखते हैं (जिसका घन 2 में से घट सकता है)। सबसे ऊपर की संख्या को सबसे नीचे की संख्या से गुणा कर फल को मध्य पंक्ति (शून्यों की पंक्ति) में जोड़ते हैं। फिर हम सबसे ऊपर की पंक्ति को मध्य पंक्ति से गुणा करते हैं और फल की संख्या में से घटा देते हैं तो चित्र (2) का फल पाते हैं।

1

1 9 8 6 1 0 0

1 0 0 0 0 0 0

1

चित्र (2)

अब सबसे नीचे की पंक्ति को द्विगुणित करते हैं और उसे सबसे ऊपर की पंक्ति से गुणा करते और उसे मध्य पंक्ति में जोड़ देते हैं। अब हम उच्चतम पंक्ति को निम्नतम में जोड़ देते हैं और इसे दो स्थान और मध्य को एक स्थान दाहिने से हटाते हैं (चित्र 3)।

1

1 9 8 6 1 0 0

3 0 0 0 0 0

3

चित्र (3)

अब हम ऐसी महत्तम संख्या ढूँढ़ते हैं, जिसे निम्नतम पंक्ति में गुणा कर फल को अपने स्थान में मध्य पंक्ति में जोड़ने पर और फल के साथ इस संख्या का गुणनफल संख्या के संगत अंश से घट सके। ऐसी संख्या 4 है। इसे हम निम्नतम 3 के साथ रखते हैं और (इसी की सीध में) संख्या के 6 अंक के ऊपर रखते हैं। अब हम निम्नतम पंक्ति को उच्चतम पंक्ति (अर्थात् 4) से गुणा कर फल को मध्य पंक्ति में जोड़ते हैं। फिर हम मध्य पंक्ति को उच्चतम से गुणित कर फल को संख्या में से घटाते हैं तो चित्र (4) का फल पाते हैं।

1 4

2 4 2 1 0 0

4 3 6 0 0 0

3 4

चित्र (4)

अब हम निम्नतम के 4 को द्विगुणित कर निम्नतम को (अर्थात् 38 को) उच्चतम (अर्थात् 4) से गुणित कर फल को मध्य पंक्ति में जोड़ देते हैं। अब हम उच्चतम 4 को निम्नतम में जोड़कर मध्य पंक्ति को एक स्थान और निम्नतम को दो स्थान से दाहिने हटाते हैं। तब चित्र (5) की स्थिति प्राप्त होती है।

1 4

2 4 2 1 0 0

5 8 8 0 0

4 2

चित्र (5)

अब उपर्युक्त विधि से फिर एक संख्या ढूँढ़ते हैं। वह संख्या 4 है। इसे हम निम्नतम 2 के पार्श्व में तथा इसी की सीध में उच्चतम पंक्ति में भी रखते हैं। अब हम निम्नतम में 4 को गुणा करके फल को मध्य पंक्ति में जोड़ते हैं। मध्य पंक्ति को उच्चतम (अर्थात् 4) से गुणित करके फल को संख्या में से घटाते हैं तो हमें चित्र (6) प्राप्त होता है।

1 4 4

1 6 6

6 0 4 9 6

4 2 4

चित्र (6)

फिर हम निम्नतम 4 को द्विगुणित करके निम्नतम को उच्चतम 4 (अर्थात् द्वितीय 4) से गुणा करते हैं और फल को मध्य पंक्ति में जोड़ देते हैं और कार्य की

1 4 4

1 6 6

6 2 2 0 9

4 2 8

चित्र (7)

समाप्ति पर मध्य में 1 और जोड़ते हैं। तब हमें चित्र (7) की स्थिति प्राप्त होती है। उच्चतम पंक्ति घनमूल है, जिसमें 1 के मध्य पंक्ति की संख्या के बराबर भागों में शेष के बराबर भाग जुड़े हैं। (अर्थात् घनमूल $144\frac{116}{62209}$ है)।

यहाँ भी देखा जा सकता है कि $\left(क^3 + ख\right)^{1/3}$ का मान इब्न लब्बान ने $क + \frac{ख}{3क^2}$ नहीं दिया है, प्रत्युत् $क + \frac{ख}{3क^2+1}$ दिया है।

यह द्रष्टव्य है कि इब्न लब्बान की विधि आर्यभट की बताई विधि की अपेक्षा अधिक जटिल है। कदाचित् इसका कारण यह हो कि पश्चिम एशिया में संख्याएँ पहले अक्षरों द्वारा निरूपित की जाती थीं। इसी कारण स्थान-निर्देशन के लिए मध्य पंक्ति में शून्य भी लिखे गए हैं।

त्रिभुजस्य फलशरीरं समदलकोटी भुजार्धसंवर्गः।
ऊर्ध्वभुजा तत्संवर्गार्धं स घनषडश्रिरिति॥ 6॥

अनुवाद—त्रिभुज का क्षेत्रफल उसका शरीर है और यह लंब एवं भुजार्ध के गुणनफल के तुल्य होगा। इसके (अर्थात् इस क्षेत्रफल के) तथा ऊँचाई के गुणनफल का आधा उस ठोस का घनफल होता है, जिसके छह किनारे होते हैं।

परमेश्वर[1] ने कहा है कि त्रिभुज के शीर्ष से आधार पर जो लंब डाला जाएगा, वह दोनों पार्श्ववर्ती त्रिभुज खंडों की उभयनिष्ठ कोटि होगा। अतएव उसे समदलकोटि कहा है। विषम बाहु त्रिभुज के लिए इसका मान निकालने के लिए आधार के दो खंडों में से किसी एक का ज्ञान आवश्यक है। नीलकंठ ने कहा है कि उनका मान इस तरह ज्ञात किया जा सकता है कि उनका वर्गांतर उनके योग (अर्थात् आधार) और अंतर के गुणनफल के तुल्य है तथा त्रिभुज की भुजाओं के वर्गांतर के तुल्य है। इस प्रकार यदि आधार और दोनों भुजाएँ ज्ञात हैं तो आधार के दोनों खंडों का अंतर और उनका अलग-अलग मान ज्ञात किया जा सकता है।

नीलकंठ ने यह भी बताया है कि बराबर भुजा वाले षडश्रि के लिए ऊर्ध्व भुजा का मान कैसे ज्ञात किया जाता है और अंत में सूर्यदेव यज्वा का सूत्र उद्धृत किया है[2]—

---

1. परमेश्वर कृत 'आर्यभटीय भाष्य', पृ. 23
2. नीलकंठ कृत 'आर्यभटीय भाष्य', भाग 1, पृ. 36

द्विघ्ना कर्णकृतिर्भक्ता त्रिभिरूर्ध्वभुजाकृतिः।

अर्थात् कर्ण (षडश्रि की कोई भुजा) के वर्ग के दूने को तीन से भाग देने पर फल ऊर्ध्व भुजा के वर्ग के तुल्य होता है।

इसे सहज ही सिद्ध किया जा सकता है। शीर्ष से आधार तल पर खींचा गया लंब आधार की समदलकोटि के ऐसे बिंदु पर पड़ेगा, जो इसे दो-तिहाई और एक-तिहाई के खंडों में बाँटेगा। लंब का वर्ग और एक-तिहाई खंड का वर्ग पार्श्व वाली समदलकोटि के तुल्य होगा। अतएव,

$$\text{लंब}^2 = \text{समदलकोटि}^2 - \frac{1}{9}\text{समदलकोटि वर्ग}$$

$$= \frac{3}{4}\ \text{भुजा}^2 - \frac{1}{9} \times \frac{3}{4}\text{भुजा}^2$$

$$= \frac{2}{3}\ \text{भुजा}^2 ।$$

षडश्रि के लिए आर्यभट का सूत्र अशुद्ध है। शुद्ध सूत्र $\frac{1}{2}$ के स्थान पर $\frac{1}{3}$ होना चाहिए। आर्कीमिडीज के अनुसार, यह शुद्ध सूत्र युडाक्सस ने 370 वर्ष ईसा पूर्व प्राप्त किया था। आर्यभट के पश्चात् ब्रह्मगुप्त ने शुद्ध सूत्र दिया है[1]।

भास्कर प्रथम ने 'आर्यभटीय भाष्य' में विषम बाहु त्रिभुज का क्षेत्रफल निकालने का उदाहरण दिया है—एक त्रिभुज की भुजाएँ 13 तथा 15 और आधार 15 हैं तो क्षेत्रफल क्या होगा? इसमें यदि आधार पर लंब डालने से उसके दो खंड य तथा र हैं तो य + र = 14 तथा $\text{य}^2 - \text{र}^2 = 15^2 - 13^2 = 28 \times 2$। अतः य - र = 4 एवं य = 9 और र = 5 तथा लंब का मान 12 है। एक दूसरे उदाहरण में आधार 51 तथा भुजाएँ 37 और 20 हैं। इसमें लंब डालने पर उपर्युक्त विधि से खंडों के मान 35 तथा 16 और लंब का मान 12 है।

समपरिणाहस्यार्धं विष्कम्भार्धहतमेव वृत्तफलम्।
तन्निजमूलेन हतं घनफलगोलं निरवशेषम्॥ 7॥

अनुवाद—वृत्त की परिधि के आधे को अर्द्धव्यास से गुणा करने वृत्त का

1. ब्राह्मस्फुट सिद्धांत, गणिताध्याय, आर्या 44

क्षेत्रफल मिलता है। इस क्षेत्रफल को इसके ही वर्गमूल से गुणा करने से गोल का शुद्ध घनफल प्राप्त होता है।

वृत्त के क्षेत्रफल के लिए आर्यभट का सूत्र पूर्णतः शुद्ध है। यदि 'व' व्यास है तो आर्यभट के अनुसार, यदि $\pi = 3.1416$ लिया जाए,

परिधि $= 3.1416 \times$ व,

तथा वृत्त का क्षेत्रफल $= \dfrac{3.1416 \times \text{व}^2}{4}$ ।

यह दोनों ही सूत्र बहुत शुद्ध हैं। ब्रह्मगुप्त के अनुसार—

परिधि $= \sqrt{10}$ व $= 3.1623$ व,

क्षेत्रफल $= \dfrac{\sqrt{10}\text{व}^2}{4} = \dfrac{3.1623\text{व}^2}{4}$ ।

ये सूत्र काफी स्थूल हैं, क्योंकि π का मान $\sqrt{10}$ लिया गया है। परंतु गोल के लिए आर्यभट का दिया सूत्र बहुत स्थूल है। इसके अनुसार—

घनफल $= \dfrac{5.568\text{व}^3}{8}$ है

जबकि अधिक शुद्ध मान $= \dfrac{4.1888\text{व}^3}{8}$ है।

बाद के गणितज्ञों ने आर्यभट की अशुद्धि को जान लिया था और अधिक शुद्ध सूत्र प्राप्त करने का प्रयत्न किया है। इन सूत्रों को नीचे उद्धृत किया गया है—

भास्कर प्रथम : $\dfrac{4.5 \text{ व}^3}{8}$,

महावीराचार्य : $\dfrac{4.05 \text{ व}^3}{8}$,

श्रीधराचार्य : $\left(1 + \dfrac{1}{8}\right) \dfrac{\text{व}^2}{2} = \dfrac{4.22 \text{ व}^3}{8}$ ।

शुद्ध सूत्र भास्कर द्वितीय ने 'लीलावती' में दिया है[1] तथा इसकी उत्पत्ति 'गोलाध्याय' में दी है[2]।

आयामगुणे पार्श्वे तद्योगहृते स्वपातरेखे ते।
विस्तरयोगार्धगुणे ज्ञेयं क्षेत्रफलमायामे॥ 8॥

अनुवाद—(समलंब विषम चतुर्भुज में) आयाम और किसी पार्श्व के गुणनफल में पार्श्वों के योग से भाग देने पर उसकी पातरेखा प्राप्त होती है और पार्श्वों के योग के आधे में आयाम से गुणा करने पर क्षेत्रफल प्राप्त होता है।

समलंब विषम चतुर्भुज में समांतर रेखाएँ पार्श्व कहलाती हैं। नीचे की रेखा को भूमि और ऊपर की रेखा को मुख कहते हैं। इन दोनों के बीच की दूरी आयाम है। जहाँ दोनों कर्ण मिलते हैं, वह संपात बिंदु है। वहाँ से पार्श्वों पर डाले गए लंब पात रेखाएँ हैं।

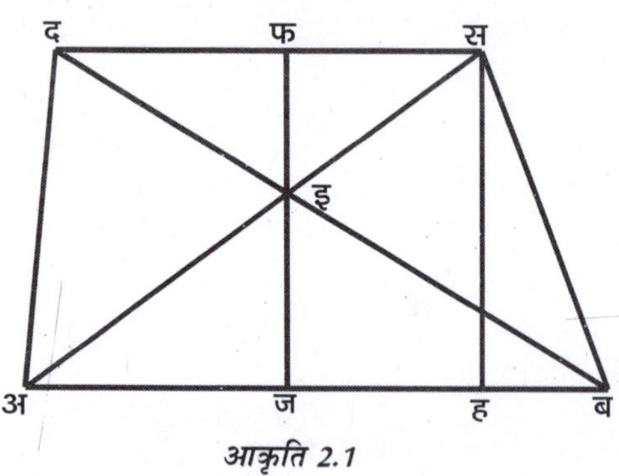

आकृति 2.1

अ, ब, स, द समलंब विषम चतुर्भुज है। अ, ब, स, द पार्श्व रेखाएँ हैं; अ, ब भूमि तथा स, द मुख हैं। स, ह आयाम हैं। इ संपात बिंदु तथा इ, फ एवं इ, ज पात रेखाएँ हैं। सूत्र के अनुसार—

$$\text{इ फ} = \frac{\text{स द} \times \text{स ह}}{\text{स द} + \text{अ ब}},$$

$$\text{इ ज} = \frac{\text{अ ब} \times \text{स ह}}{\text{अ ब} + \text{स द}},$$

---

1. लीलावती, आनंदश्रम संस्करण, श्लोक 201
2. सिद्धांतशिरोमणि, गोलाध्याय, भुवनकोश, 58-61 श्लोकों का वासना भाष्य।

$$\text{तथा क्षेत्रफल} = \frac{(\text{अ ब} + \text{स द})\ \text{स ह}}{2}\ ।$$

अ ज इ तथा स फ इ समरूप त्रिभुजों में

इ फ : इ ज = स फ : अ ज।

इसी प्रकार ब ज इ तथा द फ इ समरूप त्रिभुजों में

इ फ : इ ज = फ द : ब ज।

अतएव,

इ फ : इ ज = (स फ + द फ) : (अ ज + ब ज),

= स द : अ ब,

और इ फ : (इ फ + इ ज) = स द : (अ ब + स द),

$$\text{अथवा इ फ} = \frac{\text{स द} \times (\text{इ फ} + \text{इ ज})}{\text{अ ब} + \text{स द}},$$

$$= \frac{\text{स द} \times \text{स ह}}{\text{अ ब} + \text{स द}}$$

$$\text{इसी प्रकार, इ ज}\ \frac{\text{अ ब} \times \text{स ह}}{\text{अ ब} + \text{स द}}\ ।$$

चतुर्भुज का क्षेत्रफल अ, ब, स तथा अ, स, द त्रिभुजों के क्षेत्रफल के तुल्य है एवं सूत्र के अनुसार है।

सर्वेषां क्षेत्राणां प्रसाध्य पार्श्वे फलं तदभ्यासः।
परिधेः षड्भागज्या विष्कम्भार्धेन सा तुल्या॥ 9॥

अनुवाद—सभी क्षेत्रों में पार्श्वों को (आयाम और विस्तार को) ज्ञात करके उनके गुणनफल से क्षेत्रफल ज्ञात करना चाहिए। परिधि के छठे भाग की ज्या अर्धव्यास के तुल्य होती है॥ 9॥

परमेश्वर ने अपने भाष्य में कहा है कि सभी क्षेत्रों में उपयुक्त साधनों के उपयोग से आयाम और विस्तार को ज्ञात करना चाहिए। जैसे त्रिभुज में शीर्ष बिंदु के आधार पर लंब आयाम और आधार का आधा विस्तार है। विषम चतुर्भुज के एक कर्ण को आधार बनाना चाहिए। तब दूसरे को बिंदुओं से डाले लंबों का योग आयाम होगा और कर्ण का आधा विस्तार। इसी प्रकार अन्य क्षेत्रों के लिए आयाम और विस्तार का ज्ञान करके उनके गुणन से क्षेत्रफल ज्ञात करना चाहिए।

क, ख, ग वृत्त में वृत्त का केंद्र और ख, ग चाप परिधि का छठा भाग है। अतएव, कोण ग, क, ख 360 अंश का छठा भाग अर्थात् 60 अंश है। क, ख तथा क, ग अर्द्धव्यास होने के कारण बराबर हैं। अतएव कोण क, ख, ग, तथा क, ग, ख भी परस्पर बराबर हैं। त्रिभुज क, ख, ग, सम त्रिबाहु त्रिभुज है और ग, ख ज्या क, ख के बराबर है।

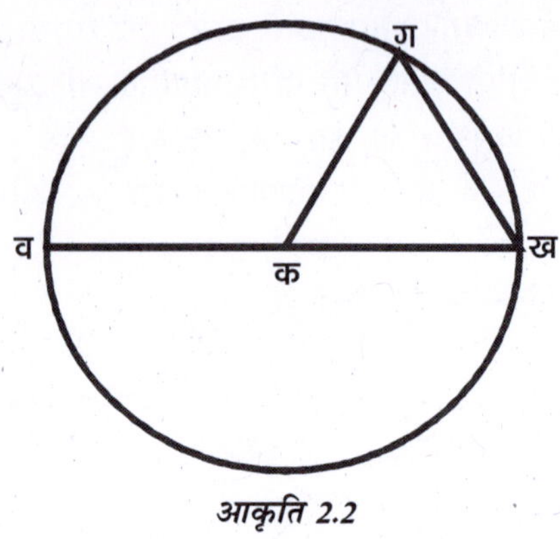

आकृति 2.2

यदि वृत्त में एक त्रिभुज बनाया जाए, जिसका शीर्ष बिंदु केंद्र पर हो। दो भुजाएँ अर्धव्यास हों और आधार अर्धव्यास के तुल्य हो तो इसके सभी कोण 60° के होंगे। आधार परिधि के छठे भाग के चाप की ज्या होगा। इस तरह 60° की पूर्ण ज्या अर्धव्यास के तुल्य होती है।

चतुरधिकं शतष्टगुणं द्वाषष्टिस्तथा सहस्त्राणाम्।
अयुतद्वयविष्कम्भस्यासन्नो वृत्तपरिणाहः ॥ 10 ॥

अनुवाद—चार अधिक एक शत अर्थात् 104 का आठ गुना अर्थात् 832 तथा बासठ सहस्र अर्थात् 62,832 उस वृत्त की परिधि का आसन्न मान है, जिसका व्यास 20,000 है।

आसन्न मान क्यों कहा है, इसका कारण बताते हुए नीलकंठ कहते हैं[1]—"वास्तविक संख्या को छोड़कर केवल आसन्न मान क्यों कहा? इसका उत्तर यह है कि इसका यथार्थ मान कहना असंभव है। जिस मान से नापने पर व्यास निरव्यव अर्थात् पूर्ण संख्या है, उसी से नापने पर परिधि सावयव है अर्थात् उसका ठीक मान नहीं जाना जा सकता। जिस मान से नापने पर परिधि निरवयव होती है, उसी से

1. नीलकंठ कृत 'आर्यभटीय भाष्य', यूनिवर्सिटी ऑफ त्रावणकोर संस्कृत सीरीज में प्रकाशित, भाग 1, पृ. 41

नापने पर व्यास सावयव है। अतः एक ही मान से नापने पर दोनों में एक साथ निरवयवता नहीं आ सकती। बहुत दूर तक जाने पर भी अर्थात् लंबी गणित करके अवयवता को अल्प किया जा सकता है, किंतु निरवयवता अलभ्य है।''

इसके पश्चात् नीलकंठ ने माधव (1350–1410) द्वारा दिया हुआ मान दिया है, जो आर्यभट के मान से अधिक सूक्ष्म है।[2]

विबुधनेत्रगजाहिहुताशनत्रिगुणवेदभवारणबाहवः।
नवनिखर्वमिते वृतिविस्तरे परिधिमानमिदं जगदुर्बुधाः॥

प्रथम पंक्ति में विबुध = 38, नेत्र = 2, गज = 8, अहि = 8, हुताशन = 3, त्रि = 3, गुण = 3, वेद = 4, भ = 27, वारण = 8, बाहु = 2 और 'अङ्कानां वामतो गतिः' का उपयोग करने से यह संख्या 2,8,27,43,33,88,233 है। अतः यह संख्या उस वृत्त की परिधि का मान बताती है, जिसका व्यास 9,00,00,00,00,000 है।

बहुत प्राचीन काल से विद्वानों ने परिधि और व्यास के अनुपात का मान ज्ञात करने का प्रयत्न किया है। इनमें कुछ मान नीचे दिए जाते हैं—

$\frac{\text{परिधि}}{\text{व्यास}}$ = 3.0864 (इजिप्ट में आह्मी ने),

= 3.097 (शुल्व सूत्र),

= $\frac{62832}{20,000}$ = 3.1416 (आर्यभट, लगभग 500 ई.),

= $\frac{355}{113}$ = 3.1415929 (चीनी, लगभग 500 ई.),

= $\frac{377}{120}$ = 3.1417 (अपोलोनियस),

= 3.14159265359 (माधव, लगभग 1400 ई.),

= 3.1415926535897932 (अल्काशी, लगभग 1430 ई.)।

कुछ पाश्चात्य विद्वानों ने यह कहा है कि आर्यभट ने अपना मान ग्रीस के विद्वानों से लिया है; परंतु यह धारणा निर्मूल है। किसी भी पाश्चात्य विद्वान् ने यह मान अथवा इतना शुद्ध मान नहीं दिया है।

---

2. वही, पृ. 42

अलबरूनी का कहना है कि याकूब इब्न तारिक ने अपनी पुस्तक 'गोलों की रचना' में अपने हिंदू जानकार के आधार पर तारों की परिधि का मान 1,25,66,40,000 योजन तथा व्यास का मान 40,00,00,000 योजन दिया है[1]। इनका अनुपात आर्यभट के अनुपात के तुल्य है।

यह प्रश्न स्वाभाविक है कि आर्यभट ने तथा अन्यों ने ये मान कैसे ज्ञात किए। इस पर प्रकाश अगली आर्या के पश्चात् डाला जाएगा।

समवृत्तपरिधिपादं छिन्द्यात् त्रिभुजाच्चतुर्भुजाच्चैव।
समचापज्यार्धानि तु विष्कम्भार्धे यथेष्टानि॥ 11॥

अनुवाद—किसी वृत्त के चतुर्थांश को त्रिभुज और चतुर्भुज (आयत) द्वारा काटना चाहिए। इस तरह किसी अर्द्धव्यास पर इच्छानुसार बराबर चापों की अर्धज्याएँ प्राप्त की जा सकती हैं।

यही बात परमेश्वर और नीलकंठ ने अपने भाष्यों में विस्तार से कही है। 'ब्राह्मस्फुट सिद्धांत' के गोलाध्याय की 19 से 23 आर्याओं में स्पष्ट रूप से कहा है और पृथूदक स्वामी ने अपने भाष्य में संख्यात्मक उदाहरण भी दिए हैं। जो नियम ब्रह्मगुप्त ने बताए हैं, लगभग वही नियम पहले वराहमिहिर 'पंचसिद्धांतिका' के चौथे अध्याय में बता चुके थे।

त्रिभुजों तथा चतुर्भुजों से अर्धज्याएँ कैसे ज्ञात की जा सकती हैं, इसे अब स्पष्ट किया जाता है।

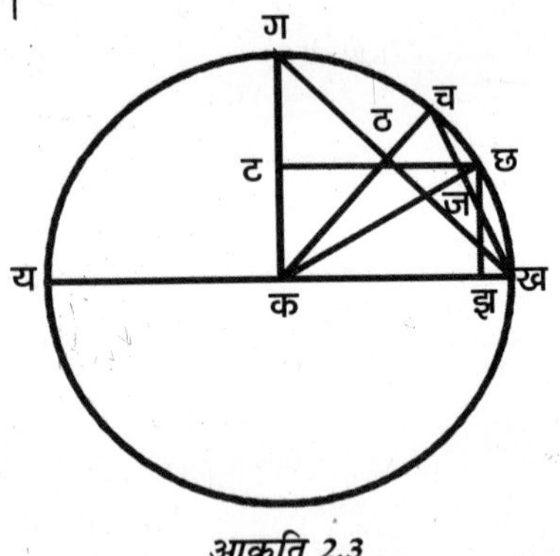

आकृति 2.3

ख, छ, च, ग, घ, एक वृत्त है, जिसका केंद्र क है। ख, छ, च, ग चाप वृत्त का चतुर्थांश है, जिसकी ज्या रेखा ख ग है। इसका आधा ख ठ, ख च चाप की

1. सखाऊ कृत अनुवाद, भाग 1, पृ. 169।

अर्धज्या है। क ठ को च तक बढ़ाकर क ख च त्रिभुज बनाएँ तो चाप ख च (45°) की ज्या रेखा ख च है।

तथा ख $च^2$ = ख $ठ^2$ + ठ $च^2$,

= (ज्या $45^\circ)^2$ + (उत्क्रमज्या $45^\circ)^2$।

अत: ख ज = $\frac{1}{2}$ ख च,

= $\frac{1}{2}$ [(ज्या $45^\circ)^2$ + (उत्क्रमज्या $45^\circ)^2]^{1/2}$

अर्धज्या $22\frac{1}{2}^\circ$।

क ज को परिधि तक बढ़ाकर छ से क ख तथा क ग पर क्रमश: छ झ तथा छ ट लंब हैं और

छ ट = क झ,

= (क $छ^2$ – छ $झ^2)^{1/2}$ = (क $छ^2$ – ख $ज^2)^{1/2}$,

= अर्धज्या $67\frac{1}{2}^\circ$ = ($त्रिज्या^2$ – $अर्धज्या^2$ $22\frac{1}{2}^\circ)^{1/2}$

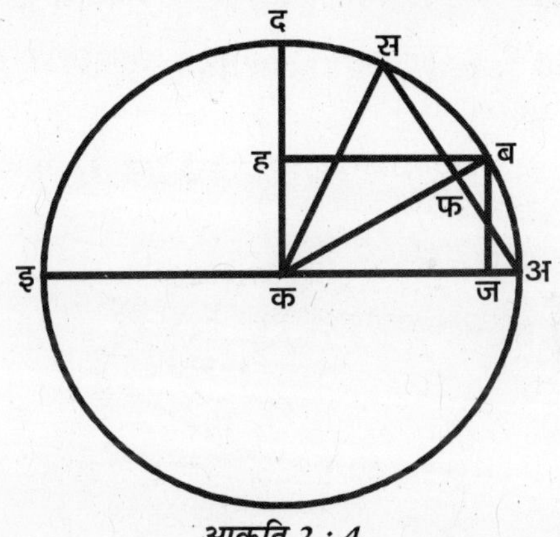

आकृति 2 : 4

इसी तरह $11\frac{1}{4}^\circ$ तथा $78\frac{3}{8}^\circ$ की ज्याएँ प्राप्त की जा सकती हैं। आधुनिक गणित की भाषा में ज्या (sin), कोज्या (cosine) उत्क्रमज्या (sin^{-1}), स्पज्या (Tangent) तथा कोस्पज्या (cotangent) के लिए प्रयुक्त होता है।

दूसरे वृत्त में अ स चाप परिधि का षष्ठांश है। यह पहले ही बता चुके हैं कि इसकी ज्या रेखा अ स अर्धव्यास के तुल्य है। इसका आधा अ फ 30° की अर्धज्या है। क फ को परिधि तक बढ़ाकर ब ज तथा ब ह लंब डालकर और आयत क ज

ब ह पूरा करके 60° की अर्धज्या ज्ञात की जा सकती है। इसी प्रकार इच्छानुसार 24, 48, 96 अथवा अधिक अर्धज्याएँ प्राप्त की जा सकती हैं। आर्यभट, ब्रह्मगुप्त आदि ने 24 अर्धज्याएँ प्राप्त की हैं. परंतु वटेश्वर ने 96 अर्धज्याओं का मान दिया है।

यह भी स्पष्ट है कि ज्याओं और अर्धज्याओं की संख्या जितनी भी बढ़ती जाती है, उतना ही उनमें तथा चाप में अंतर कम होता जाता है। इसी कारण आर्यभट ने 3°, 45′ की अर्धज्या का मान 225′ माना है। यदि अर्धव्यास बड़ा लिया जाए तो ज्या का सूक्ष्म मान इससे भी छोटे कोणों के लिए ज्ञात किया जा सकता है और बहुभुज क्षेत्र का परिमाप सन्निकटतः परिधि के तुल्य होगा। भास्कर द्वितीय ने कहा है कि यदि ज्योत्पत्ति विधि से वृत्त के शतांश से भी सूक्ष्म भाग की ज्या ज्ञात की जाए और उसे उस भाग संख्या से गुणित किया जाए तो फल परिधि होगा[1]। कदाचित् आर्यभट ने इसी तरह 20,000 व्यास का वृत्त लेकर वृत्त के 96 से भी कई गुने भाग के चाप की ज्या की गणना करके परिधि का मान ज्ञात किया हो।

प्रबोधचंद्र सेनगुप्त ने 20,000 व्यास के भीतर खींचे गए भिन्न संख्या के समबहुभुज क्षेत्रों के परिमाप की गणना करके उसके और व्यास के अनुपात का मान निकाला है, जिसे नीचे दिया जा रहा है।

बहुभुज क्षेत्रों के भुजाओं की संख्या	*परिमाप*	*अनुपात*
6	$\sqrt{3,600,000,000}$	3.000,000
12	$\sqrt{3,858,468,371}$	3.105,828
24	$\sqrt{3,925,344,811}$	3.132,629
48	$\sqrt{3,942,207,878}$	3.139,350
96	$\sqrt{3,946,432,686}$	3.141,032
192	$\sqrt{3,947,489,454}$	3.141,452
384	$\sqrt{3,947,736,725}$	3.141,550
768	$\sqrt{3,947,802,784}$	3.141,577

1. सिद्धांत शिरोमणि, गोलाध्याय, तृतीय अध्याय के श्लोक 52 का वासनाभाष्य।

उन्होंने य भुजा के क्षेत्र के परिमाप प तथा 2 य भुजा वाले क्षेत्र के परिमाप प के बीच एक संबंध दिया है, जो निम्नलिखित है—

प' = $\sqrt{8य^2अ^2 - \sqrt{64य^4अ^4 - 16य^2अ^2प^2}}$, जिसमें अ वृत्त का अर्धव्यास है। इस संबंध को इस पाद की सत्रहवीं आर्या के पश्चात् सिद्ध किया जाएगा।

गणेश दैवज्ञ ने 'लीलावती' की टीका में 100 व्यास के वृत्त में 384 भुजा के क्षेत्र का परिमाण $\sqrt{98683}$ और 12 भुजा के क्षेत्र की भुजा मान $\sqrt{673}$ दिया है। कोलब्रुक के अनुवाद में भी ये ही मान दिए हैं। ये मान ठीक नहीं हैं। शुद्ध मान क्रमशः $\sqrt{98693}$ तथा $\sqrt{670}$ हैं।

प्रथमाच्चापज्यार्धाद् यैरूनं खंडितं द्वितीयार्धम्।
तत्प्रथमज्यार्धांशैस्तैस्तैरूनानि शेषाणि॥ 12॥

अनुवाद—प्रथम चाप की अर्धज्या से द्वितीय अर्धज्या (खंड अर्धज्या) जितना कम है, वह प्रथम चाप की अर्धज्या से स्वयं उसी को विभाजित करने पर प्राप्त लब्धि के तुल्य है। अन्य अर्धज्या खंडों के अंतर उसी से पिंडज्याओं को विभाजित करने से प्राप्त होते हैं।

अर्थात्

$$\text{द्वितीय खंड अर्धज्या} - \text{तृतीय खंड अर्धज्या} = \frac{\text{द्वितीय पिंड अर्धज्या}}{\text{प्रथम अर्धज्या}},$$

$$\text{तृतीय खंड अर्धज्या} - \text{चतुर्थ खंड अर्धज्या} = \frac{\text{तृतीय पिंड अर्धज्या}}{\text{प्रथम अर्धज्या}}, \text{ आदि}$$

यही बात स्पष्ट रूप से 'पितामह सिद्धांत' में कही गई है।[1] नीलकंठ सोमसुत्वन भी तंत्र संग्रह में इसी तरह अर्धज्याओं का मान प्राप्त करने को कहते हैं। केवल वे अर्धज्याओं का मान अधिक सूक्ष्मता से देते हैं और विभाजित करनेवाली संख्या का मान 225′ न होकर 233′ 30″ है। उनके व्याख्याकार अर्धज्याओं का मान माधव के अनुसार और अधिक सूक्ष्मता से देते हैं और भाजक भी 233′ 30″ के स्थान पर 233′ 32″ देते हैं[2]।

---

1. पितामह सिद्धांत, विंध्येश्वरी प्रसाद द्वारा संपादित, पृ. 4-7
2. तंत्र संग्रह, पृ. 17

यदि अर्धज्याओं के मान ख अंश के अंतर पर दिए गए हैं तो

$$\frac{\text{अर्धज्या क}}{\text{अर्धज्या (क − ख) + अर्धज्या (क + ख)}} = \frac{\text{त्रि} \times \text{अर्धज्या क}}{2 \text{ अर्धज्या क} \times \text{कोटिज्या ख}}$$

$$\frac{\text{त्रि}}{2 \text{ कोटिज्या ख}} = \frac{\text{त्रि}^2}{2 \text{ त्रि}^2 - 4\left(\text{अर्धज्या } \frac{\text{ख}}{2}\right)^2},$$

$$= \text{त्रि}^2 \text{ (अर्धज्या (क − ख) + अर्धज्या (क + ख)}$$

$$\text{अथवा अर्धज्या क}\left[2 \text{ त्रि}^2 - 4\left(\text{अर्धज्या } \frac{\text{ख}}{2}\right)^2\right]$$

$$= \text{त्रि}^2 \text{ [अर्धज्या (क − ख) + अर्धज्या (क + ख)]},$$

अथवा अर्धज्या (क + ख) − अर्धज्या क = अर्धज्या क − अर्धज्या (क −ख)

$$-\frac{\text{अर्धज्या क}}{\left(\dfrac{\text{त्रि}}{2 \text{ अर्धज्या} \dfrac{\text{ख}}{2}}\right)^2}$$

अथवा अग्रिम खंड अर्धज्या = पूर्व खंड अर्धज्या − अर्धज्या क × य,

$$\text{जहाँ } \text{य} = \frac{\left(\text{य अर्धज्या } \dfrac{\text{ख}}{2}\right)^2}{\text{त्रि}^2}$$

$$= 4 \sin^2 \frac{\text{ख}}{2} = 0.0042821535,$$

$$= \frac{1}{233 \quad 5273} \text{ ।}$$

नीलकंठ की कम सूक्ष्म गणना के लिए भाजक का मान 233.5 है और भाजक की अधिक सूक्ष्म गणना के लिए भाजक का मान 233; 32 (षष्ठि गुणोत्तर गणना के अनुसार) है[1]।

यदि इस नियम को आर्यभट के कथनानुसार पूरी तरह लागू किया जाए तो अर्धज्या खंडों के वे मान ठीक-ठीक नहीं मिलते, जो 'दशगीतिका' 10 में दिए गए हैं। कहीं-कहीं संशोधन की आवश्यकता होती है, परंतु यदि 225 के स्थान पर भाजक 233 लिया जाए तो भी ऐसे संशोधनों की आवश्यकता होती है। इससे यह स्पष्ट है कि आर्यभट का यह नियम बहुत स्थूल है। वस्तुतः 'दशगीतिका' में दिए मान उन्हीं विधियों से निकाले गए हैं, जो वराहमिहिर ने तथा ब्रह्मगुप्त ने दिए हैं। इसी कारण वराहमिहिर 3438 के स्थान पर त्रिज्या का मान 120 मान कर भी अर्धज्या के मान निकाल सके हैं।

वृत्तं भ्रमणे साध्यं त्रिभुजञ्च चतुर्भुजञ्च कर्णाभ्याम्।
साध्या जलेन समभूरधऊर्ध्वं लम्बकेनैव॥ 13॥

अनुवाद—कर्कट यंत्र को घुमाकर वृत्त बनता है। कर्णों से त्रिभुज तथा चतुर्भुज बनते हैं। जल की सहायता से धरातल अथवा समभूमि को प्राप्त करना चाहिए और लंबक की सहायता से ऊर्ध्व दिशा तथा अधोदिशा का ज्ञान होता है।

शुद्ध दिशाओं के ज्ञान के लिए वृत्त खींचना आवश्यकता होता है। इसे कर्क यंत्र से खींचा जाता है, जिसके बनाने की विधि परमेश्वर ने अपने भाष्य में लिखी है। त्रिभुज बनाने के लिए तीन भुजाओं का ज्ञान होना चाहिए। परमेश्वर के अनुसार, इसमें किसी भुजा को कर्ण माना जा सकता है। यदि यह भी जाना जाए कि यहाँ समकोण त्रिभुज के लिए ही निर्देशन दिया गया है तो भी उसकी दोनों भुजाओं का ज्ञान आवश्यक है। इसके अतिरिक्त चतुर्भुज के लिए भी कर्ण के ज्ञान के साथ-साथ चारों भुजाओं का ज्ञान आवश्यक है। इससे भी यही आशय निकलता है कि त्रिभुज और चतुर्भुज दोनों के लिए भुजाएँ भी ज्ञात होनी चाहिए।

जल के द्वारा समभूमि की जाँच के लिए यह करना चाहिए कि कर्कट यंत्र के द्वारा एक ही केंद्र से दो या तीन अंगुल के अंतराल पर दो परिधियाँ खींचनी चाहिए और उनके बीच की भूमि को खोदकर कुल्या बनानी चाहिए, जिसे पानी से भर देने पर कुल्या के चारों तरफ की भूमि का समत्व अथवा असमत्व जाना जा सकता है।

---

1. बेबीलोनिया के विद्वान् इस प्रकार की गणना का उपयोग करते थे। 233; 32 = $233\frac{32}{60}$।

इसके अतिरिक्त आँख तथा सूत्र की सहायता से सन्निकटतः सम की हुई भूमि पर विभिन्न अर्धव्यासों के वृत्त खींचने चाहिए, फिर एक त्रिकाठ के ऊपर एक घड़े को स्थापित करना चाहिए। इसकी पेंदी में एक सूक्ष्म छेद हो, जो ठीक केंद्र के ऊपर हो। घड़े को जल से भरने पर भूमि पर गिरा पानी यदि समान वृत्तों में चारों ओर फैले तो भूमि सम है, अन्यथा नहीं। शंकु और छाया से संबंधित प्रश्नों के लिए भूमि का सम होना आवश्यक है।

शङ्कोः प्रमाणवर्गं छायावर्गेण संयुतं कृत्वा।
यत्तस्य वर्गमूलं विष्कम्भार्धं स्ववृत्तस्य* ॥ 14 ॥

अनुवाद—शंकु की नाप के वर्ग और छाया की नाप के वर्ग के योग का वर्गमूल स्ववृत्त का अर्द्ध व्यास होता है।

परमेश्वर तथा नीलकंठ के अनुसार, स्ववृत्त वह वृत्त है, जो ऊर्ध्वाधर तल में खींचा जाता है और जिसका केंद्र छाया का अंतिम बिंदु है और जो शंकु के शीर्ष को छूता हुआ खींचा जाता है।

भारतीय ज्योतिष में इस वृत्त का बड़ा महत्त्व है। इसको समझने के लिए हम कुछ अन्य बातों पर विचार करेंगे। आकृति 2.5 में ख ध स ख′ ध द याम्योत्तर वृत्त हैं, ख तथा ख′, ख स्वस्तिक तथा अधः स्वस्तिक, ध एवं ध′ उत्तरी तथा दक्षिणी ध्रुव हैं। स पू द प क्षितिज हैं, व पू व′ प विषुवत् वृत्त हैं, अ उ अ′ उ′ अहोरात्र वृत्त हैं। उ बिंदु पर सूर्योदय होता है और उ′ पर सूर्यास्त होता है। अतएव उ उ′

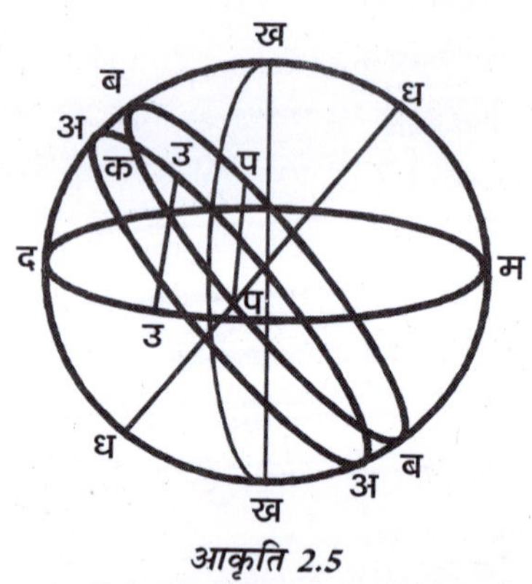

आकृति 2.5

*कर्न के संस्करण में 'खवृत्तस्य' पाठ दिया है। कदाचित् प्रूफ संशोधन में यह त्रुटि रह गई है, क्योंकि परमेश्वर की व्याख्या में 'तत्स्ववृत्तमित्युच्यते' लिखा है। प्रूफ संशोधन की ऐसी अशुद्धियाँ 'गीतिकापाद' की व्याख्या में भी हैं। पृ. 9 पंक्ति 13 में 'खर' के स्थान पर 'स्वर' होना चाहिए। पृ. 13 में सावन दिवसों की संख्या भी अशुद्ध है।

रेखा उदयास्त सूत्र है तथा पू प रेखा पूर्वापर सूत्र है। ख पू ख' सममंडल का अर्धांश है। इस याम्योत्तर वृत्त का अर्धव्यास त्रिज्या के तुल्य है, जिसका मान आर्यभट के अनुसार 3438′, वटेश्वर के अनुसार 3437′ 44″ तथा माधव के अनुसार 3437′ 44″ 48‴ है।

उ पू चाप की ज्या को अग्रा कहते हैं। यदि सूर्य क्षितिज पर है तो सूर्य को इस स्थिति से अग्रा सममंडल पर लंब है। यदि दिन में किसी अन्य समय सूर्य के बिंदु पर है और उससे सममंडल पर लंब डाला जाए तो यह लंब विषुवन्मंडल को जिस बिंदु पर काटेगा, क बिंदु से उसकी दूरी अग्रा के तुल्य होगी, क्योंकि अहोरात्रवृत्त तथा विषुवत् वृत्त दो समानांतर जल हैं।

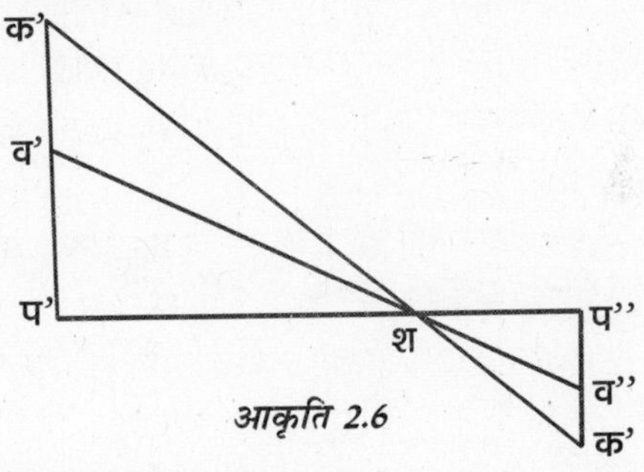

आकृति 2.6

अब आकृति 2.6 में कल्पना करें कि प′ श प″ शंकु के शीर्ष से गुजरता हुआ सममंडल है और क सूर्य की स्थिति है तथा क से क प′ सममंडल पर लंब है, जो विषुवत् वृत्त को व′ पर काटता है। तो क व′ अग्रा है तथा क श त्रिज्या है। यदि क, व′, प′ से श तक खींची रेखाएँ पृथ्वी तल से क्रमशः क′, व″ तथा प″ पर मिलती हैं तो प″, व″, क′ समरेखी हैं, क्योंकि यह वह रेखा है, जिसमें क प′ श तल पृथ्वी तल को काटता है और कोण श प″ समकोण है, क्योंकि क प′ श तल सममंडल पर लंबवत् है। अतएव क व′ श तथा क′ व″ श समरूप हैं। अतएव

$$\text{क}'\ \text{व}'' = \frac{\text{क व}' \times \text{क}'\ \text{श}}{\text{क श}}$$

जिस दिन सूर्य विषुवत् वृत्त पर होता है, उस दिन की मध्याह्नच्छाया को 'पलभा' कहते हैं। उस दिन शंकु की छाया का अंतिम बिंदु पूर्व से पश्चिम को जानेवाली सीधी रेखा होगी, क्योंकि यह रेखा वह काट होगी, जिसमें विषुवत् वृत्त की परिधि और शंकुशीर्ष में से गुजरनेवाला तल क्षितिज को काटेगा। शंकुमूल से इस रेखा की दूरी पलभा के तुल्य होगी। किसी अन्य दिन किसी समय छाया का अंतिम

उस !बिंदु से, जहाँ छाया इस रेखा को काटती है, कुछ दूरी पर होगा। इस दूरी को कर्णवृत्ताग्रा अथवा कर्णाग्रा कहते हैं। ऊपर जो कुछ सिद्ध किया जा चुका है, उसके अनुसार—

$$\text{कर्णाग्रा} = \frac{\text{स्ववृत्त कर्ण} \times \text{अग्रा}}{\text{त्रिज्या}}$$

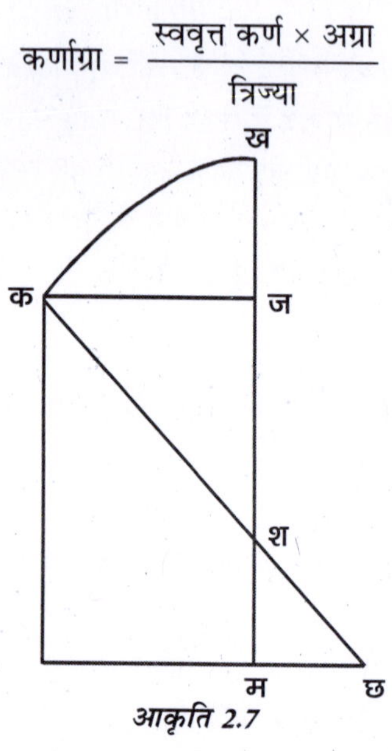

आकृति 2.7

आकृति 2.7 में ख, ख स्वस्तिक है और क सूर्य की स्थिति है। श शंकु का शीर्ष, म शंकु का मूल, श छ छाया कर्ण हैं। कोण क श ख सूर्य का नतांश है। क श ग और छ श म दो त्रिभुजों में $= \frac{(\text{प}+1)\ (\text{प}^2 + 1\text{प} + 1 - 1)}{6}$

$$\text{अथवा कोटिज्या नतांश} = \frac{\text{श ग}}{\text{श ह}} \times \text{श क},$$

यदि शंकु का मान 12 है तो

$$\text{कोटिज्या नतांश} = \frac{12 \times \text{त्रिज्या}}{\text{छाया कर्ण}},$$

$$= \frac{12 \times \text{त्रिज्या}}{\sqrt{144 + \text{छाया}^2}}$$

अतएव छाया को नापने से नतांश ज्ञात किया जा सकता है। यह भी देखा जा सकता है कि नतांश का कुछ भी मान हो,

छाया कर्ण × कोटिज्या नतांश = 12 × त्रिज्या,

= नियत संख्या।

भास्कर प्रथम ने 'आर्यभटीय भाष्य' में शंकु और उसकी छाया पर कई प्रश्न दिए हैं। उनमें से दो दिए जाते हैं।

(1) किसी स्थान पर 15 अंगुल के शंकु की पलभा $6\frac{1}{4}$ अंगुल है तो उस स्थान के अक्षांश की ज्या एवं कोटिज्या क्या हैं?

छाया कर्ण = $\sqrt{15^2+\left(\frac{25}{4}\right)^2} = \sqrt{\frac{4225}{16}} = \frac{65}{4}$।

अतएव, ज्या अक्षांश = $\frac{\frac{25}{4}\times 3438}{\frac{65}{4}} = 1322.31$,

कोटिज्या अक्षांश = $\frac{15\times 3438}{\frac{65}{4}} = 3173.54$

(2) जिस समय सूर्य की किरणें पूर्णतः फैली हैं, उस समय किसी स्थान पर 30 अंगुल के शंकु की छाया 16 अंगुल पाई जाती है तो सूर्य का नतांश क्या है?

छाया कर्ण = $\sqrt{30^2+16^2} = \sqrt{1156} = 34$।

अतएव, कोटिज्या नतांश = $\frac{30\times 3438}{34} = 3033.53$

तथा नतांश = $28^\circ\ 4'$।

शङ्कुगुणं शङ्कुभुजाविवरं शङ्कुभुजयोर्विशेषहृतम्।
यल्लब्धं सा छाया ज्ञेया शङ्कोः स्वमूलाद्धि॥ 15॥

अनुवाद—शंकु स्थान और भुज स्थान (दीप स्थान) के अंतराल को शंकु से गुणित कर फल को शंकु और भुज की (ऊँचाइयों के) अंतर से भाग दें तो जो लब्धि होती है, वह शंकु के मूल से छाया की लंबाई आती है।

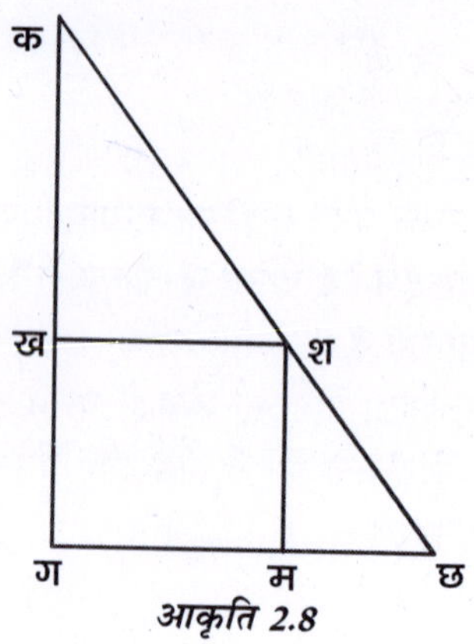

आकृति 2.8

आकृति 2.8 द्वारा यह सरलता से सिद्ध किया जा सकता है कि

$$\frac{\text{म छ}}{\text{म श}} = \frac{\text{श ख}}{\text{क ख}} = \frac{\text{म ग}}{\text{क ख}}$$

$$\text{अतएव म छ} = \frac{\text{म श} \times \text{म ग}}{\text{क ख}}।$$

इस सूत्र की सहायता से पृथ्वी की छाया की लंबाई भी ज्ञात की जा सकती है। इसमें पृथ्वी के केंद्र से उसकी परिधि तक की दूरी शंकु है, सूर्य के केंद्र से उसकी परिधि तक दूरी भुज की ऊँचाई है और पृथ्वी से सूर्य तक की दूरी शंकु का अंतराल है। अतएव, यदि क क^1 = सूर्य का अर्धव्यास, ख ख^1 = पृथ्वी का अर्धव्यास,

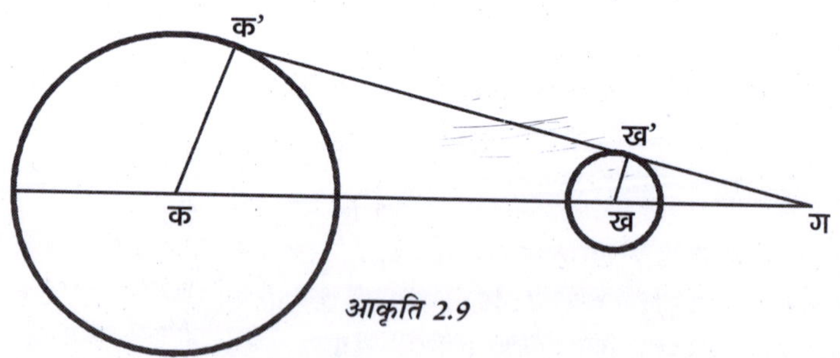

आकृति 2.9

क ख = क ख सूर्य और पृथ्वी का अंतराल तथा ख ग = पृथ्वी से भूच्छाया के अंतिम बिंदु की दूरी तो

$$\text{ख ग} = \frac{\text{ख ख}' \times \text{क ख}}{\text{क क}' - \text{ख ख}'}।$$

परमेश्वर ने इसको स्पष्ट करते हुए 'ग्रहण न्यायदीपिका' में कहा है[1]—

भानोर्व्यासदलं दीपोन्नतिः शङ्कून्नतिर्भुवः।
शङ्कु दीपान्तराले भूः स्याद्रवेर्योजनश्रुतिः ॥ 7 ॥

अर्थात् रवि का अर्धव्यास दीप की ऊँचाई, पृथ्वी का अर्धव्यास शंकु की ऊँचाई एवं पृथ्वी से रवि की योजना में दूरी शंकु और दीप के बीच की दूरी है।

भास्कर प्रथम के उदाहरण—

1. 72 अंगुल ऊँचे दीप से 12 अंगुल ऊँचे शंकु की छाया की लंबाई 16 अंगुल है तो दीप से शंकु का अंतराल क्या है?

उपर्युक्त सूत्र से—

$$\text{म ग} = \frac{\text{म छ} \times \text{क ख}}{\text{म श}} = \frac{16 \times 60}{12} = 80 \text{ अंगुल।}$$

2. दीप से 50 अंगुल पर स्थित शंकु की छाया की लंबाई 10 अंगुल है तो दीप की ऊँचाई क्या है?

उपर्युक्त सूत्र से—

$$\text{क ख} = \frac{\text{म ग} \times \text{म श}}{\text{म छ}} = \frac{50 \times 12}{10} = 60 \text{ अंगुल।}$$

अतएव, दीप की ऊँचाई = (60 + 12) अंगुल = 72 अंगुल।

छायागुणितं छायाग्रविवरमूनेन भाजिता कोटि।
शङ्कुगुणा कोटि सा छायाभक्ता भुजा भवति॥ 16 ॥
यश्चैव भुजावर्गः कोटिवर्गश्च कर्णवर्गः सः।
वृत्ते शरसंवर्गोऽर्धज्यावर्गः य खलु धनुषोः॥ 17 ॥

अनुवाद—(यदि आप यष्टि और दो शंकु एक ही सीधी रेखा में हों तो) छायाग्रों के अंतराल को छाया से गुणा कर फल को छायाओं की लंबाई के अंतर से भाग देने पर कोटि प्राप्त होती है। कोटि को शंकु से गुणा कर छाया से भाग देने पर भुजा मिलती है। भुजा के वर्ग और कोटि के योग के तुल्य कर्ण का वर्ग होता है।

---

1. परमेश्वरकृत 'ग्रहणन्यायदीपिका', विश्वेश्वरानंद संस्थान, होशियारपुर द्वारा प्रकाशित, आर्या 7

किसी वृत्त में दोनों शरों का गुणन फल चाप की अर्धज्या के वर्ग के तुल्य होता है।

आकृति 2.10 में क ख भुज है, ख छ कोटि है, ग च तथा घ झ दो शंकु हैं अथवा एक ही शंकु की दो स्थितियाँ हैं।

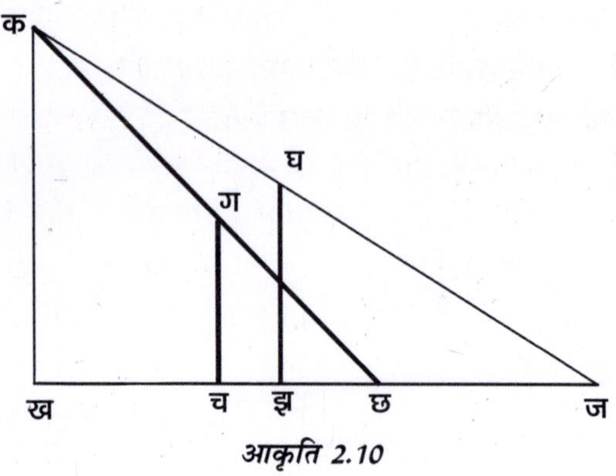

आकृति 2.10

छ ज छायाग्रों का अंतराल है, च छ और झ ज छायाएँ हैं।

$$\text{अब } \frac{\text{च ग}}{\text{क ख}} = \frac{\text{च छ}}{\text{ख छ}},$$

$$\text{तथा } \frac{\text{झ घ}}{\text{क ख}} = \frac{\text{झ ज}}{\text{ख ज}}$$

किंतु ग च = झ ख,

अतएव,

$$\frac{\text{च छ}}{\text{ख छ}} = \frac{\text{झ ज}}{\text{ख ज}} = \frac{\text{झ ज} - \text{च छ}}{\text{ख ज} - \text{ख छ}} = \frac{\text{छायाओं की लंबाइयों का अंतर}}{\text{छायाग्रों के बीच अंतराल}},$$

$$\text{अतएव, ख छ} = \frac{\text{च छ} \times \text{छायाग्रों के बीच अंतराल}}{\text{छायाओं की लंबाइयों का अंतर}}$$

$$\text{पुनः } \frac{\text{ग च}}{\text{क ख}} = \frac{\text{च छ}}{\text{ख छ}},$$

$$\text{अतएव, क ख} = \frac{\text{ख छ} \times \text{ग च}}{\text{च छ}} = \frac{\text{कोटि} \times \text{शंकु}}{\text{छाया}}\ ।$$

यही सिद्ध करना था।

भुजा के वर्ग और कोटि के वर्ग का योग कर्ण के वर्ग के तुल्य होता है। यह सूत्र पाइथागोरस प्रमेय के नाम से जाना जाता है, परंतु इसकी जानकारी बहुत पहले से ही शुल्व सूत्रों के काल से थी।

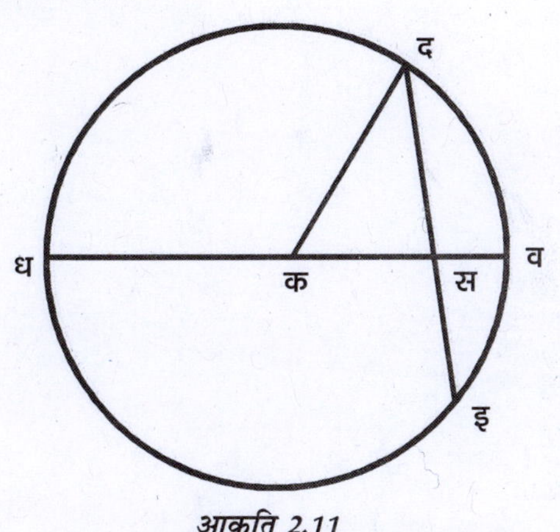

आकृति 2.11

आकृति 2.11 में अ द ब इ वृत्त का क केंद्र तथा अ ब व्यास है। द इ ज्या द्वारा परिधि द ब इ एवं द अ इ दो चापों में विभाजित होता है, जिनके शर ब स तथा अ स हैं।

क द स त्रिभुज में

द स^2 = क द^2 − क स^2,

= (क द + क स) (क द − क स)।

किंतु क द + क स = अ क + क स = अ स,

तथा क द − क स = क ब − क स = स ब।

अतएव, द स^2 = अ स × ब स,

यही सिद्ध करना था।

पुन: द स^2 = अ स × ब स,

= (अ ब − ब स) ब स,

और अ ब × द स^2 + ब स^2 = द ब^2,

अथवा द ब^2 = अ ब × ब स,

= अ ब (क ब - क स)।

यदि अर्धव्यास = अ तो अ ब = 2 अ, क ब = अ, क स = $\sqrt{अ^2 - द\ स^2}$ ।

यदि द इ उस य भुजीय बहुभुज क्षेत्र की भुजा है, जिसका परिमाप प हो तो

$$द\ स = \frac{1}{2} द\ इ = \frac{प}{2\ य}$$

इसी तरह 2 य भुजीय बहुभुज क्षेत्र की भुजा द ब है। यदि इसका परिमाप $प^{।}$ है तो

$$द\ ब = \frac{प^{।}}{2\ य}$$

$$अतएव\ \frac{प^{।2}}{4\ य^2} = अ\ (अ - \sqrt{अ^2 - \frac{प^2}{4\ य^2})^{।}}$$

$$= \frac{2\ अ}{2\ य}(2अ\ य - \sqrt{4\ अ^2\ य^2 - प^2})$$

$$अथवा\ प^{।\,2} = 4\ अ\ य\ (2\ अ\ य - \sqrt{4अ^2य^2 - प^2})\ ,$$

$$= (8अ^2य^2 - \sqrt{64अ^2य^2 - 16\ अ^2य^2प^2})$$

भास्कर प्रथम के उदाहरण—

1. दो समान शंकुओं की छायाओं की लंबाइयाँ क्रमश: 10 तथा 16 अंगुल हैं तथा छायाग्रों का अंतराल 30 अंगुल है तो दीप की ऊँचाई तथा शंकुओं की स्थितियाँ क्या हैं?

उपर्युक्त सूत्रों से

$$ख\ छ = \frac{च\ छ \times छायाग्रों\ का\ अंतराल}{छायाओं\ की\ लंबाइयों\ का\ अंतर}$$

$$= \frac{10 \times 30}{6} = 50\ अंगुल।$$

अतएव, ख च = (50 − 10) अंगुल = 40 अंगुल।

इसी प्रकार, ख ज = $\frac{16 \times 30}{6}$ = 80 अंगुल।

अतएव, ख झ = (80 − 16) अंगुल = 64 अंगुल।

पुनः क ख = $\frac{\text{ख छ} \times \text{ग च}}{\text{च छ}}$,

$\frac{50 \times 12}{10}$ = 60 अंगुल।

2. एक वृत्त में यह देखा गया कि व्यास 10, शरों के खंड 2 तथा 8 एवं दो अन्य शरों के खंड 9 तथा 1 हैं, तो उनकी अलग-अलग अर्धज्याएँ क्या हैं?

पहले प्रश्न में अर्धज्या = $\sqrt{2 \times 8}$ = 4,

दूसरे प्रश्न में अर्धज्या = $\sqrt{9 \times 1}$ = 3।

3. 18 हाथ ऊँचा बाँस वायु के कारण बीच से टूटकर इस तरह गिरता है कि उसका शीर्ष जड़ से 6 हाथ पर है, तो उसके टूटने का स्थान क्या है?

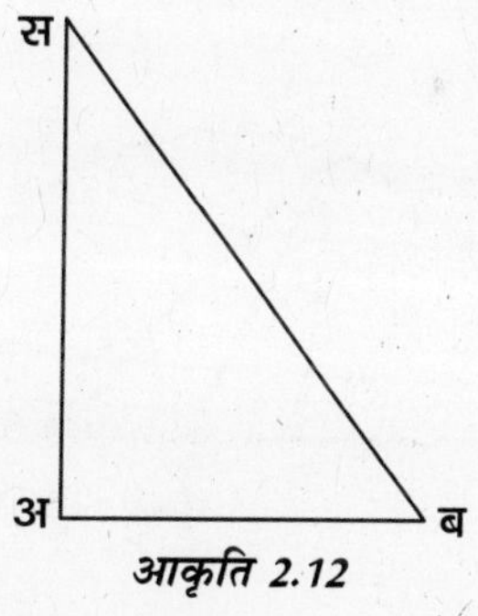

आकृति 2.12

आकृति 2.12 में, अब = 6 हाथ,

ब स + अ स = 18 हाथ,

ब स^2 − अ स^2 = अ ब^2 = 36 हाथ^2,

अतः ब स − अ स = 2 हाथ,

तथा ब स = 10 हाथ, अ स = 8 हाथ।

4. किसी पूर्ण प्रस्फुटित कमल की नाल जल से ठीक 8 अंगुल ऊपर है। वायु

के झोंके से वह एक हाथ भर जल में डूब जाती है, तो जल की गहराई क्या है?

इसमें कमल के मूल को केंद्र तथा उसकी नाल को अर्धव्यास मानकर वृत्त खींचें तो अर्धज्या 24 अंगुल, एक शर 8 अंगुल तथा दूसरा शर = (जल की गहराई + नाल की लंबाई)।

अतएव, जल की गहराई + नाल की लंबाई $\frac{24^2}{8}$ अंगुल = 72 अंगुल।

नाल की लंबाई – जल की गहराई = 8 अंगुल,

अतः नाल की लंबाई = $\frac{1}{2}$ (72 + 8) अंगुल = 40 अंगुल,

जल की गहराई = 32 अंगुल।

इसे प्रश्न 3 की तरह भी हल किया जा सकता है।

5. एक बाज 12 हाथ ऊँचे प्रकार पर बैठा है। वह एक चूहे को देखता है, जो प्राकार के मूल से 24 हाथ पर है। चूहा भी बाज को देखकर प्राकार के मूल में स्थित अपनी बिल की ओर भागता है। पर बाज तिर्यक् पथ पर चलकर उसे पकड़ लेता है। (यदि दोनों की चालें समान हैं तो) चूहा कितनी दूर दौड़ सका तथा बाज क्षैतिज दिशा में कितना चला?

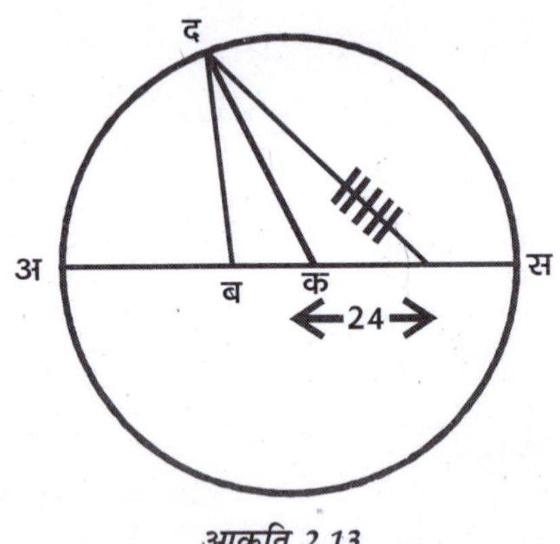

आकृति 2.13

क को केंद्र मानकर वृत्त खींचें तो
ब द = 12 हाथ, ब स = 24 हाथ।

अतः, अ ब = 6 हाथ।

$$क\ स = \frac{1}{2}(अ\ ब + ब\ स) = 15\ हाथ,$$

तथा ब क = 9 हाथ।

अतः चूहा 15 हाथ चला तथा बाज क्षैतिज दिशा में 9 हाथ चला।

6. पानी के एक हौज का आयाम 6 × 12 है। उसके ईशान कोण में एक मछली तथा वायव्य कोण में एक सारस है। सारस के डर से मछली दक्षिण दिशा में तिरछे चली; परंतु किनारे से चलकर सारस ने उसे दूसरे किनारे पर पकड़ लिया। (यदि दोनों की चालें बराबर हों तो) उन्होंने कितनी दूरियाँ तय कीं?

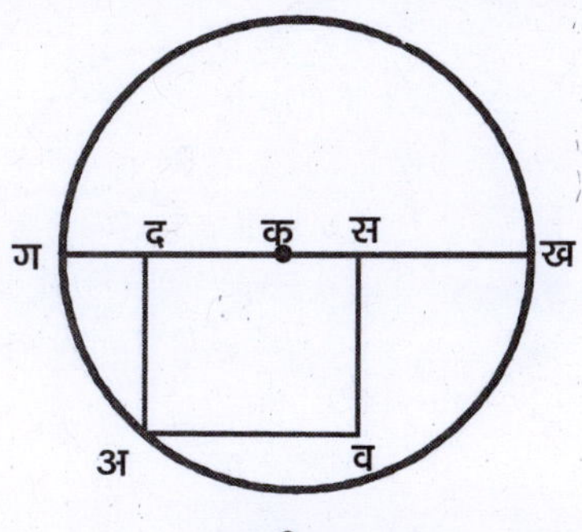

आकृति 2.14

अ ब स द हौज है, जिसमें मछली अ पर तथा सारस ब पर है। यदि सारस ने मछली को क बिंदु पर पकड़ा तो मछली अ क दूरी चली तथा सारस ब स + स क = अ क। यदि क स को ख बिंदु तक बढ़ाएँ, जिसमें स ख = स ब तो क अ = क ख। क को केंद्र तथा क अ को अर्धव्यास मानकर वृत्त खींचें तथा क द को वृत्त की परिधि ग तक बढ़ाएँ तो

$$ग\ द \times द\ ख = अ\ द^2 = 36,$$

$$अतः\ ग\ द = \frac{36}{18} = 2,$$

$$तथा\ क\ अ = क\ ख\ \frac{1}{2}(ग\ द + द\ ख),$$

= 10।

सारस तथा मछली इतनी ही दूर चले।

ग्रासोने द्वे वृत्ते ग्रासगुणे भाजयेत् पृथक्त्वेन।
ग्रासोनयोगभक्ते सम्पातशरौ परस्परतः ॥ 18 ॥

अनुवाद—(जब दो वृत्त एक-दूसरे को काटते हैं तब उनकी परिधियों के बीच का भाग ग्रास कहलाता है। विशेषतः ग्रास की नाप उनके व्यासों के उस भाग से की जाती है, जो दोनों वृत्तों के लिए उभयनिष्ठ हैं। व्यास में से ग्रास को घटाकर और उसे ग्रास से गुणित कर फल को ग्रासहीन व्यासों के योग से विभाजित करने पर उनके परस्पर संपात शर प्राप्त होते हैं। परस्पर का अर्थ यह है कि एक के ग्रासहीन व्यास से दूसरे का शर मिलता है ॥ 8 ॥

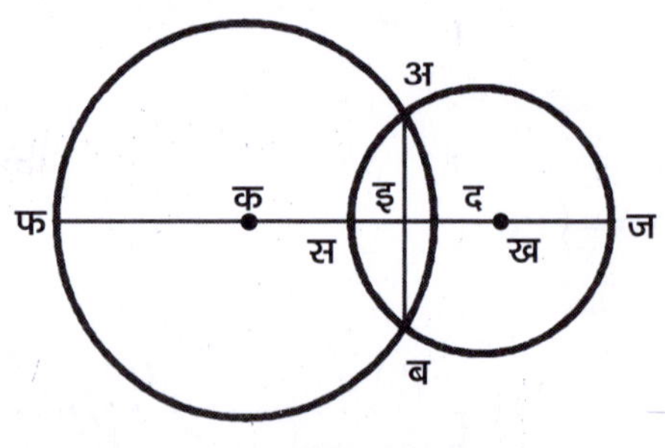

आकृति 2.15

आकृति 2.15 में अ फ ब द तथा अ स ब ज दो वृत्त हैं। स द ग्रास है। इ द पहले वृत्त का शर है और स इ दूसरे वृत्त का शर है। पहले वृत्त का ग्रासेन भाग फ स है और दूसरे वृत्त का ग्रासेन भाग द ज है। तो सूत्र के अनुसार—

$$\text{इ द} = \frac{\text{स द} \times \text{द ज}}{\text{फ स} + \text{द ज}}$$

$$\text{तथा इ स} = \frac{\text{स द} \times \text{फ स}}{\text{स फ} + \text{द ज}}$$

उपपत्ति : यदि फ द = व, स ज = $\text{व}^{|}$, स द = ग्र, इ द = य, स इ = र,

तो अ इ^2 = य (व – य) = र ($\text{व}^{|}$ – र),

∴ य व – र व' = य^2 – र^2 = (य + र) (य – र)।

पर य + र = ग्र,

अतएव, य व – र $\text{व}^{|}$ = ग्र (य – र),

अथवा,

$$\frac{य}{व^{।} - ग्र} = \frac{र}{व - ग्र} = \frac{य + र}{(व^{।} - ग्र) + (व - ग्र)} = \frac{ग्र}{(व^{।} - ग्र) + (व - ग्र)},$$

अतएव,

$$य = \frac{ग्र\,(व^{।} - ग्र)}{(व^{।} - ग्र) + (व - ग्र)}$$

$$तथा\ र = \frac{ग्र\,(व - ग्र)}{(व^{।} - ग्र) + (व - ग्र)}$$

भास्कर प्रथम का उदाहरण—

यदि चंद्रमा के व्यास के 32 में से 8 ग्रसित हैं तथा छाया का व्यास 80 है तो छाया और चंद्रमा के शर क्या हैं?

इस उदाहरण में $व^{।} = 32$, $व = 80$, $ग्र = 8$।

$$अतएव,\ छाया\ का\ शर = \frac{8\,(32 - 8)}{(32 - 8) + (80 - 8)} = \frac{8 \times 24}{24 + 72} = 2$$

$$चंद्रमा\ का\ शर = \frac{8\,(80 - 8)}{(32 - 8) + (80 - 8)} = \frac{8 \times 72}{24 + 72} = 6\ ।$$

इष्टं व्येकं दलितं सपूर्वमुत्तरगुणं समुखमध्यम्।
इष्टगुणितमिष्टधनं त्वथवाद्यन्तं पदार्थहतम्॥ 19॥

अनुवाद—इष्ट में से एक घटाकर उसका आधा करें, उसमें पूर्व पदों की संख्या जोड़कर फल में उत्तर (चय) से गुणा करें। इसमें मुख अर्थात् आदि पद जोड़ने से मध्य पद प्राप्त होता है। इसमें इष्ट से गुणा करने से धन (श्रेढ़ी का योग) प्राप्त होता है अथवा आदि तथा अंतिम पद के योग में पदों की संख्या के आधे से गुणा करने से योग प्राप्त होता है॥ 9॥

इष्ट = पदों की वह संख्या, जिनका योग प्राप्त करना है।

उत्तर = चय अर्थात् पदों का अंतर।

मुख = प्रथम पद अथवा आदि पद।

पूर्व = किसी पद से पहले के पदों की संख्या

यदि प्रथम पद म है, इष्ट इ है तथा चय च है तो

$$\text{मध्य पद} = \left(\frac{\text{इ} - 1}{2}\right) \text{च} + \text{म}, \tag{1}$$

$$\text{धन} = \text{इ} \left\{\text{म} + \frac{\text{च}}{2} (\text{इ} - 1)\right\}। \tag{2}$$

परंतु यदि य पद से आरंभ करके इ पदों का योग प्राप्त करना है तो,

$$\text{मध्य पद} = \left(\frac{\text{इ} - 1}{2} + \text{य} - 1\right) \text{च} + \text{म} = \frac{\text{च}}{2}(2\,\text{य} + \text{इ} - 3) + \text{म} \tag{3}$$

$$\text{धन} = \text{इ} \quad \left\{\frac{\text{च}}{2} (2\text{य} + \text{इ} - 3) + \text{म}\right\}। \tag{4}$$

यह अंतिम पद अ है तो दूसरे भाग के सूत्र के अनुसार

$$\text{धन} = \frac{\text{इ}}{2} (\text{म} + \text{अ})। \tag{5}$$

अतएव द्वितीय तथा अंतिम समीकरणों से

$$\frac{\text{इ}}{2} (\text{म} + \text{अ}) = \text{इ} \left\{\text{म} + \frac{\text{च}}{2}(\text{इ} - 1)\right\},$$

$$= \frac{\text{इ}}{2}\left\{2\text{म} + \text{च} (\text{इ} - 1)\right\},$$

$$\text{अतएव अ} = \text{म} + (\text{इ} - 1)\ \text{च}। \tag{6}$$

इस तरह यह स्पष्ट है कि इस आर्या में ये 6 सूत्र निहित हैं। इस आर्या के संबंध में परमेश्वर ने एक उदाहरण दिया है, जिसे यहाँ उद्धृत किया जाता है[1]।

आदि पद 5, चय 7, गच्छ = 17।

अतएव समीकरण (1) के अनुसार

---

1. परमेश्वरकृत 'आर्यभटीय भाष्य', पृ. 37

$$\text{मध्य पद} = \frac{17 - 1}{2} \times 7 + 5 = 61,$$

सर्वधन = 17 × 61 = 1037।

यदि आठवें पद से आरंभ करके तीन पदों का योग निकालना है तो समीकरण (3) से

$$\text{मध्य पद} = \left(\frac{3 - 1}{2} + 7\right) 7 + 5,$$

$$= 61$$

धन = 61 × 3 = 183।

भास्कर प्रथम ने अपने भाष्य में इस सूत्र के कई उदाहरण दिए हैं।

परमेश्वर ने कहा है कि यदि कोई पद मध्य पद न हो तो मध्य से पहले और पश्चात् के दो पदों के योग का आधा मध्य पद होता है।

गच्छोऽष्टोत्तरगुणिताद् द्विगुणाद्युत्तरविशेषवर्गयुतात्।
मूलं द्विगुणाद्यूनं स्वोत्तरभाजितं सरूपार्धम्॥ 20॥

अनुवाद—धन को आठ गुने चय से गुणों और फल में प्रथम पद के दूने तथा चय के अंतर के वर्ग को जोड़ें। फिर इस फल के वर्गमूल में से प्रथम पद के दूने को घटाकर फल में चय से भाग दें। प्राप्त लब्धि में एक जोड़कर फल का आधा करें तो श्रेढ़ी के पदों की संख्या प्राप्त होगी।

इस सूत्र के अनुसार—

$$\text{इ} = \frac{1}{2}\left(\frac{\sqrt{8\,\text{ध}\,\text{च} + (2\text{म} - \text{च})^2} - 2\text{म}}{\text{च}} + 1\right),$$

जिसमें ध श्रेढ़ी का योग है और अन्य संकेत वही हैं, जो पिछली आर्या में थे। पिछली आर्या के दूसरे समीकरण से—

$$\text{ध} = \text{इ}\left\{\text{म} + \frac{\text{च}}{2}(\text{इ} - 1)\right\},$$

$$= \text{इ}\left(\text{म} - \frac{\text{च}}{2}\right) + \frac{1}{2}\text{इ}^2\text{च},$$

अथवा $2ध = इ^2च + इ\ (2म - च)$,

अथवा $इ^2च + इ\ (2म - च) - 2ध = 0$,

$$\therefore इ = \frac{-(2म - च) \pm \sqrt{(2म - च)^2 + 8ध\, च}}{2च} ।$$

इसमें करणी के पहले केवल धन चिह्न लिया जा सकता है, क्योंकि इ मान ऋणात्मक नहीं हो सकता। अतएव

$$इ = \frac{1}{2}\left(\frac{\sqrt{8ध\, च + (2म - च)^2} - 2म}{च} + 1\right) ।$$

इससे स्पष्ट है कि आर्यभट को द्विघातीय समीकरण

$क\ य^2 + ख\ य + ग = 0$

का हल प्राप्त करने की विधि ज्ञात थी।

पिछली आर्या के उदाहरण में ध = 1037, म = 5, च = 7 हैं। अत:

$$इ = \frac{1}{2}\left(\frac{\sqrt{1037 \times 8 \times 7 + (10 - 7)^2} - 10}{7} + 1\right),$$

$$= \frac{1}{2}\left(\frac{\sqrt{58072 + 9} - 10}{7} + 1\right),$$

$$\frac{1}{2}\left(\frac{241 - 10}{7} + 1\right) = \frac{34}{2} = 17 ।$$

बख्शाली ग्रंथ में इस सूत्र के उपयोग का उदाहरण दिया हुआ है।

भास्कर प्रथम का उदाहरण—

किसी श्रेढ़ी के चय तथा मुख क्रमश: 9 तथा 8 हैं और धन 583 है तो पदों की संख्या क्या है?

$$इ = \frac{1}{2}\left(\frac{\sqrt{583 \times 8 \times 9 + (16-9)^2} - 16}{9} + 1\right) ।$$

$= 11 ।$

एकोत्तराद्यु पचितेर्गच्छाद्ये कोत्तरत्रिसंवर्गः।
षड्भक्तः स चितिघनः सैकपदघनो विमूलो वा॥ 21॥

अनुवाद—जिसका आदि पद एक है और चय भी एक है, ऐसी उपचिति के चितिघन का मान, पद, पद धन एक तथा पद धन दो, इन तीन संख्याओं के परस्पर गुणन फल को छह से विभाजित करने से प्राप्त होता है अथवा पद धन एक के घन और उस घन के घनमूल के अंतर को भी छह से विभाजित करने से प्राप्त होता है।

अर्थात् यदि संख्या प है तो

$$\text{चितिघन का मान} = \frac{\text{प (प + 1) (प + 2)}}{6},$$

$$= \frac{(\text{प} + 1)^3 - (\text{प} + 1)}{6}\ ।$$

यदि हम एक पंक्ति में प गुलिकाएँ रखें, दूसरी पंक्ति में (प – 1) गुलिकाएँ, तीसरी में (प – 2) गुलिकाएँ और अंतर में एक गुलिका हो, जैसा आकृति 2.16 में दिखाया गया है, फिर इसके ऊपर के स्तर में प्रथम पंक्ति में (प–1) गुलिकाएँ द्वितीय में (प–2) गुलिकाएँ और इसी तरह अंत में एक गुलिका हो। इसी तरह अन्य स्तरों में भी गुलिकाएँ रखी जाएँ और शीर्षस्थ स्तर में एक गुलिका हो तो इस

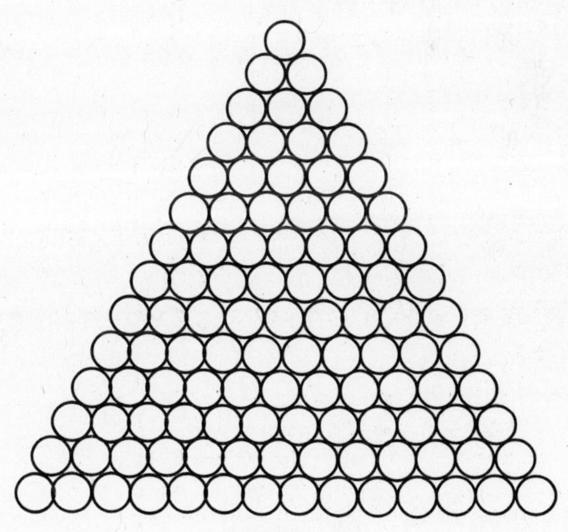

आकृति 2.16

ढेर की गुलिकाओं की संख्या ऊपर दिए सूत्रों से प्राप्त होगी। निम्नतम स्तर में $\frac{प(प+1)}{2}$ गुलिकाएँ, उससे ऊपर के स्तर में $\frac{(प-1)प}{2}$ गुलिकाएँ और इसी तरह शीर्षस्थ स्तर में 1 गुलिका होगी। अतएव ढेर में गुलिकाओं की कुल संख्या

$$= \frac{1}{2} [1 \times 2 + 2 \times 3 + 3 \times 4 + ...+ (प - 1) प + प (प +1)],$$

$$= \frac{1}{2} [1^2 + 2^2 + 3^2 + ...+ (प - 1)^2 + प^2] + [1 + 2 + 3 + ...+ (प - 1) + प],$$

अब कल्पना करें कि

$1^2 + 2^2 + 3^2 + ... + (प - 1)^2 + प^2 = य प^3 + र प^2 + ल प + व$।

यदि इसमें हम क्रमशः प = 1, 2, 3, 4 रखें तो निम्न समीकरण प्राप्त होंगे :

य + र + ल + व = 1,

8 य + 4र + 2ल + व = 5,

27 य + 9र + 3ल + व = 14,

64 य + 16 र + 4 ल + व = 30।

प्रथम को द्वितीय में से, द्वितीय को तृतीय में से, तृतीय को चतुर्थ में से घटाने से

7य + 3र + ल = 4,

19य + 5र + ल = 9,

37य + 7र + ल = 16।

यही क्रिया फिर दुहराने से

12य + 2र = 5,

18य + 2र = 7,

अतएव $य = \frac{1}{3}$, $र = \frac{1}{2}$, $ल = \frac{1}{6}$, व = 0 ।

$$\text{अतएव गुलिकाओं की संख्या} = \frac{1}{2}\left(\frac{2प^3 + 3प^2 + प^2}{6} + \frac{प(प+1)}{2}\right),$$

$$= \frac{2प^3 + 6प^2 + 4प}{12},$$

$$= \frac{प^3 + 3प^2 + 2प}{6},$$

$$= \frac{प(प^2 + 3प + 2)}{6},$$

$$= \frac{प(प+1)(प+2)}{6},$$

$$= \frac{(प+1)(प^2 + 1प + 1 - 1)}{6}$$

$$= \frac{(प+1)\left\{(प+1)^2 - 1\right\}}{6},$$

$$= \frac{(प+1)^3 - (प+1)}{6}।$$

आर्यभट ने इसे चितिघन कहा है; परंतु ब्रह्मगुप्त आदि ने इसे संकलित की संज्ञा दी है।[1]

यह आश्चर्य की बात है कि इस शुद्ध सूत्र को जानते हुए भी आर्यभट ने आर्या 6 में षडश्रि के लिए अशुद्ध सूत्र दिया है।

भास्कर प्रथम का उदाहरण—

त्रिभुजाकार चितिघनों में क्रमशः 5, 8 तथा 14 स्तर हैं। उनमें (गुलिकाओं की) संख्याएँ क्या हैं?

पाँच स्तर के ढेर में गुलिकाओं की संख्या

$= 1 + (1 + 2) + (1 + 2 + 3) + ... + (1 + 2 + 3 + 4 + 5),$

$$= \frac{5 \times 6 \times 7}{6} = 35$$

इसी प्रकार 8 स्तर में सख्या 120 तथा 14 में संख्या 560 हैं।

---

1. ब्राह्मस्फुट सिद्धांत, गणिताध्याय, आर्या 19 एवं परमेश्वरकृत 'आर्यभटीय का भाष्य' पृ. 39

सैकसगच्छपदानां क्रमात् त्रिसंवर्गितस्य षष्ठोऽशः।
वर्गचितिघनस्स भवेच्चितिवर्गो घनचितिघश्च ॥ 22 ॥

अर्थात् पदों की संख्या, यह संख्या धन एक तथा इस दूसरी संख्या तथा पदों की संख्या के योग, इन तीनों के गुणनफल के छठे भाग के तुल्य वर्गचितिघन का मान होता है। चितिवर्ग के तुल्य घनचितिघन अर्थात् पद तक घन संख्याओं का योग होता है।

इस सूत्र के अनुसार

$$\frac{प\,(प+1)\;(2प+1)}{6} = 1^2 + 2^2 + 3^3 + \dots\dots + (प-1)^2 + प^2,$$

$$एवं \left\{\frac{प\,(प+1)}{2}\right\}^2 = 1^3 + 2^3 + 3^3 + \dots\dots + (प-1)^3 + प^3।$$

पहले सूत्र की उपपत्ति पिछली आर्या में दी जा चुकी है। कल्पना करें कि

$य\,प^4 + र\,प^3 + ल\,प^2 + व\,प = 1^3 + 2^2 + 3^3 + \dots\dots + (प-1)^3 + प^3$,

$$\begin{aligned} &तो\; य + र + ल + व &&= 1,\\ &16य + 8र + 4ल + 2व &&= 9,\\ &81य + 27र + 9ल + 3व &&= 36,\\ &256य + 64र + 16ल + 4व &&= 100,\end{aligned}$$

अथवा

$$\begin{aligned} &14य + 6र + 2ल &&= 7,\\ &78य + 24र + 6ल &&= 33,\\ &252य + 60र + 12ल &&= 96,\end{aligned}$$

अथवा

$$\begin{aligned} &36य + 6र &&= 12,\\ &96य + 12र &&= 30।\end{aligned}$$

$$अतः\; य = \frac{1}{4},\; र = \frac{1}{2},,\; ल = \frac{1}{4}, व = 0।$$

$$अतएव, घनों का योग = \frac{प^4 + 2प^3 + प^2}{4},$$

$$= \left\{\frac{प\,(प+1)}{2}\right\}^2।$$

भास्कर प्रथम के उदाहरण—

1. वर्गचितिघनों के स्तरों की संख्याएँ 7, 8 तथा 17 हैं। उनमें (ईंटों की) संख्याएँ क्या हैं?

प्रथम ढेर में संख्या = $1^2 + 2^2 + 3^2 + ... + 7^2$,

$$= \frac{7 \times 8 \times 15}{6} = 140 \text{ ।}$$

8 स्तर में संख्या 204 तथा 17 स्तर में संख्या 1,785 हैं।

2. तीन घनचितिघनों में स्तरों की संख्याएँ 5, 4 तथा 7 हैं। उनमें ईंटों की संख्याएँ क्या हैं?

प्रथम ढेर में ईंटों की संख्या

$$= 1^3 + 2^3 + 3^3 + 4^3 + 5^3,$$

$$= \left(\frac{5 \times 6}{2}\right)^2 = 225 \text{ ।}$$

4 स्तर में संख्या 100 तथा 6 स्तर में संख्या 441 हैं।

संपर्कस्य हि वर्गाद्विशोधयेदेव वर्गसंपर्कम्।
यत्तस्य भवत्यर्धं विद्याद्गुणकारसंवर्गम्॥ 23॥

अर्थात् दो राशियों के योग के वर्ग में से उन दोनों राशियों के वर्गों के योग को घटाएँ, फल का आधार करें तो उन दोनों राशियों का गुणनफल प्राप्त होगा।

यदि राशियाँ क एवं ख हैं तो

$$(\text{क} + \text{ख})^2 = (\text{क} + \text{ख})\ (\text{क} + \text{ख}) = \text{क}^2 + 2\text{क ख} + \text{ख}^2,$$

$$\text{अतः } \frac{(\text{क} + \text{ख})^2 - \text{क}^2 - \text{ख}^2}{2} = \text{क ख} \text{ ।}$$

परमेश्वर का दिया उदाहरण[1]—

5 और 7 दो राशियों का गुणनफल क्या होगा?

इन राशियों का योग 12। इसका वर्ग 144। इन राशियों के वर्ग 25 तथा 49। इनके जोड़ 74 को 144 में से घटाने पर शेष 70। इसका आधा 35 दोनों राशियों का गुणनफल है।

---

1. परमेश्वरकृत 'आर्यभटीय का भाष्य', पृ. 40

यदि दो राशियों का योग तथा उनके वर्गों का योग दिए हों तो इस सूत्र के उपयोग से उनका गुणनफल ज्ञात किया जा सकता है, फिर आर्या 24 में दिए सूत्र के द्वारा उनके अंतर का वर्ग ज्ञात किया जा सकता है और अंत में उन संख्याओं को ज्ञात किया जा सकता है। परमेश्वर के उदाहरण में दोनों संख्याओं का योग 12 और उनके वर्गों का योग 74 है, तो इस सूत्र से उनका गुणनफल 35 ज्ञात हुआ। फिर आर्या 24 के सूत्र के उपयोग से उनके अंतर का वर्ग = 144 − 4 × 35 = 4 है तथा उनका अंतर 2 है और वे संख्याएँ 7 तथा 5 हैं।

द्विकृतिगुणात् संवर्गाद् द्व्यन्तरवर्गेण संयुतान्मूलम्।
अंतरयुक्तं हीनं तद्गुणकारद्वयं दलितम्॥ 24॥

अर्थात् दो के वर्ग से दो राशियों के गुणनफल को गुणित कर उनके अंतर के वर्ग को फल में जोड़ें। प्राप्त राशि के वर्गमूल में अंतर को जोड़ें तथा घटाएँ और फलों का आधा करें तो दोनों राशियाँ प्राप्त होंगी।

यदि दोनों राशियाँ य तथा र हैं तो

$4\,य\,र + (य - र)^2 = 4\,य\,र + य^2 - 2\,य\,र + र^2,$

$= (य + र)^2,$

अतः $[4\,य\,र + (य - र)^2]^{½} = य + र,$

$(य + र) + (य - र) = 2य,$

तथा $(य + र) - (य - र) = 2र$।

इस सूत्र के द्वारा

$य\,र = क,$

$य - र = ख,$

इन दो समीकरणों की सहायता से य तथा र का मान निकाला जा सकता है।

$$य = \frac{\sqrt{4क + ख^2} + ख}{2},$$

$$र = \frac{\sqrt{4क + ख^2} - ख}{2}।$$

भास्कर का उदाहरण—

दो संख्याओं का गुणनफल 8 और अंतर 2 है, (दो अन्य संख्याओं का) गुणनफल 18 तथा अंतर 7 है। दोनों प्रश्नों में कौन सी संख्याएँ गुणित की गई हैं?

पहले प्रश्न की एक संख्या = $\frac{\sqrt{4 \times 8 + 2^2} + 2}{2} = 4,$

दूसरी संख्या = $\frac{\sqrt{4 \times 8 + 2^2} - 2}{2} = 2$ ।

दूसरे प्रश्न की एक संख्या = $\frac{\sqrt{4 \times 18 + 7^2} + 7}{2} = 9$

दूसरी संख्या – $\frac{\sqrt{4 \times 18 \times 7^2} - 7}{2} = 2$ ।

मूलफलं सफलं कालमूलगुणमर्धूलकृतियुक्तम्।
मूलं मूलार्धोनं कालहृतं स्यात् स्वमूलफलम्॥ 25॥

अर्थात् यदि मूल का फल (ब्याज) (अपने कुछ काल के) ब्याज के साथ दिया हो तो इस राशि को मूल और काल से गुणित कर गुणनफल में मूल के आधे का वर्ग जोड़ें। फल का वर्गमूल ज्ञात कर उसमें से मूल का आधा घटा दें। फल को काल से विभाजित करें तो लब्धि मूल का फल होगी।

यदि मूल म, मूल का फल अपने हित सहित स तथा काल क है तो फल

$$य = \frac{\sqrt{स\ म\ क + \left(\frac{म}{2}\right)^2} - \frac{म}{2}}{क}$$

इसमें यह बात ध्यान में रखनी चाहिए कि मूल का फल एक वर्ष अथवा एक महीने का होना चाहिए तथा फल का किसी नियत वर्ष अथवा महीनों का होना चाहिए।

यदि म मूल का एक वर्ष का ब्याज य है तो य का क वर्षों का ब्याज $\frac{क\ य^2}{म}$ होगा।

अतएव $स = य + \frac{क\ य^2}{म},$

अथवा क $य^2$ + म य − म स = 0,

$$\text{अतएव य} = \frac{-\text{म} \pm \sqrt{\text{म}^2 + 4\text{म स क}}}{2\,\text{क}}\text{।}$$

इसमें करणी के पहले ऋण चिह्न त्याज्य हैं। अतएव,

$$\text{य} = \frac{\sqrt{\text{म स क} + \left(\frac{\text{म}}{2}\right)^2} - \frac{\text{म}}{2}}{\text{क}}\text{।}$$

उदाहरण : यदि 400 रुपयों का एक वर्ष का ब्याज अपने 8 वर्ष के ब्याज के साथ 72 रुपए है तो 400 रुपयों का ब्याज कितना है?

यदि 400 रुपयों का ब्याज य है तो

$$\text{य} = \frac{\sqrt{72 \times 400 \times 8 + (200)^2} - 200}{8}$$

$$= \frac{\sqrt{270400} - 200}{8}$$

= 40।

त्रैराशिक फलराशिं तमथेच्छाराशिना हतं कृत्वा।
लब्धं प्रमाणभजितं तस्मादिच्छाफलमिदं स्यात्॥ 26॥

अर्थात् त्रैराशिक में फल (प्रमाण फल) को इच्छा राशि से गुणित कर गुणनफल को प्रमाण से विभाजित करें तो लब्धि इच्छा फल होगी।

इस सूत्र के अनुसार

$$\text{इच्छा फल} = \frac{\text{प्रमाण फल} \times \text{इच्छा राशि}}{\text{प्रमाण}}$$

यह स्पष्ट है कि प्रमाण और इच्छा राशि एक ही जाति की होती है।

उदाहरण :

आधा कोच तिहाव जल दसईं अंश सेवार।
गज बावन बाकी बचै कतिक ताल विस्तार॥

किसी तालाब का आधा भाग कीचड़, तीसरा भाग जल, दसवाँ भाग सेवार है। यदि 52 वर्ग गज शेष बचता है तो ताल का विस्तार क्या है?

कीचड़, जल तथा सेवार के भागों का योग = $\frac{1}{2}+\frac{1}{3}+\frac{1}{10}$

$$= \frac{15 + 10 + 3}{30},$$

$$= \frac{14}{15}$$

यदि शेष $\frac{1}{15}$ भाग = 52 वर्ग गज,

तो पूरा ताल = 780 वर्ग गज।

बख्शाली ग्रंथ से एक उदाहरण :

अध्यर्ध पल क्रीते त्रिभागं क्षय गच्छति।
अष्टादश पल क्रीता किं क्षयं बद पण्डित॥

यदि डेढ़ पल खरीदने पर एक-तिहाई पल क्षय को प्राप्त होता है तो हे पंडित, बताओ, 18 पल खरीदा जाए तो कितना क्षय होगा?

उत्तर : 4 पल।

छेदा: परस्परहतां भवन्ति गुणकारभागहाराणाम्।
छेदगुणं सच्छेदं परस्परं तत्सवर्णत्वम्॥ 27॥

अर्थात् गुणाकार भागहार के छेद (हर) से गुणित होता है तथा भागहार गुणाकार के छेदों से गुणित होता है। छेद सहित राशि अर्थात् भिन्न राशियों में परस्पर अंश और हर के गुणन के सवर्णत्व अर्थात् सजातीयता प्राप्त होती है।

इस आर्या की प्रथम पंक्ति का संबंध पिछली आर्या से है। गोविंद स्वामी ने 'महाभास्करीय' के भाष्य में कहा है—[1] "यदि पुनः सच्छेदा राशयस्तदा प्रमाणच्छेदेन फलमिच्छां वा गुणयेत्। तच्छेदाभ्यां प्रमाणम्।" अर्थात् यदि राशियाँ हर वाली अर्थात् भिन्न हों तो प्रमाण के हर से फल या इच्छा को गुणना चाहिए तथा उनके हरों से प्रमाण को गुणना चाहिए।

गोविंद स्वामी की बात का स्पष्टीकरण करते हुए 'सिद्धांत दीपिका' में परमेश्वर कहते हैं[2]—"इच्छाप्रमाणफलराशीनां सच्छेदत्वे प्रमाणराशेः छेदेनेच्छाफलराश्योरेको निहन्तव्यः।"इच्छाफलच्छेदभ्यां द्वाभ्यामपि प्रमाणराशिर्निहन्तव्यः।" अर्थात् इच्छा,

---

1. गोविंद स्वामीकृत 'महाभास्करीय भाष्य', मद्रास, पृ. 8
2. महाभास्करीय भाष्य, पृ. 10

प्रमाण तथा प्रमाण फल राशियों के छेद-युक्त होने पर प्रमाण राशि के छेद से इच्छा एवं फल राशियों में केवल एक को गुणना चाहिए।..... इच्छा तथा फल दोनों के हर से प्रमाण राशि को गुणित करना चाहिए; परंतु 'आर्यभटीय भाष्य' में परमेश्वर ने इससे भिन्न अर्थ दिया है।

इसी प्रकार नीलकंठ 'आर्यभटीय भाष्य' कहते हैं[3]—"गुणकारशब्देनैव फलराशिरिच्छाराशिश्च गृह्येते 'गुणकारद्वयमि' त्यादिवत्। अतएव बहुत्वं च। गुणकारयोर्भागहारस्य चेत्यर्थः। परस्पर हताः, गुणकारच्छेदौ भागहारहतौ भाग्रहारच्छेदश्च गुणकार हतः।" अर्थात् गुणकार शब्द से फल राशि तथा इच्छा राशि दोनों का ग्रहण करना चाहिए। गुणकार दो हैं, इस कारण बहुवचन है। अर्थ यह है कि दोनों गुणकारों का तथा भागहारका। 'परस्पर हताः' का अर्थ है कि दोनों गुणकारों के छेदों से भागहार को गुणित किया जाए तथा भागहार के छेद से गुणकार को गुणित किया जाए।

पिछली आर्या का सूत्र है—

$$\text{इच्छा फल} = \frac{\text{प्रमाण फल} \times \text{इच्छा राशि}}{\text{प्रमाण}}$$

इसमें प्रमाण फल तथा इच्छा राशि गुणकार तथा प्रमाण भागहार है। यदि तीनों ही सच्छेद हों तो शुद्ध फल तब मिलेगा, जब प्रमाण फल अथवा इच्छा राशि में किसी एक को प्रमाण के हर से गुणित किया जाए और प्रमाण को प्रमाण फल तथा इच्छा राशि दोनों ही के हरों से गुणित किया जाए।

उदाहरण : यदि $\frac{7}{5}$ रुपए का $\frac{3}{4}$ किलो गेहूँ मिलता है तो $\frac{13}{2}$ रुपयों का कितना गेहूँ मिलेगा?

$$\text{इच्छा फल} = \frac{\frac{3}{4} \times \frac{13}{2}}{\frac{7}{5}} = \frac{3 \times 13 \times 5}{7 \times 4 \times 2} = \frac{195}{56} \text{ किलो।}$$

3. नीलकंठकृत 'आर्यभटीय भाष्य', गणितपाद, पृ. 156

यदि दोनों भिन्न $\frac{\text{क}}{\text{ख}}$ तथा $\frac{\text{ग}}{\text{घ}}$ हों तो क को घ से गुणित करने पर तथा ग को ख से गुणित करने पर सवर्णत्व होता है। यह भिन्नों के जोड़ने-घटाने के लिए प्रचलित नियम है। सवर्ण का अर्थ है एक ही हर (छेद) का होना।

गुणकारा भागहरा भागहरा ये भवन्नि गुणकाराः।
यः क्षेपः सोऽपचयोऽपचयः क्षेपश्च विपरीते॥ 28॥

अर्थात् (ज्ञात राशि से अज्ञात राशि प्राप्त करने के लिए) विपरीत कार्य में जिससे गुणा किया गया हो उससे भाग देना चाहिए, जिससे भाग दिया गया हो उससे गुणा करना चाहिए, जो जोड़ा गया हो उसे घटाना चाहिए तथा जिसे घटाया गया हो उसे जोड़ना चाहिए।

भास्कर के उदाहरण—

1. कोई संख्या 2 से गुणित की जाती है, फल में 1 जोड़ा जाता है, फिर 5 से भाग दिया जाता है, फिर 3 से गुणा किया जाता है, फिर 2 घटाया जाता है, फिर 7 से भाग दिया जाता है तो 1 प्राप्त होता है। प्रथम संख्या क्या थी?

प्रथम संख्या = $\left[\left\{(1 \times 7 + 2) \div 3\right\} \times 5 - 1\right] - 2$,

$= \left[(9 \div 3) \times 5 - 1\right] \div 2$

= 7।

2. वह कौन सी संख्या है, जिसमें 3 से गुणा करें, फिर 1 घटाएँ, फिर आधा करें, फिर 2 जोड़ें, फिर 3 से भाग दें और अंत में 2 घटाएँ तो 1 प्राप्त होगा?

प्रथम संख्या = $\left[\left\{(1 + 2) \times 3 - 2\right\} \times 2 + 1\right] \div 3$,

$= [7 \times 2 + 1]\ 3 \div 3$,

= 5।

राश्यूनं राश्यूनं गच्छधनं पिण्डितं पृथक्त्वेन।
व्येकेन पदेन हृतं सर्वधनं तद्भवत्येव॥ 29॥

अर्थात् यदि एक एक राशि हीन संघधन ज्ञात हों तो उनको अलग-अलग लिखकर जोड़ें तथा योग को पदों की संख्या से एक कम संख्या से विभाजित करें तो सब राशियों का जोड़ ज्ञात होगा।

भास्कर के उदाहरण—

1. एक वन में हाथियों के चार झुंड हैं—एक मदयुक्त का, दूसरा मदहीन का,

तीसरा हथिनियों का तथा चौथा किशोर हाथियों का। एक-एक झुंड छोड़कर झुंडों के हाथियों की संख्याएँ (क्रमशः) 30, 36, 49 तथा 50 हैं। सब हाथियों की ठीक संख्या तथा प्रत्येक झुंड के हाथियों की संख्या बताएँ?

कुल हाथियों की संख्या = $\frac{1}{3}(30 + 36 + 49 + 50) = 55$।

अतएव मद-युक्त हाथियों की संख्या = 55 - 30 = 25

मदहीन हाथियों की संख्या = 55 - 36 = 19

हथिनियों की संख्या = 55 - 49 = 6

किशोरों की संख्या = 55 - 50 = 5।

2. हाथियों, घोड़ों, बकरियों, गधों, ऊँटों, खच्चरों तथा गायों की संख्याओं के योग, एक-एक को छोड़ते हुए, 28 और 28 ही बार-बार 1 कम करके और अंतिम संख्या को एक और कम करके हैं। यदि आपने आर्यभट की गणित को गुरु से ठीक से पढ़ा है तो जानवरों की कुल संख्या और उनकी संख्याएँ अलग-अलग बताएँ?

कुल संख्या = $\frac{1}{6}(28 + 27 + 26 + 25 + 24 + 23 + 21)$

= 29

अतएव हाथी 1, घोड़े 2, बकरियाँ 3, गधे 4, ऊँट 5, खच्चर 6, गायें 8।

बख्शाली ग्रंथ का एक उदाहरण—

5 आदमियों में क्रमशः प्रथम, द्वितीय आदि को छोड़कर उनके धनों का योग 317, 347, 357, 362 तथा 365 है तो उनका सम्मिलित धन क्या है और उनके धनों के पृथक्-पृथक् परिमाण क्या हैं?

आदमियों का सम्मिलित धन

$= \frac{1}{4}(317 + 347 + 357 + 362 + 365)$,

= 437।

अतएव उनके धन क्रमशः 120, 90, 80, 75 तथा 72 हैं।

यदि प्रत्येक के धन $ध_1, ध_2 \cdots ध_न$ हैं तथा

$ग_1 = ध_2 + ध_3 + \cdots + ध_न, \; ग_2 = ध_1 + ध_3 + \cdots ध_न,$

$ग_प = ध_1 + ध_2 + \ldots ध_{प-1} + ध_{प+1} + \ldots + ध_न,$

तो $ग_1 + ग_2 + \ldots + ग_न = (न - 1)(ध_1 + ध_2 + \ldots + ध_न),$

और $ग = ध_1 + ध_2 + \ldots ध_न = \left(\frac{1}{न - 1}\right)(ग_1 + ग_2 + \ldots + ग_न)।$

गुलिकान्तरेण विभजेद् द्वयोः पुरुषयोस्तु रूपकविशेषम्।
लब्धं गुलिकामूल्यं यद्यर्थकृतं भवति तुल्यं॥ 30॥

अर्थात् यदि दो पुरुषों के कुल धन बराबर हों तो उनके रुपयों के अंतर को वस्तुओं के अंतर से विभाजित करने पर प्रत्येक वस्तु का मूल्य प्राप्त होता है।

भास्कर प्रथम के उदाहरण—

1. (दो व्यापारियों में) एक के पास 7 हृष्ट-पुष्ट तथा शुभ चिह्न-युक्त घोड़े तथा 100 रुपए हैं; दूसरे के पास 9 घोड़े तथा 80 रुपए हैं। यदि दोनों के धन बराबर हों और प्रत्येक घोड़े का मूल्य एक ही हो तो प्रत्येक घोड़े का मूल्य तथा उनमें से प्रत्येक के पास कुल धन क्या है?

प्रत्येक घोड़े का मूल्य $= \frac{100 - 80}{9 - 7} = 10$ रुपए।

यदि एक के पास क रुपए तथा ख घोड़े और दूसरे के पास ग रुपए तथा घ घोड़े हैं और प्रत्येक घोड़े का मूल्य य है तो

$क + ख य = ग + घ य,$

अथवा $क - ग = (घ - ख) य,$

अथवा $य = \frac{क - ग}{घ - ख}$

दोनों के धन $= क + ख \frac{क - ग}{घ - ख},$

$= 100 + 7 \times 10 = 170$ रुपए।

2. 7 यावत्तावत् + 7 रूपक = 2 यावत्तावत् + 12 रूपक तो एक यावत्तावत् का क्या मान है?

अथवा 5 यावत्तावत् = 5 रूपक,

1 यावत्तावत् = 1 रूपक।

3. 9 गुलिका - 24 रूपक = 2 गुलिका + 18 रूपक तो गुलिका का दाम क्या है?

9 गुलिका - 24 रूपक = 2 गुलिका + 18 रूपक,

अथवा 7 गुलिका = 42 रूपक,

अथवा 1 गुलिका = 6 रूपक।

भक्ते विलोमविवरे गतियोगेनानुलोमविवरे द्वे।
गत्यन्तरेण लब्धौ द्वियोगकालावतीतैष्यौ ॥ 31 ॥

अर्थात् यदि दो ग्रह विलोम गति वाले हों अर्थात् एक मार्गी तथा दूसरा वक्री हो तो उन दोनों की दूरियों को उनकी गति के योग से भाग देने पर और यदि वे अनुलोम गति वाले हों अर्थात् दोनों ही मार्गी अथवा वक्री हों तो उन दोनों की दूरियों को उनकी गति के अंतर से भाग देने पर उनके योग के अतीत और ऐष्य (आने वाला) काल प्राप्त होते हैं।

यदि दोनों ग्रहों में एक ग्रह मार्गी तथा दूसरा ग्रह वक्री हो और उनकी दूरी उनके विपरीत गमन के कारण बढ़ रही है तो योग का काल अतीत है; यदि उनकी दूरी घट रही है तो योगकाल ऐष्य है अर्थात् आने वाला है। इन दोनों स्थितियों में दोनों दूरियों में उनकी गति के योग से विभाजित करने पर अतीत अथवा ऐष्य आता है।

इसी प्रकार यदि वे दोनों ही वक्री अथवा मार्गी हैं तथा शीघ्र गति वाला आगे है तो योगकाल अतीत है और यदि मंद गति वाला आगे है तो योगकाल ऐष्य है।

भास्कर के उदाहरण—

1. एक आदमी वल्लभी से $1\frac{1}{2}$ योजन दैनिक गति से चलता है; दूसरा हरुकच्छ से (उसी रास्ते पर) $1\frac{1}{4}$ योजन दैनिक गति से चलता है। उन दोनों स्थानों के बीच की दूरी 18 योजन ज्ञात है। हे गणितज्ञ, बताओ कि वे कितने काल के बाद मिलेंगे?

यदि वे य दिन बाद मिलते हैं तो पहला इतने काल में $\frac{3}{2}$ य योजन चलेगा तथा दूसरा $\frac{5}{4}$ य योजन चलेगा। अत:

$$\frac{3}{2} \text{ य} + \frac{5}{4} \text{ य} = 18$$

अथवा 11 य = 18 × 4

$$\text{अथवा य} = \frac{72}{11} = 6\frac{6}{11} \text{ दिन।}$$

1. एक आदमी वल्लभी से गंगा को 1½ योजन दैनिक गति से जाता है और दूसरा शिवभागपुर से $\frac{2}{3}$ योजन दैनिक गति से चलता है। विद्वानों ने कहा है कि उनके बीच की दूरी 24 योजन है। यदि वे दोनों एक ही मार्ग पर चलते हैं तो कितने काल के पश्चात् एक-दूसरे से मिलेंगे ?

यदि वे य दिन बाद मिलते हैं तो पहला काल में $\frac{3}{2}$ य योजन चलता है और दूसरा इतने ही काल में $\frac{2}{3}$ य योजन चलता है। अतः

$$\frac{3}{2} \text{ य} - \frac{2}{3} \text{ य} = 24,$$

$$\text{अथवा } \frac{5\text{य}}{6} = 24,$$

$$\text{अथवा य} = \frac{144}{5}$$

$$= 28\frac{4}{5} \text{ ।}$$

कुट्टक

अधिकाग्रभागहारं छिन्द्यादूनाग्रभागहारेण।
शेषपरस्परभक्तं मतिगुणमग्रान्तरे क्षिप्तम्॥ 32॥
अध उपरिगुणितमन्त्ययुगूनाग्रच्छेदभाजिते शेषम्।
अधिकाग्रच्छेदगुणं द्विच्छेदाग्रमधिकाग्रयुतम्॥ 33॥

अर्थात् अधिक शेष वाले भाजक को कम शेष वाले भाजक से भाग देना चाहिए। फिर शेषों को भी परस्पर तब तक विभाजित करना चाहिए जब तक शेषों से प्राप्त लब्धियों की सम संख्या न प्राप्त हो जाए। फिर अंतिम शेष को किसी भी ऐसी स्व-कल्पित राशि से गुणा करके तथा शेषों के अंतर को जोड़कर फल में अंतिम भाजक से भाग देना चाहिए कि फल भाजक से पूर्णतः विभाजित हो जाए। फिर लब्धियों, स्व-कल्पित राशि (जिसे मति कहते हैं) तथा मतिगुणित राशि में अग्रांतर जोड़ने से प्राप्त फल से मिली लब्धि को ऊपर-नीचे एक वल्ली में रखें। वल्ली में उपांत्य को ऊपर वाली राशि से गुणा कर अंतिम राशि को जोड़कर उपांत्य के ऊपर रखें और अंत्य (अंतिम राशि को) मिटा दें। यह तब तक करें जब तक केवल दो राशियाँ रह जाएँ। फिर ऊपर की संख्या को कम शेष वाले भाजक से विभाजित करें तथा शेष में अधिकाग्र भाजक से गुणा करके अधिकाग्र को जोड़ दें तो इष्ट राशि प्राप्त होगी।

'शेष परस्पर भक्तं' का यह अर्थ है कि शेषों से विभाजित लब्धियों की संख्या सम होनी चाहिए। यह सब एक उदाहरण से स्पष्ट होगा।

उदाहरण—

1. वह कौन सी संख्या है, जिसमें 7,509 से भाग देने से 13 शेष आता है और 5,301 से भाग देने से 25 शेष आता है?

इसमें 5,301 अधिकाग्र है तथा 7,509 ऊनाग्र है।

यदि इष्ट संख्या स है तो

स = 7,509 य + 13 = 5,301 र + 25,

```
7,509)   5,301(0
              0
        ─────────
        5,301)  7,509  (1
                5,301
                ─────
```

```
2,208) 5,301 (2
       4,416
       ─────
         885) 2,208 (2
              1,770
              ─────
                438) 885 (2
                     876
                     ───
                       9) 438(48
                          36
                          ──
                           78
                           72
                           ──
                            6) 9 (1
                               6
                               ─
                              3 × 2 + 12 = 18
                              6) 18 ( 3
                                 18
                                 ──
                                  ×
                                 ──
```

वल्ली							
	1	1	1	1	1	1	4,149
	2	2	2	2	2	2,929	2,929
	2	2	2	2	1,220	1,220	
	2	2	2	489	489		
	48	48	242	242			
	1	5	5				
(मति)	2	2					
	3						

इसमें मति 2 है। स्व-कल्पित (मति) से उस स्थिति में शेष को गुणित करके अग्रांतर में जोड़ते हैं, जब भाजक तथा शेष इतने छोटे हों कि सरलता से मति के मान को चुना जा सके। वल्ली में लब्धियों को फिर मति को और अंत में अंतिम लब्धि को रखा गया है। उपांत्य 2 से उसके ऊपर की संख्या 1 में गुणित कर अंतिम संख्या

3 में जोड़ते हैं। प्राप्त राशि 5 को 1 के स्थान पर रखकर अंतिम संख्या 3 को मिटा देते हैं। इसी प्रकार अगली पंक्ति में करते हैं। 4,149 में 7,509 का भाग देने से वही शेष आता है। अत: र = 4,149 तथा य = 2,929 तथा स = 4,149 × 5,301 + 25 = 2,19,93,874। यह देखा जा सकता है कि प्रश्न में हम य और र के भी मान प्राप्त करते हैं। अतएव इसको एक वर्ग समीकरण का रूप भी दिया जा सकता है, जिसमें य तथा र अज्ञात राशियाँ होंगी। यह समीकरण होगा—

7,509 य = 5,301 र + 12।

इसमें सभी राशियाँ 3 से विभाज्य हैं। अत: विभाजन के कार्य प्रारंभ से पहले यह देख लेना चाहिए कि क्या भागहार और अग्रांतर किसी संख्या से विभाज्य हैं या नहीं। यदि भागहार किसी संख्या से विभाज्य हों और अग्रांतर उसी संख्या से विभाज्य न हो तो कुट्टक का प्रश्न हल नहीं किया जा सकता है। यदि क और ख भागहार हैं और ग अग्रांतर है तथा क एवं ख किसी संख्या च से विभाज्य हैं तो

क य = ख र + ग,

अथवा क य − ख र = ग,

अथवा च (क' य − ख' र) = ग, जिसमें क = क' च एवं ख = ख' च।

$$\text{अत: क' य − ख' र} = \frac{\text{ग}}{\text{च}}\text{।}$$

यदि क', ख', य, र सभी पूर्णांक होना है तो $\frac{\text{ग}}{\text{च}}$ को भी पूर्णांक होना चाहिए।

3 से विभाजित करने के पश्चात् उपर्युक्त प्रश्न में वल्ली में कोई अंतर नहीं पड़ता। केवल शेष 3 से विभाजित हो जाते और विभाजन का कार्य सरल हो जाता। यह भी आवश्यक नहीं कि शेषों से विभाजित लब्धियाँ सम हों। परंतु यदि वे विषम हों तो मति को ऐसा चुनना चाहिए कि इससे शेष को गुणा करने पर और अग्रांतर घटाने पर फल पिछले भाजक से विभाज्य हों।

2. चार चोरों ने एक बाग में से कुछ आम चुराए और यह निश्चय करके कि आमों को सवेरे बाँटेंगे, सो गए। कुछ देर बाद एक चोर उठा। उसने आमों के चार भाग किए तो 1 आम शेष रहा। उसने एक भाग तथा 1 आम अलग छिपा दिया और तीन भाग एक में मिला दिए और सो गया। कुछ देर बाद एक चोर उठा। उसने भी बचे आमों के चार भाग किए तो 1 आम बचा रहा। उसने भी 1 आम और एक भाग

छिपा दिया और शेष तीन भाग इकट्ठा रखकर सो गया। ऐसा ही तीसरे तथा चौथे ने भी किया। हर बार 1 आम शेष रहा और दोनों ने एक भाग और 1 आम छिपा दिए। सवेरे चारों ने बचे आमों के चार भाग किए तो कोई आम शेष न रहा। उन्होंने कम-से-कम कितने आम चुराए थे।

यदि कुल आमों की संख्या य थी तो

पहले चोर के आमों को छिपाने के पश्चात् बचे आमों की संख्या

$$= 3\frac{\text{य} - 1}{4} = \frac{3\,\text{य} - 3}{4},$$

दूसरे चोर के आमों को छिपाने के पश्चात् बचे आमों की संख्या

$$= \frac{3}{4}\left(\frac{3\,\text{य} - 3}{4} - 1\right) = \frac{9\text{य}}{16} - \frac{21}{16}$$

तीसरे चोर के आमों को छिपाने के पश्चात् बचे आमों की संख्या

$$= \frac{3}{4}\left(\frac{9\,\text{य}}{16} - \frac{37}{16}\right) = \frac{27\,\text{य}}{64} - \frac{111}{64}\text{।}$$

चौथे चोर के आमों को छिपाने के पश्चात् बचे आमों की संख्या

$$= \frac{3}{4}\left(\frac{27\,\text{य}}{64} - \frac{175}{64}\right)$$

यदि सवेरे प्रत्येक चोर को र आम मिले तो

$$\frac{81\,\text{य}}{256} - \frac{525}{256} = 4\,\text{र}$$

अथवा $81\,\text{य} = 1{,}024\,\text{र} + 525$,

अथवा $81\,(\text{य} - 6) = 1{,}024\,\text{र} + 39$।

इसमें अधिकाग्र भाजक 1,024, ऊनाग्र भाजक 81 है। अग्रांतर 525 है, जो ऊनाग्र भाजक के 6 गुने से अधिक है। ऊनाग्र के 6 गुने को इसमें से घटाकर नया समीकरण है।

$81\,\text{य} = 1{,}024\,\text{र} + 39$, जिसमें $\text{य}' = \text{य} - 6$ है।

उपर्युक्त विधि से इसकी वल्ली इस प्रकार है—

1	1	1	1	60
1	1	1	39	39
1	1	21	21	
3	18	18		
3 (मति)	3			
9				

अतएव र = 60 तथा य = 759 अथवा य = 765। अतएव चोरों ने कम-से-कम 765 आम चुराए थे।

कुछ पाश्चात्य विद्वानों ने कहा है कि यह पता नहीं है कि किस प्रकार के प्रश्नों को हल करने के लिए आर्यभट ने यह विधि निकाली थी। वस्तुतः इस विधि से आर्यभट ने ज्योतिष के प्रश्नों को हल किया था। ज्योतिष संबंधी ऐसे बहुत से प्रश्न भास्कर ने 'आर्यभटीय भाष्य' में दिए हैं। उनमें से कुछ को देने से पहले उपर्युक्त प्रश्न को थोड़ा सरलीकृत करके हल किया जाएगा। हमें जो समीकरण मिला था, वह था—

81 य = 1,024 र + 525 (क)

यदि स्पष्ट है कि हम

81 य = 1,024 र + 1 (ख)

समीकरण के लिए हल निकालें कि वे य = $य_1$ तथा र = $र_1$ हैं तो

$य^{1}$ = 525 $य_1$ तथा $र^{1}$ = 525 $र_1$ पहले समीकरण के हल होंगे, यद्यपि ये हल न्यूनतम नहीं होंगे; पर हम देखेंगे कि न्यूनतम हल प्राप्त करने में आर्यभट के नियम का पूरा उपयोग होगा। समीकरण (ख) की वल्ली होगी—

1	1	1	1	14
1	1	1	9	9
1	1	5	5	
3	4	4		
1 (मति)	1			
1				

अतएव समीकरण (ख) के लिए य = 177 तथा र = 14 और समीकरण (क) के लिए य = 177 × 525 = 92,925 तथा र = 7,350। अब 7,350 में 81 से भाग देने पर लब्धि 90 तथा शेष 60 जो र का मान है। ऐसे ही 92,925 में 1,024 का भाग देने से लब्धि 90 तथा शेष 765 है, जो य का न्यूनतम मान है। इस

तरह यह भी स्पष्ट है कि य तथा र के व्यापक मान होंगे य = 1,024 च + 765 तथा र = 81 च + 60।

अब भास्कर के ज्योतिष संबंधी कुछ उदाहरण दिए जा रहे हैं—

1. सूर्य द्वारा गमन किए हुए भगण, राशि तथा अंश सभी वायु द्वारा उड़ गए हैं। केवल 5 लिप्तिका ही दृष्टिगोचर हो रही है। यदि आप आश्मकीय (गणित) को जानते हैं तो क्षण भर में द्युगण तथा सूर्य द्वारा गमन किए हुए भगण आदि बताएँ।

कल्पना कीजिए कि अहर्गण य है। इसको 43,20,000 से गुणा करके युगीय सावन दिन 1,57,79,17,500 से भाग देने पर भगणादि प्राप्त होते हैं। अतएव

$$\text{भगणादि} = \frac{43,20,000\ \text{य}}{1,57,79,17,500} = \frac{576\ \text{य}}{2,10,389}$$

$$\text{अतएव, अंशादि} = \frac{576 \times 360\ \text{य}}{2,10,389} = \frac{2,07,360\ \text{य}}{2,10,389}$$

प्रश्न के अनुसार 5 लिप्तिकाएँ ज्ञात हैं। इसको 2,10,389 से गुणित करके 60 से भाग देने पर 17,532 प्राप्त होता है। अतएव

$$\frac{2,07,360\ \text{य} - 17,532}{2,10,389} = \text{पूर्ण अंश} = \text{र}। \qquad (\text{क})$$

पहले हम

$$\frac{2,07,360\ \text{य} - 1}{2,10,389} = \text{र अथवा } 2,07,360\ \text{य} = 2,10,389\ \text{र} + 1 \qquad (\text{ख})$$

के लिए य तथा र के मान निकालेंगे। इसके लिए वल्ली है—

68	68	68	68	68	68	59,011
2	2	2	2	2	862	862
5	5	5	5	395	395	
2	2	2	72	72		
17	17	35	35			
1	2	2				
1	2	2				
1 (मति)	1					
1						

अतः (ख) समीकरण के लिए र = 59,011 तथा य = 59,873। अतएव समीकरण (क) के लिए य = 59,873 × 17,532 − 2,10,389 × 4,989 = 62,715, तथा र = 59,011 × 17,532 − 2,07,360 × 4,989 = 61,812।

अतएव अहर्गण = 62,715 तथा सूर्य का गमन = 171 भगण, 8 राशि, 12 अंश एवं 5'।

2. किसी बुधवार को मध्यम सूर्य धनु राशि के 25 अंश 36 कला दश विकला पर है तो विशद रूप से कहिए कि किस काल में भविष्य में सूर्य उसी स्थान पर बृहस्पति, शुक्र अथवा बुधवार को होगा?

धनु राशि नौवीं राशि है। अतएव सूर्य की स्थिति = 8 राशि, 25°, $36'$, $10''$ = $9{,}56{,}170''$।

इसको 2,10,389 से गुणा करके भगण बनाने पर 1,55,222 प्राप्त होता है। अतएव यदि बुधवार तक अहर्गणों की संख्या य थी तो

$$\frac{576 \text{ य} - 1{,}55{,}222}{2{,}10{,}389} = \text{र}\ ।$$

अग्रांतर 1 मानकर समीकरण है।

576 य = 2,10,389 र + 1

और इसको हल करने के लिए वल्ली है—

	3	3	3	3	259
	1	1	1	67	67
	6	6	58	58	
	2	9	9		
(मति)	4	4			
	1				

अतएव र = 259 तथा य = 94,602।

अब अग्रांतर यदि 1,55,222 है तो

र = 259 × 1,55,222 − 576 × 69,796 = 2, य = 1,000।

अब हमें यह ज्ञात करना है कि कितने दिनों बाद सूर्य की यही स्थिति फिर बृहस्पति को होगी। यदि ऐसा व दिनों बाद होता है तो

$$\frac{576 \text{ व}}{2,10,389} = \text{पूर्णांक} \quad \text{तथा} \quad \frac{\text{व} - 1}{7} = \text{पूर्णांक।}$$

अतः $\text{व} = 2,10,389 \times \text{श}$ तथा $\frac{2,10,389 \text{ श} - 1}{7} = \text{पूर्णांक} = \text{स},$

अथवा $\text{स} = 30,055 \text{ श} + \frac{4 \text{ श} - 1}{7}$।

श का निम्नतम मान, जिसके लिए $\frac{4 \text{ श} - 1}{7}$ पूर्णांक है, 2 है। अतएव

$\text{व} = 2,10,389 \times 2 = 4,20,778$

और कलियुग के आरंभ से अहर्गण = 4,20,778 + 1,000 = 4,21,778।

इसी तरह यह सिद्ध किया जा सकता है कि शुक्र के लिए श का निम्नतम मान 4 होगा तथा अहर्गण = 2,10,389 × 4 + 1,000 = 8,42,556 तथा बुधवार के लिए श का निम्नतम 7 होगा और अहर्गण 2,10,389 × 7 + 1,000 = 14,73,723।

3. अहर्गण और नड़िकाओं के लिए गणन किया हुआ सूर्य का भगण आदि वायु द्वारा उड़ा दिए गए हैं। केवल 71 शेष कलाएँ मुझे दिखाई दे रही हैं तो अहर्गण, ठीक नड़िकाएँ तथा सूर्य की स्थिति मुझे बताएँ।

कल्पना कीजिए कि अहर्गण य, घटिकाएँ र तथा सूर्य की स्थिति की कलाएँ व हैं तो

$$\frac{576 \times 12 \times 30 \times 60 \left(\text{य} + \frac{\text{र}}{60}\right)}{2,10,389} = \text{व} + \frac{71}{2,10,389}$$

अथवा $576 \times 12 \times 30 (60 \text{ य} + \text{र}) = 2,10,389 \text{ व} + 71,$

अथवा $2,07,360 \text{ य}' = 2,10,389 \text{ व} + 71$

इसके लिए वल्ली है—

68	68	68	68	68	68	6,64,661
2	2	2	2	2	9,709	9,709
5	5	5	5	4,449	4,449	
2	2	2	811	811		

17	17	394	394
1	23	23	
3 (मति)	3		
20			

6,64,661 में ऊनाग्र 2,07,360 से भाग देने पर 42,581 शेष आता है, जो व का मान है। अतएव $य^{1} = \dfrac{2,10,389 \times 42,581 + 71}{2,07,360}$

$$= 42,581 + \frac{3,029 \times 42,581 + 71}{2,07,360}$$

$= 42,581 + 622,$

$= 43,203$।

अतएव अहर्गण 720, घटिका 3, सूर्य की स्थिति $42,581^{1} = 1$ भगण, 11 राशि, 19°, 41^{1}।

4. सूर्य के आठवें भवन (राशि) की 100 कलाएँ अभी शेष हैं। अतएव हे बुद्धिमान, यदि आपको आश्मकीय गणित का ज्ञान है तो सोचकर बताइए कि आज तक कलि के कितने वर्ष बीत गए और यह भी बताइए कि कलि के कितने दिन बीत गए?

प्रश्न के अनुसार सूर्य की स्थिति = 7 राशि 28° 20^{1},

$= 14,300^{1}$।

भगण पूरा करने के लिए कलाओं की संख्या 7,300 है। इनको 2,10,389 से गुणा कर 21,600 से भाग देने पर लब्धि = 71,104। अत: समीकरण है—

576 य + 71,104 = 2,10,389 र,

जिसमें य अहर्गण है तथा र भगण संख्या है। अतएव वल्ली है—

365	365	365	365	52,36,225
3	3	3	14,336	14,336
1	1	3,585	3,585	
6	3,581	3,581		
4 (मति)	4			
3,557				

52,36,225 में 2,10,389 से भाग देने पर शेष 1,86,889 आता है, जो य

का मान है। इससे र का मान 512 आता है। अतएव अहर्गण 1,86,889 और कलिगत वर्ष 511 आते हैं।

5. कुछ दिनगण को सूर्य एवं मंगल (दृढ़) दिनों से विभाजित किया गया। परंतु मुझे लब्धियाँ ज्ञात नहीं हैं। बचे दोनों शेष (दिन) भी मुझे दिखाई नहीं पड़ते। फिर इन शेषों को उनके (दृढ़) भगणों से गुणित कर उनके (दृढ़) दिनों से विभाजित करने से प्राप्त लब्धियाँ भी वायु द्वारा उड़ा दी गई हैं। दोनों अग्र अब हैं। ये सूर्य के लिए 38,472 तथा मंगल के लिए 7,71,80,625 हैं। हे गणक, इनसे सूर्य और मंगल के लिए पृथक् अहर्गण तथा दोनों के अग्र क्रम से गणना करके बताइए।

मंगल का युगीय भगण 22,96,824 है। इसका तथा युगीय दिनों का महत्तम समापवर्तक 12 है। अतएव मंगल का दृढ़ भगण 1,91,402 है तथा दिन 13,14,93,125 है। यदि अहर्गण क है तो सूर्य और मंगल के लिए समीकरण क्रमशः

$$\frac{\text{क}}{2,10,389} = \text{य} + \frac{\text{र}}{2,10,389},$$

$$\text{तथा } \frac{\text{क}}{13,14,93,125} = \text{ल} + \frac{\text{व}}{13,14,93,125},$$

$$\text{एवं } \frac{576\ \text{र}}{2,10,389} = \text{श} + \frac{38,472}{2,10,389},$$

$$\frac{1,91,402\ \text{व}}{13,14,93,125} = \text{ष} + \frac{7,71,80,625}{13,14,93,125} \text{ हैं।}$$

वस्तुतः सूर्य के लिए भगणादि $\frac{576\ \text{क}}{2,10,389}$ तथा मंगल के लिए $\frac{1,91,402\ \text{क}}{13,14,93,125}$ हैं।

परंतु सरल करने के लिए दोनों के दृढ़ दिनों से क में भाग देकर लब्धियाँ प्राप्त कर ली गई हैं।

सूर्य के लिए सरलीकृत समीकरण है—

576 र = 2,10,389 श + 38,472,

तथा वल्ली

3 3 3 3 1,15,800
1 1 1 30,022 30,022
6 6 25,734 25,734
2 4,288 4,288
6 (मति) 6
4,276

1,15,800 को 576 से विभाजित करने पर शेष 24 आता है, जो श का मान है। अतएव र का मान 8,833 है।

मंगल के लिए समीकरण है—

1,91,402 व = 13,14,93,125 ष + 7,71,80,625

अथवा

1,91,402 व = 1,91,402 (686 ष + 403) + 45,619 + 1,91,353 ष,

अथवा

1,91,402 (व − 686 ष − 403) = 1,91,402व' = 1,91,353 ष + 45,619

इसकी वल्ली हुई

1 1 931
3905 931 931
0 (मति) 0
931

तथा ष = 931 और ब = 6,40,000।

अब क का मान निकालने के लिए समीकरण

क = 2,10,389 य + 8,833 = 13,14,93,125 ल + 6,40,000,

अथवा 2,10,389 य = 13,14,93,125 ल + 6,31,167,

अथवा य = 625 ल + 3

अत: य = 628 तथा ल = 1 और क = 13,21,33,125।

6. सूर्य और चंद्रमा की कक्ष्याविधि से गणना करने पर रवि का शेष 19,35,04,44,582 तथा चंद्रमा का शेष 1,26,90,00,000 हैं। दोनों शेषों के लिए अहर्गण तथा उनके भगण बताइए।

$$\text{कक्ष्या विधि में ग्रह की मध्यम स्थिति} = \frac{\text{आकाश कक्ष्या} \times \text{अहर्गण}}{\text{ग्रह कक्ष्या} \times \text{युग में सावन दिन}}$$

'दशगीतिका' की चौथी आर्या में ये मान निकाले गए हैं।

आकाश कक्ष्या = 1,24,74,72,05,76,000 योजन,

रवि कक्ष्या = $28,87,666\frac{4}{5}$ योजन,

चंद्र कक्ष्या = 2,16,000 योजन।

$$\text{अतः सूर्य की स्थिति} = \frac{1,24,74,72,05,76,000 \times \text{अहर्गण}}{28,87,666\frac{4}{5} \times 1,57,79,17,500} \text{ भगण,}$$

$$= \frac{12,47,47,20,57,600 \times \text{अहर्गण}}{1,44,38,334 \times 31,55,83,500} \text{ भगण,}$$

$$= \frac{13,63,35,744 \times \text{अहर्गण}}{1,44,38,334 \times 3,449} \text{ भगण,}$$

$$= \frac{13,63,35,744 \times \text{अहर्गण}}{49,79,78,13,966} \text{ भगण,}$$

$$\text{चंद्रमा की स्थिति} = \frac{1,24,74,72,05,76,000 \times \text{अहर्गण}}{2,16,000 \times 1,57,79,17,500} \text{ भगण,}$$

$$= \frac{13,63,35,744 \times \text{अहर्गण}}{3,72,49,20,000} \text{ भगण,}$$

यदि सूर्य तथा चंद्रमा के पूर्ण भगण य तथा र हैं तो

13,63,35,744 × अहर्गण = 49,79,78,13,966 य + 19,35,04,44,582,

= 3,72,49,20,000 र + 1,26,90,00,000

अथवा 49,79,78,13,966 य + 18,08,14,44,582 = 3,72,49,20,000 र।

20,694 से भाग देने पर

24,06,389 य + 8,73,753 = 1,80,000 र,

1,80,000 (13 य + 4) + 66,389 य + 1,53,753 = 1,80,000 र,

अथवा 66,389 य + 1,53,753 = 1,80,000 $र^{।}$; $र^{।}$ = र – 13य – 4।

इसका हल निकालने के लिए हम दूसरे समीकरण का हल निकालेंगे, जिसमें क्षेप संख्या 1 है। इसकी वल्ली है—

2
1
2
2
6
2
1
1
3
3
5 (मति)
4

इससे य का मान 47,491 आता है। अतएव वास्तविक समीकरण के लिए

य = 1,53,753 × 47,491 – 1,80,000 × 40,566,

= 3,723।

अतएव $र^{।} = \dfrac{66{,}389 \times 3{,}723 + 1{,}53{,}753}{1{,}80{,}000}$

$= \dfrac{24{,}73{,}20{,}000}{1{,}80{,}000} = 1{,}374$।

तथा र = $र^{।}$ + 13 य + 4 = 49,777।

एवं अहर्गण = $\dfrac{3{,}72{,}49{,}20{,}000 \times 49{,}777 + 1{,}26{,}90{,}00{,}00}{13{,}63{,}35{,}744}$।

$$= \frac{18,54,16,61,18,40,000}{13,63,35,744},$$

= 13,60,000।

परमेश्वर ने 'आर्यभटीय के भाष्य' में एक और उदाहरण दिया है, जिसका उपयोग भी ज्योतिष संबंधी प्रश्नों को हल करने के लिए किया जा सकता है।

प्रश्न : वह कौन सी राशि है, जिसमें 8 से गुणा करके 29 से भाग देने पर 4 शेष रहता है तथा उसमें 17 से गुणा करके 45 से भाग देने पर 7 शेष रहता है?

यदि राशि य है तो 8 य = 29 र + 4,

17 य = 45र' + 7।

इन समीकरणों में यह देखा जा सकता है कि य का वही स्थान है, जो ज्योतिष संबंधी प्रश्नों में अहर्गण का होता है। 8 एवं 17 दो भिन्न ग्रहों के दृढ़ भगण तथा 29 और 45 क्रमशः उनके दृढ़ वासर हैं। र तथा र' वे पूरे भगण हैं, जो वे य दिनों में पूरा कर चुके हैं।

कुट्टक विधि से पहले समीकरण के लिए य का मान 15 प्राप्त किया जा सकता है, परंतु दूसरे समीकरण के लिए यह मान उपयुक्त नहीं है। अतः हम इसके लिए अधिक व्यापक मान 29 व + 15 लेंगे।

इसी प्रकार दूसरे के लिए य का निम्नतम मान 11 आता है और व्यापक मान 45व' + 11 है। व तथा व' के मान वे होने चाहिए कि

29 व + 15 = 45 व' + 11 हो

वल्ली

	1	1	1	1	34
	1	1	1	22	22
	1	1	12	12	
	4	10	10		
2 (मति)		2			
	2				

34 में 45 का भाग देने से शेष 34 ही है, अतएव

य = 29 × 34 + 15,

= 1001।

गाँवों में प्राचीन काल से प्रचलित कुट्टक संबंधी कुछ अन्य प्रश्न—

1. बीस रुपैया बीसै जीव। सूका छेण अधन्नी गाय। पाँच रुपैया भैंस बिचाय। बीस रुपयों के बीस जीव मिलते हैं। एक बकरी का दाम चार आना, एक गाय का दाम आठ आना तथा एक भैंस की कीमत पाँच रुपए हैं, तो कितनी बकरियाँ, कितनी गायें तथा कितनी भैंसें हैं?

(गाय = भैंस = 3, बकरियाँ = 14)

2. एक मन लोहा सौ हथियार। पउआ छूरी सेर कटार। पंच-पंच सेर बनै तलवार।

एक मन लोहे में 100 हथियार बनते हैं। चाकू एक पाव का, कटार एक सेर की तथा तलवार पाँच सेर की बनती है तो कितने चाकू, कितनी कटारें तथा कितनी तलवारें बनती हैं?

(96 चाकू, 1 कटार, 3 तलवार)

3. एक काश्तकार के पास कुल 20 बीघे जमीन है और कुल लगान भी 20 रुपए है। यदि गाँव के पास की जमीन का लगान ढाई रुपए प्रति बीघे, गाँव से कुछ दूर की जमीन का लगान डेढ़ रुपए प्रति बीघे तथा बहुत दूर की जमीन का लगान चार आने प्रति बीघे हो तो प्रत्येक प्रकार की जमीन कितनी है?

(पास की जमीन 5 बीघे, बीच की 3 बीघे, दूर की 12 बीघे)

4. 100 पैसे के 100 बरतन मिलते हैं। एक पैसे के 20 पुरवे, एक पैसे का 1 घड़ा तथा 5 पैसे का 1 कुंडा मिलता है तो प्रत्येक प्रकार के कितने बरतन हैं?

(पुरवे 80, घड़ा 1, कुंडा 19)

हल करने की विधि सबके लिए एक ही है। अतएव केवल पहले प्रश्न को हल किया जाता है। कल्पना कीजिए कि गायों की संख्या य तथा भैंसों की संख्या र है तो बकरियों की संख्या 20–य–र होगी।

अतएव, $5\text{य} + \frac{\text{र}}{2} + \frac{1}{4}(20 - \text{य} - \text{र}) = 20$

अथवा $19\,\text{य} + \text{र} = 60$।

कुट्टक की विधि का उपयोग हो सके, इसके लिए ऊपर के समीकरण में हम थोड़ा परिवर्तन करेंगे। कल्पना कीजिए कि य + र = व तो उपर्युक्त समीकरण हुआ—

$19\,\text{व} = 18\,\text{र} + 60$

19) 18 (0

0

18) 19 (1
18

1

1 × 78 − 60 = 18

इसमें 18 का भाग देने से लब्धि = 1, अतएव

वल्ली

1	79
78 (मति)	78
1	

इसमें शेष 1 में 78 से गुणा करके अग्रांतर 60 घटाया गया है, क्योंकि शेषों से प्राप्त लब्धियों की संख्या सम नहीं है। ऊनाग्र 19 से 79 में भाग देने पर शेष 3 प्राप्त होता है, जो र का मान है। अतएव,

19 व = 54 + 60,

अथवा व = 6,

अतएव य = व − र = 6 − 3 = 3

अत: गायों की संख्या 3, भैंसों की संख्या 3 तथा बकरियों की संख्या 14 है।

इस समीकरण के स्थान पर यदि हम समीकरण 19 व = 18 र + 1 का हल निकालना चाहते तो हम तुरंत देख सकते हैं कि इसके लिए व तथा र के न्यूनतम मान व = 1 = र हैं। अतएव प्रथम समीकरण के लिए र = 60 = व। 60 में ऊनाग्र 19 का भाग देने से शेष 3, र का न्यूनतम मान है और पूर्वोक्त विधि से अथवा 60 से 18 का भाग देने से शेष 6, व का न्यूनतम मान है।

कुट्टक का तार्किक आधार

अब हम कुट्टक की विधि का थोड़ा तार्किक विवेचन करेंगे। मान लीजिए, कोई संख्या स है, जिसमें क से भाग देने पर शेष च प्राप्त होता है और ख से भाग देने पर शेष छ प्राप्त होता है तथा छ से च बड़ा है। अतएव,

स = क य + च = ख र + छ,

जिसमें क अधिकाग्र भागहार तथा ख ऊनाग्र भागहार हैं। यदि च − छ = ग, तो दो अज्ञात राशि एक घात समीकरण होगा।

क य + ग = ख र।

आर्यभट के निर्देश के अनुसार, हमें य का ऐसा मान प्राप्त करना है, जिससे (क य + ग) राशि ख से पूर्णतया विभाजित हो जाए। यदि ऊनाग्र भागहार ख से अधिकाग्र भागहार क को विभाजित करने पर लब्धि ल तथा शेष $श_1$ है तो

क य + ग = (ख ल + $श_1$) य + ग = ख ल य + ($श_1$ य + ग),

और यदि य के किसी मान य' से ($श_1$ य' + ग) राशि ख से पूर्णतया विभाज्य है तो ख लय' + ($श_1$ य' + ग) भी ख से विभाज्य होगा। अतएव य का य मान ज्ञात करने के लिए ($श_1$ य + ग) का ही महत्त्व है, लब्धि ल का नहीं है। अतएव वल्ली में इसकी आवश्यकता नहीं है। हमें समीकरण

$श_1$ य + ग = ख र

का विवेचन करने की आवश्यकता है। यदि ($श_1$ य + ग) राशि ख से विभाज्य है अर्थात् यदि

$$\frac{श_1 \text{ य} + \text{ग}}{\text{ख}} \text{ पूर्णांक} = \text{र},$$

$$\text{तो य} = \frac{\text{ख र} - \text{ग}}{श_1} \text{ भी पूर्णांक है।}$$

यदि ख = $श_1$ $ल_1$ + $श_2$ तो

$$\text{य} = \frac{(श_1 \, ल_1 + श_2) \text{ र} - \text{ग}}{श_1} = \text{पूर्णांक} = ल_1 \text{ र} + \frac{श_2 \text{ र} - \text{ग}}{श_1} \text{।}$$

$$\text{यदि } \frac{श_2 \text{ र} - \text{ग}}{श_1} = य_1 \text{ तो य} = ल_1 \text{ र} + \text{य होगा।}$$

$$\text{यदि } \frac{श_2 \text{ र} - \text{ग}}{श_1} = \text{पूर्णांक} = य_1 \text{ तो } \frac{श_1 \, य_1 + \text{ग}}{श_2} = \text{र} = \text{पूर्णांक।}$$

$$\text{यदि } श_1 = श_2 \, ल_2 + श_3, \text{ तो र} = \frac{(श_2 \, ल_2 + श_3) \, य_1 + \text{ग}}{श_2}$$

$$= ल_2 य_1 + \frac{श_3 य_1 + ग}{श_2}।$$

$$यदि \frac{श_3 य_1 + ग}{श_2} = पूर्णांक = र_1, तो\ र = ल_2 य_1 + र_1 ।$$

$$यदि \frac{श_3 य_1 + ग}{श_2} = र_1, तो\ य_1 = \frac{श_2 र_1 - ग}{श_3}$$

$$= \frac{(श_3 ल_3 + श_4) र_1 - ग}{श_3} = ल_2 र_1 + \frac{श_4 य_1 + ग}{श_3}।$$

$$यदि \frac{श_4 र_1 - ग}{श_3} = य_2 तो\ य_1 = ल_3 र_1 + य_2 ।$$

$$इसी\ तरह\ र_1 = \frac{श_3 य_2 - ग}{श_4} = \frac{(श_4 ल_4 + श_5) य_2 + ग}{श_4}$$

$$= ल_4 य_2 + \frac{श_5 य_2 + ग}{श_4}$$

हम देख सकते हैं कि जब लब्धियों की संख्या सम होती है तो अंतिम शेष किसी राशि से गुणित होता है और उसमें अग्रांतर जोड़ा जाता है और फल उपांत्य शेष से विभाज्य होता है। इसी तरह—

$र_1 = ल_4 य2 + र_2$, $य_2 = ल_5 र_2 + य_2$, $र_2 = ल_6 य_3 + र_3$ आदि।

लब्धियों की सम संख्या के पश्चात् अर्थात् 2 न लब्धियों के बाद हमें जो समीकरण मिलेगा, वह होगा—

$र_{न-1} = ल_{2न} य_न + \frac{श_{2न} + 1 य_न + ग}{श_{2न}}$ । इस स्थिति में यदि दोनों शेष इतने छोटे हो गए हैं कि हम $य_न$ का एक ऐसा मान प्राप्त कर सकते हैं कि ($श_{2न}$ + 1 $य_न$ + ग) राशि $श_{2न}$ से विभाज्य हो तो $य_न$ का यह मान मति होगा तथा $र_{न-1} = ल_{2न} \times$

मति + $र_न$, जिसमें $र_न = \dfrac{श_{2न} + 1 \times मति + ग}{श_{2न}}$ ।

अतः य तथा र को ज्ञात करने के लिए हमें निम्नलिखित संबंध प्राप्त होंगे—

$र_{न-1} = ल_{2न} \times मति + र_न$,

$य_{न-1} = ल_{2न-1} \times र_{न-1} + य_न = ल_{2न-1} \times र_{न-1} + मति$।

$र_{न-2} = ल_{2न-2} \times य_{न-1} + र_{न-1}$।

... ...

... ...

$र_2 = ल_6 \times य_3 + र_3$।

$य_2 = ल_5 \times र_2 + य_3$।

$र_1 = ल_4 \times य_2 + र_2$।

$य_1 = ल_3 \times र_1 + य_2$।

$र = ल_2 \times य_1 + र_1$।

$य = ल_1 \times र + र_1$।

अब यदि $ल_1$ से प्रारंभ करके लब्धियों की वल्ली बनाएँ, उपांत्य में मति तथा अंत्य में अंतिम लब्धि $र_न$ रखें तथा आर्यभट के निर्देश के अनुसार इस वल्ली का उपयोग करें तो सबसे ऊपर य का अभीष्ट मान होगा। यदि क में ख का भाग देने से लब्धि ल शून्य हो तो ऊपर से दूसरी संख्या र का ठीक मान होगी। यदि ल शून्य न हो तो र का मान पूरे समीकरण से प्राप्त होगा। परंतु आर्यभट के अनुसार र का मान ज्ञात करने की आवश्यकता नहीं है, क्योंकि स संख्या का मान य के मान से ही ज्ञात हो जाएगा। यदि लब्धियों की संख्या विषम हो तो जैसा हम ऊपर देख चुके हैं, मति से गुणा करके अग्रांतर को घटाना पड़ेगा।

❑

7

कालक्रियापाद

'आर्यभटीय' का तीसरा अध्याय है—कालक्रिया। इस अध्याय का प्रयोजन है—आकाश में ग्रहों की स्पष्ट स्थितियाँ निर्धारित करने के लिए जरूरी सिद्धांत प्रस्तुत करना। चूँकि काल-निर्धारण से ही ग्रहों की स्पष्ट स्थितियाँ जानी जा सकती हैं, इसलिए 'कालक्रिया' यानी काल-गणना एक सार्थक शीर्षक है।

इसी अध्याय के एक श्लोक में आर्यभट काल-संबंधी अपनी विशिष्ट धारणा को भी स्पष्ट कर देते हैं—''युग, वर्ष, मास और दिवस—सभी का प्रारंभ एक ही समय चैत्र शुक्ल प्रतिपदा से हुआ। काल अनादि और अनंत है (कालोऽयमनाद्यन्तः)। आकाश में ग्रहों के गमन को जानकर काल-गणना की जाती है।''

आर्यभट के इस कथन का आशय यह है कि वस्तुतः काल तो अनादि एवं अनंत ही है, केवल लोकोपयोग के लिए इसके आरंभ और अंत का निर्धारण ग्रहों व नक्षत्रों की स्थितियों से होता है। जैसे युग का आरंभ उस समय से माना जाता है, जब सभी ग्रह एक साथ मेषादि में लंका के क्षितिज पर थे।

काल की इकाइयाँ भचक्र या भगोल (तारामंडल) पर ग्रहों के गमन से निर्धारित होती हैं, इसलिए आर्यभट ने कालक्रियापाद के दो आरंभिक श्लोकों में काल तथा भगोल (वृत्त) के विभाग प्रस्तुत कर दिए—

काल-विभाग			*वृत्त (क्षेत्र) विभाग*		
1 वर्ष	=	12 मास	1 भगोल (भगण)	=	12 राशि
1 मास	=	30 दिन	1 राशि	=	30 अंश
1 दिन	=	60 नाडी (नडिका)	1 अंश	=	60 कला
1 नाडी	=	60 विनाडिका	1 कला	=	60 विकला
1 विनाडिका	=	60 गुर्वक्षर	1 विकला	=	60 तत्पर

आर्यभट की मान्यता थी कि पृथ्वी अपनी धुरी पर घूमती है। 'दशगीतिका-सूत्र' में ही उन्होंने यह बता दिया था कि एक प्राण के तुल्य कालांतर में पृथ्वी एक कला घूमती है। (प्राणेनैति कलां भूः)। यहाँ दी गई काल और चक्र (वृत्त) की इकाइयों से वह बात अधिक स्पष्ट हो जाती है—एक दिन = 60 नाडी = 3,600 विनाडी = 21,600 प्राण। इसी प्रकार एक चक्र = 12 राशि = 360 अंश = 21,600 कला।

सैद्धांतिक रूप से ये इकाइयाँ तो बना दी गई थीं, परंतु विनाडिका, गुर्वक्षर (दीर्घाक्षर) और प्राण (उच्छ्वास) जैसी काल की लघु इकाइयों को ठीक-ठीक किस तरह नापा जाता था, इसके बारे में पता नहीं चलता। नाडी या नाडिका को 'घटिका' भी कहते थे। नाडी या घटिका के समय को 'जलघटी' से नापा जाता था।

आगे के श्लोकों में आर्यभट काल की बड़ी इकाइयाँ प्रस्तुत करते हैं। उनके अनुसार, सूर्य आकाश में पुनः उसी नक्षत्र के आदि में पहुँचने में जो समय लेता है, यानी जितने समय में वह आकाश का एक भगण (चक्कर) पूरा करता है, वह एक सौर वर्ष है। फिर आर्यभट बताते हैं कि युग में वर्ष, चांद्र मास, सावन दिन और नाक्षत्र दिन कितने होते हैं—

युग में सौर वर्ष	=	युग में रवि भगण = 43,20,000
युग में चांद्र मासों की संख्या	=	चंद्र भगण-सूर्य भगण
	=	5,77,53,336 - 43,20,000
	=	5,34,33,336
युग में सावन दिनों की संख्या	=	पृथ्वी के आवर्त - रवि भगण,
	=	1,58,22,37,500 - 43,20,000
	=	1,57,79,17,500
युग में नाक्षत्र दिनों की संख्या	=	पृथ्वी के आवर्त = 1,58,22,37,500

आर्यभट के अनुसार, पृथ्वी अपने अक्ष पर घूमती है और नक्षत्र अचल हैं। इसलिए किसी नक्षत्र के एक उदय से दूसरे उदय तक का काल (नाक्षत्र दिन) वस्तुतः पृथ्वी के एक बार के अक्ष-भ्रमण के तुल्य होता है। अतः पृथ्वी एक युग में जितनी बार अपने अक्ष पर घूमती है, वही युग में नाक्षत्र दिनों की संख्या है।

दूसरे अधिकांश भारतीय ज्योतिषियों ने 'आर्यभटीय' के सभी टीकाकारों ने भी आर्यभट की इस मान्यता को स्वीकार नहीं किया कि पृथ्वी अपनी धुरी पर घूमती है। ब्रह्मगुप्त और वराहमिहिर ने आर्यभट के इस मत की कटु आलोचना की; मगर बात यहीं तक सीमित नहीं रही। 'आर्यभटीय' के टीकाकारों ने मूल शब्द ही उलट

दिए—भूः और कु (पृथ्वी) को भं (तारामंडल) में बदल डाला।

पीछे हमने देखा कि किस प्रकार 'दशगीतिका' में 'प्राणेनैति कलां भूः' को प्राणेनैति कलां भं में बदल दिया गया था। यहाँ 'कालक्रियापाद' में भी उसी प्रयास को दोहराया गया है। आर्यभट ने स्पष्ट लिखा था—"युग में नाक्षत्र दिनों की संख्या पृथ्वी के आवर्तों (परिभ्रमणों) के तुल्य होती है (क्वावर्ताश्चापि नाक्षत्रः)।" मगर 'आर्यभटीय' के सभी टीकाकारों ने 'क्वावर्ताश्चापि' को 'भावर्ताश्चापि' में बदल डाला और तदनुसार ही व्याख्या भी की। अर्थात् आर्यभट की भू-भ्रमण की क्रांतिकारी मान्यता को जड़मूल से ही नष्ट कर देने की कोशिश की गई।

अपनी युग-पद्धति को स्पष्ट करने के तुरंत बाद एक श्लोक में आर्यभट बताते हैं—"60 साल की 60 अवधियाँ और युगों के 3 पाद जब व्यतीत हो चुके थे, तब मेरे जन्म के बाद 23 वर्ष हो गए थे।" अर्थात् कलियुग के 60 × 60 = 3,600 वर्ष बीतने पर आर्यभट की आयु 23 वर्ष की थी। अन्य शब्दों में, आर्यभट 3,600-3,179 = 421 शककला में 23 साल के थे (भारतीय ज्योतिषियों के अनुसार, कलियुग का आरंभ 3,179 शककाल में हुआ), यानी उनका जन्म शककाल 398 (= 476 ई.) में हुआ था। गणना करने पर यह भी पता चलता है कि 21 मार्च, 499 ई. को रविवार के दिन उज्जयिनी मध्याह्न समय में वर्तमान कलियुग के आरंभ से 3,600 वर्ष गुजर चुके थे। अतः निष्कर्ष निकलता है कि आर्यभट का जन्म 21 मार्च, 476 ई. को हुआ था।

मगर प्रश्न उठता है—आर्यभट ने ठीक किस प्रयोजन से यह सूचना दी है कि कलियुग के 3,600 वर्ष बीतने पर (रविवार, मध्याह्न, 21 मार्च, 499 को) वे 23 साल के हुए थे?

'आर्यभटीय' के टीकाकार बताते हैं कि कलियुग के 3,600 वर्षों का विशेष रूप से उल्लेख करने का प्रयोजन यह स्पष्ट करना था कि 'दशगीतिका' में जो भगण दिए गए हैं, उनसे गणना करने पर प्राप्त होनेवाली ग्रहों की माध्य या मध्यक स्थितियों में बीज-संस्कार (संशोधन) करने की आवश्यकता नहीं है, परंतु बाद की तिथियों के जो मध्यक भोगांश प्राप्त होंगे, उनके लिए संस्कार की आवश्यकता है।

वस्तुतः कलिकाल 3,600 के उल्लेख के पीछे कारण यह रहा है—आर्यभट ने कलि के आरंभ के 3,600 वर्ष पश्चात् (499 ई.) में ग्रहों का प्रेक्षण किया और यह मानकर कि कलि के प्रारंभ में उनकी स्थिति मेषादि में थी, उनके भगण निकाले। दरअसल कलि के प्रारंभ में सारे ग्रह मेष राशि में नहीं थे। भास्कराचार्य (1150 ई.) ने 'सिद्धांत-शिरोमणि' के 'ग्रहगणित' भाग के 'भगणाध्याय' में स्पष्ट

किया है कि गणित करके या वेध करके सूर्य, चंद्र, बुध, शुक्र, शनि आदि के ठीक-ठीक भगण प्राप्त करना असंभव है; (अतः) यह कार्य पुरुष-साध्य नहीं है। (अतो नायमर्थः पुरुषसाध्य इति)।

आर्यभट ने कलियुग के प्रारंभ से 3,600 वर्ष बीतने के तुरंत बाद के समय (शक 421 यानी 499 ई.) को ज्योतिषीय गणनाओं के लिए निर्देश-काल के रूप में ग्रहण किया और उस वर्ष उनकी आयु 23 वर्ष की हुई, इसलिए कुछ विद्वानों का मत है कि आर्यभट ने अपने ग्रंथ की रचना भी 23 वर्ष की आयु में ही की।[26]

मगर गहराई से देखें तो स्पष्ट होता है कि बात शायद यह नहीं है। आर्यभट ने स्पष्ट रूप से यह नहीं कहा है कि उन्होंने 23 वर्ष की आयु में 'आर्यभटीय' की रचना की है। जैसाकि हमने पहले भी कहा है, 'आर्यभटीय' एक काफी प्रौढ़ मस्तिष्क द्वारा प्रस्तुत रचना प्रतीत होती है।

आर्यभट ने एक श्लोक में ग्रहों की कक्षाओं का क्रम स्पष्ट कर दिया है—सबसे ऊपर नक्षत्र-मंडल है। उसके नीचे क्रम से शनि, बृहस्पति, मंगल, सूर्य, शुक्र, बुध तथा चंद्रमा की कक्षाएँ हैं। सबसे नीचे ख मध्य में पृथ्वी स्तंभ की तरह स्थित है। ग्रहों के क्रम को लेकर सभी भारतीय ज्योतिषियों की यही मान्यता रही है।

मगर सप्ताह के वारों का क्रम यह नहीं है। वस्तुतः आज प्रचलित सात वारों के नाम वेद, वेदांग-ज्योतिष तथा महाभारत में कहीं देखने को नहीं मिलते। इन सात वारों का उदय बेबीलोनी-खल्दियाई फलित ज्योतिष में ईसा-पूर्व 400 के आसपास हुआ था। भारत में सात वारों और बारह राशियों का आगमन खल्दियाई-यूनानी फलित ज्योतिष के साथ ईसा की आरंभिक सदियों में हुआ। भारत में इन सात वारों का प्रचार होने में कुछ सदियों का समय लगा। सोम, मंगल, बुध आदि वारों को शुभाशुभ मानने की प्रथा अथवा इनके साथ विविध व्रतों को जोड़ने की व्यवस्था प्राचीन भारत में कहीं देखने को नहीं मिलती।

मगर प्राचीन काल के ज्योतिषियों की और यूनानी ज्योतिषियों की भी दृढ़ मान्यता रही है कि पृथ्वी ही केंद्र स्थान में है और ग्रह सूर्य भी इसी की परिक्रमा करते हैं। जैसा कि हमने देखा है, कुछ यूनानी विचारकों ने सूर्य को केंद्र में स्थापित करने की कोशिश की थी, किंतु उनकी बात को किसी ने स्वीकार नहीं किया। कॉपरनिकस (1473-1543 ई.) के समय तक यूरोप में भू-केंद्रवाद का ही बोलबाला रहा।

ईसा की आरंभिक सदियों में भारतीय गणितज्ञ-ज्योतिषी अपनी परंपरागत मान्यताओं में संशोधन करने में जुटे हुए थे। उसी दौरान उसने उत्केंद्री (eccentric)

और अधिचक्री (epicycle) योजनाओं को भी ग्रहण किया। ये दोनों व्यवस्थाएँ समान परिणाम देती हैं। इनकी जानकारी 'सूर्य-सिद्धांत' में है। आर्यभट ने भी 'कालक्रियापाद' में इनका वर्णन किया है। इनमें कई सारे पारिभाषिक शब्दों का प्रयोग हुआ है और अब ऐतिहासिक दृष्टि से ही इनके अध्ययन का महत्त्व है। सार-संक्षेप यह कि मध्यक ग्रहों से स्पष्ट ग्रह प्राप्त करने के लिए ये नए कृत्रिम समाधान खोजे गए थे।

आर्यभट एक वेधवर्ता ज्योतिषी और कुशल गणितज्ञ थे। उन्होंने बेबीलोनी-खल्दियाई और यूनानी ज्योतिष की कई मान्यताओं को अपनाया और उन्हें सुव्यवस्थित रीति से प्रस्तुत किया। उनके इस प्रस्तुतीकरण में मौलिकता है। यूनानी-मिस्री खगोलविद् टॉलेमी (लगभग 150 ई.) ने भी पुरानी कई मान्यताओं को नए रूप में और व्यवस्थित ढंग से प्रस्तुत किया था। इसलिए निस्संकोच कहा जा सकता है कि यूनानी गणित-ज्योतिष में जो स्थान टॉलेमी का है, वही स्थान भारतीय गणित-ज्योतिष में आर्यभट का है।

कालक्रियापाद

वर्षं द्वादश मासास्त्रिंशद्दिवसो भवेद् स मासस्तु।
षष्टिनडियो दिवसः षष्टिश्च विनाडिका नाडी॥ 1॥
गुर्वक्षराणि षष्टिर्विनाडिकार्क्षी षडेव वा प्राणाः।
एवं कालविभागः क्षेत्रविभागस्तथा भगणात्॥ 2॥

अनुवाद—1 वर्ष में 12 मास, 1 मास में 30 दिन, 1 दिन में 60 नाड़ियाँ, 1 नाड़ी में 60 विनाड़िकाएँ होती हैं। 60 गुरु अक्षरों की एक नाक्षत्रिक विनाड़िका होती है, अर्थात् 60 गुरु अक्षरों के उच्चारण में जितना समय लगता है, वह एक नाक्षत्रिक विनाड़िका के तुल्य होता है अथवा 6 प्राणों की 1 विनाड़िका होती है। (प्राण वह काल विभाग है, जिसमें एक सामान्यतः स्वस्थ पुरुष एक श्वास-प्रश्वास पूरा करता है)। इस तरह जैसे वर्ष से प्रारंभ करके काल के विभाग हैं, उसी तरह भगण से प्रारंभ करके क्षेत्र के विभाग हैं और दोनों में समानता है।

1 वर्ष	=	12 मास	1 भगण	=	12 राशि
1 मास	=	30 दिन	1 राशि	=	30 अंश
1 दिन	=	60 नाड़ी	1 अंश	=	60 कला
1 नाड़ी	=	60 विनाड़िका	1 कला	=	60 विकला
1 विनाड़िका	=	60 गुर्वक्षर	1 विकला	=	60 तत्पर

प्राण के लिए 'दशगीतिका' में कह आए हैं कि एक प्राण में पृथ्वी एक कला घूमती है।

दिन भी कई प्रकार के होते हैं—सावन, सौर, चांद्र, नाक्षत्र आदि। अभी हम इन्हीं चार की बात करेंगे।

एक सूर्योदय से दूसरे सूर्योदय तक सावन दिन है।

जितने काल में चंद्रमा सूर्य से 12 अंश आगे निकल जाता है, उसे चांद्र दिन अथवा तिथि कहते हैं।

आर्यभट के अनुसार, जितने समय में पृथ्वी अपनी धुरी पर एक बार घूमती है, वह नाक्षत्र हैं; किंतु पुलिश के अनुसार, जितने काल में चंद्रमा के चारों ओर 12 अंश घूमता है, वह नाक्षत्र दिन है।

भट्टोत्पल ने 'बृहत्संहिता' के भाष्य में इनके युगीन मान दिए हैं[1]। जिसे अन्य सावन दिन कहते हैं, उसे पुलिश सौर दिन तथा जिसे अन्य सौर दिन कहते हैं, उसे पुलिश सावन दिन कहते हैं।

भगणा द्वयोर्द्वयार्ये विशेषशेषा युगे द्वियोगास्ते।
रविशशिनक्षत्रगणाः सम्मिश्राश्च व्यतीपाताः॥ 3॥

अनुवाद—युग में दो ग्रहों की भगण संख्या के अंतर के तुल्य उनकी युति होती है। सूर्य तथा चंद्रमा की भगण संख्या के दूने के तुल्य व्यतीपातों की संख्या होती है।

वर्तमान काल में सूर्य तथा चंद्रमा की स्पष्ट स्थितियों के योग से 27 योग होते हैं, परंतु ब्रह्मगुप्त ने भी स्पष्टगत्युत्तराध्याय में केवल वैधृत तथा व्यतीपात का उल्लेख किया है।[2] यदि सूर्य एवं चंद्रमा का योग 6 राशि हो तो व्यतीपात और यदि रोग 12 राशि हो तो वैधृत योग होते हैं।[3]

वराहमिहिर ने भी 'पंचसिद्धांतिका' में वैधृत तथा व्यतीपात का उल्लेख किया है। वैधृत के लिए उनका नियम भी वही है, जो ब्रह्मगुप्त का है। परंतु व्यतीपात उनके अनुसार तब होता है, जब सूर्य और चंद्रमा का योग एवं दश नक्षत्र मिलकर एक चक्र के तुल्य होते हैं।

भास्कर प्रथम ने व्यतीपात, वैधृत तथा सार्पमस्तक योगों का उल्लेख किया है। उनके अनुसार, व्यतीपात एवं वैधृत के लिए वही नियम हैं, जो ब्रह्मगुप्त के हैं।

---

1. भट्टोत्पलकृत बृहत्संहिता का भाष्य, पृ. 26
2. ब्राह्मस्फुट सिद्धांत, स्फुटगत्युत्तराध्याय, आर्याएँ 33 तथा 34
3. पंचसिद्धांतिका, तृतीय अध्याय, आर्या 20

सार्पमस्तक के लिए उन्होंने कहा है कि सूर्य तथा चंद्रमा की स्थितियों का योग 17 नक्षत्र के तुल्य होना चाहिए[1]।

इसकी व्याख्या करते हुए गोविंद स्वामी ने कहा है कि यह गणना बहुत स्थूल है, क्योंकि इसमें चंद्रमा के शर का ध्यान नहीं रखा गया है[2]।

शंकरनारायण ने 'लघुभास्करीय' के भाष्य में कहा है कि आचार्य आर्यभट ने केवल दो व्यतीपातों को बताया है। अन्य लोग 10 व्यतीपातों की बात करते हैं। कुछ अन्य सात महापातों को बताते हैं। उन्होंने भास्कर की दो आर्याओं को भी उद्धृत किया है, जिनमें निरोध आदि सात महापातों का उल्लेख किया गया है।[3]

स्वोच्चभगणाः स्वभगणैर्विशेषिताः स्वोच्चनीचपरिवर्त्ताः।
गुरुभगणा राशिगुणास्त्वाश्वयुजाद्या गुरोरब्दाः॥ 4॥

अनुवाद—प्रत्येक ग्रह के उच्च भगण और स्वयं उसके भगण के अंतर के तुल्य उनके उच्च नीच वृत्त का परिभ्रमण होता है, अर्थात् उनके स्वयं के भगण में से उनके मंदोच्च भगण को घटाने से मंदोच्चनीच के परिभ्रमण तथा शीघ्रोच्च भगण में से उनके भगण घटाने से शीघ्रोच्चनीच के परिभ्रमण प्राप्त होते हैं।

बृहस्पति की भगण संख्या को 12 से गुणा करने पर आश्वयुज् इत्यादि वार्हस्पत्य वर्ष मिलते हैं।

बृहस्पति एक राशि में लगभग एक वर्ष रहते हैं। अतएव जितने काल तक वे एक राशि में रहते हैं, उसे वार्हस्पत्य वर्ष कहते हैं। आर्यभट के अनुसार, युग में बृहस्पति की भगण संख्या 3,64,224 है। अतएव वार्हस्पत्य वर्षों की संख्या 43,70,688 हुई। रवि वर्षों की संख्या 43,20,000 है। अतएव इतने वर्षों में 50,688 वार्हस्पत्य वर्ष अधिक होते हैं। इन दोनों को 2,304 से विभाजित करने पर क्रमशः 1,875 तथा 22 प्राप्त होते हैं, अर्थात् प्रति 1,875 रवि वर्ष में वार्हस्पत्य वर्षों की संख्या रवि वर्षों से 22 अधिक होती है।

किसी समय कौन वार्हस्पत्य वर्ष है, इसे जानने के लिए वराहमिहिर ने 'बृहत्संहिता' में एक नियम बताया है कि शक काल को 44 से गुणित कर उसमें 8,589 जोड़कर 3,750 से भाग दीजिए। लब्धि को शक वर्षों में जोड़कर योग में 60 से भाग दीजिए। लब्धि 60 वार्हस्पत्य वर्षों के पूरे हुए युग होंगे। शेष में एक जोड़ने पर प्रभव से आरंभ करके प्रचलित वार्हस्पत्य वर्ष होगा।[4]

---

1. महाभास्करीय, चतुर्थ अध्याय, आर्या 35
2. गोविंद स्वामीकृत महाभास्करीय भाष्य, पृ. 219
3. शंकरनारायणकृत लघुभास्करीय भाष्य, पृ. 30
4. बृहत्संहिता, अध्याय 8, श्लोक 20-21

शक काल प्रारंभ होने के समय वार्हपस्त्य वर्षों का 60 वर्षों का जो युग चल रहा था, उसका प्रारंभ शक काल के प्रारंभ से 2 वर्ष 5 मास, $14\frac{1,020}{1,875}$ दिन पहले हुआ था।

$$3 \text{ मास, } 14\frac{1,020}{1,875} \text{ दिन} = \frac{1,96,020}{1,875} \text{ दिन,}$$

$$= \frac{544\frac{1}{2}}{1,875}$$

$$\text{अतः } 2 \text{ वर्ष} + \frac{544\frac{1}{2}}{1,875} \text{ वर्ष} = \frac{7,500 + 1,089}{3,750} \text{ वर्ष}$$

$$= \frac{8,589}{3,750} \text{ वर्ष।}$$

श्रीपति ने 'जातक रत्नमाला' में क्षेप राशि $\frac{4,291}{1,875}$ दी है, जो वराहमिहिर की राशि से थोड़ा ही भिन्न है।[1] श्रीमती बीणा चटर्जी द्वारा संपादित 'खंडखाद्यक' प्रथम भाग के पृष्ठ 159 पर दोनों ही विधियाँ उद्धृत हैं।

वराहमिहिर के अनुसार गणना करने से 1976 के आरंभ में शुक्ल संवत्सर आता है, जो चैत्र शुक्ल प्रतिपदा से 5 महीने, 20 दिन तक रहेगा।

रविभगणा रव्यब्दा रविशशियोगा भवन्ति शशिमासाः।
रविभूयोगादिवसा आवर्ताश्चापि नाक्षत्राः ॥ 5 ॥
अधिमासका युगे ते रविमासेभ्योऽकास्तु ये चान्द्राः।
शशिदिवसा विज्ञेया भूदिवसोनास्तिथिप्रलायाः ॥ 6 ॥

अनुवाद—सूर्य के वर्ष सूर्य के भगण के तुल्य होते हैं। सूर्य और चंद्रमा की युति के तुल्य चांद्र मास होते हैं। सूर्य तथा पृथ्वी की युति के तुल्य सावन दिन होते हैं और पृथ्वी के आवर्त (परिभ्रमण) के तुल्य नाक्षत्र दिन होते हैं।

1. ज्योतिष रत्नमाला, संवत्सर प्रकरण, श्लोक 3

युग में सौर मासों की अपेक्षा चांद्र मास जितना अधिक होते हैं, युग में उतने ही अधिमास होते हैं। चांद्र दिनों की संख्या सावन दिनों से जितनी अधिक होती है, उतनी ही क्षय तिथियाँ होती हैं ॥ 6 ॥

एक वर्ष का समय वह समय है, जिसमें सूर्य आकाश में पुनः पहले नक्षत्र के आदि में आ जाता है अर्थात् जितने समय में वह एक भगण पूरा करता है। अतः सूर्य के वर्ष एक युग में उसके भगण के तुल्य होते हैं।

चंद्रमा की सूर्य से युति अमावस्या के अंत में होती है, फिर चंद्रमा जब सूर्य से एक भगण अधिक चल लेता है तब अगला चांद्रमास आरंभ होता है। अतएव चंद्रमा एक युग में सूर्य से जितनी बार युति करता है, उतने ही चांद्र मास होते हैं और यह संख्या उनके भगणों के अंतर के तुल्य होती है।

इसी प्रकार एक सूर्योदय से दूसरे सूर्योदय तक सावन दिन होता है। सावन दिनों की संख्या पृथ्वी के परिभ्रमण और सूर्य के भगणों के अंतर के तुल्य होती है। नक्षत्र अचल हैं, अतएव नक्षत्र के एक उदय और दूसरे उदय के बीच का काल पृथ्वी के एक बार घूमने के तुल्य होता है। युग में नाक्षत्र दिनों की संख्या पृथ्वी के परिभ्रमण की संख्या के तुल्य होती है।

युग में अधिमास उतने होते हैं जितने चांद्र मासों से सौर मास कम होते हैं और चांद्र दिनों से सावन दिनों की संख्या जितनी कम होती है उतनी ही क्षय तिथियाँ होती हैं। चांद्र मास एक अमावस्या से दूसरी अमावस्या तक होता है और सौर मास एक संक्रांति से दूसरी संक्रांति तक होता है। चांद्र मास सौर मास से कुछ छोटा होता है। अतएव चांद्र मास का प्रारंभ सौर मास के प्रारंभ से कुछ पहले होने लगता है। धीरे-धीरे जब यह अंतर इतना हो जाता है कि एक अमावस्या और दूसरी अमावस्या के बीच कोई संक्रांति न पड़े, तब यह महीना अधिमास कहलाता है। ऐसा लगभग 33 महीनों के बाद होता है। इस तरह सौर मासों की संख्या से युग में चांद्र मासों की संख्या जितनी अधिक होती है, उतने ही अधिमास होते हैं।

इसी प्रकार एक तिथि का औसत काल एक सावन दिन से कुछ कम होता है। इस अंतर को अवमशेष कहते हैं। सूर्योदय के समय जो तिथि होती है, यदि वह सूर्योदय के कुछ काल बाद समाप्त हो जाए तथा दूसरी तिथि अगले सूर्योदय के पहले ही समाप्त हो जाए तो यह तिथि क्षय तिथि होती है। इस तरह युग में चांद्र दिनों अर्थात् तिथियों की संख्या सावन दिनों की संख्या से जितनी अधिक होती है उतनी ही क्षय तिथियाँ होती हैं।

युग में सूर्य वर्षों की संख्या	=	युग में रवि भगण = 43,20,000
युग में चांद्र मासों की संख्या	=	चंद्र भगण - सूर्य भगण,
	=	5,77,53,336 - 43,20,000,
	=	5,34,33,336 ।
युग में सावन दिनों की संख्या	=	पृथ्वी का आवर्त–रवि भगण,
	=	1,58,22,37,500 - 43,20,000,
	=	1,57,79,17,500
युग में नाक्षत्र दिनों की संख्या	=	पृथ्वी का आवर्त,
	=	1,58,22,37,500
युग में सौर मासों की संख्या	=	51,84,40,000 = 12 × 43,20,000
युग में अधिमासों की संख्या	=	5,34,33,336 - 5,18,40,000,
	=	15,93,336 ।
युग में चांद्र दिनों की संख्या	=	चांद्र मास × 30,
	=	1,60,30,00,00,080 ।
युग में क्षय तिथियों की संख्या	=	1,60,30,00,080– 1,57,79,17,500
	=	2,50,82,580 ।

युग में सावन दिनों, अधिमासों एवं क्षय तिथियों की ये संख्याएँ आर्यभट के अनुसार हैं। ब्रह्मगुप्त के अनुसार इनका मान ऊपर दिए मानों से भिन्न है।

रविवर्षं मानुष्यं तदपि त्रिंशद्गुणं भवति पित्र्यम्।
पित्र्यं द्वादशगुणितं दिव्यं वर्षं समुद्दिष्टम्॥ 7॥
दिव्यं वर्षसहस्त्रं ग्रहसामान्यं युगं द्विषट्कगुणम्।
अष्टोत्तरं सहस्त्रं ब्राह्मो दिवसो ग्रहयुगानाम्॥ 8॥

अनुवाद—रवि वर्ष मनुष्य का वर्ष होता है। उसका तीस गुना पितरों का वर्ष होता है तथा पितरों के 12 वर्षों के तुल्य अर्थात् मनुष्यों के 360 वर्षों के तुल्य दिव्य वर्ष अर्थात् देवताओं का (तथा दैत्यों का) वर्ष होता है। 12,000 दिव्य वर्षों का ग्रहों का सामान्य युग तथा ग्रहों के 1008 युगों का ब्रह्मा का एक दिन होता है॥ 7–8॥

प्राचीन काल के लोगों का विश्वास था कि पितृ लोग चंद्रलोक में निवास करते हैं, जहाँ कृष्ण पक्ष के मध्य में सूर्योदय, अमावस्या को मध्याह्न तथा शुक्ल पक्ष के मध्य में सूर्यास्त होता है। अत: उनका दिन एक चांद्र मास के तुल्य होता है। 'सूर्यसिद्धांत' में कहा गया है—[1]

1. सूर्यसिद्धांत, चतुर्दश अध्याय, आर्या 14

"त्रिंशता तिथिभिर्मासश्चान्द्रः पित्र्यमहः स्मृतम्।"

अर्थात् तीस तिथियों का चांद्र मास तथा पितरों का एक दिन होता है, परंतु यहाँ सौर मास से ही अभिप्राय है, क्योंकि गोलपाद में आर्यभट ने लिखा है—[1]

'रविवर्षार्ध देवाः पश्यन्त्युदितं रविं तथा प्रेताः।'

अर्थात् देवता लोग रवि वर्ष के आधे में सूर्य को उदित देखते हैं और दैत्य दूसरे आधे में। मनुष्यों के 100 वर्ष का देवताओं का 1 दिन और 1 रात होती है।

12,000 दिव्य वर्षों का ग्रहों का सामान्य युग होता है अर्थात् सभी ग्रह पूरे-पूरे भगण करते हैं, क्योंकि दो ग्रह आपस में इससे कम समय में भी पूरे-पूरे भगण कर सकते हैं; जैसे 'सूर्य सिद्धांत' में कहा है—[2]

"चतुर्विंशो युगस्याँशः सूर्यचंद्रमसोर्युगम्।"

अर्थात् युग के चौबीसवें भाग में सूर्य-चंद्रमा का युग होता है।

यह गीतिकापाद में बतला आए हैं कि ब्रह्मा के एक दिन में 14 मनु और प्रत्येक मन्वंतर में 72 युग होते हैं अर्थात् ब्रह्मा का एक दिन 14 × 72 = 1,008 युगों का होता है।[3]

उत्सर्पिणी युगार्धं पश्चादवसर्पिणी युगार्ध च।
मध्ये युगस्य सुषमादावन्ते दुष्षमेन्दूच्चात्॥ 9॥

अनुवाद—युग का प्रथमार्ध उत्सर्पिणी तथा द्वितीय युगार्ध अवसर्पिणी कहलाता है। युग का मध्य भाग सुषमा तथा आदि अंत भाग चंद्रोच्च से दुष्षमा कहलाता है॥ 9॥

इस आर्या का कुछ ठीक अर्थ न बैठने से पं. सुधाकर द्विवेदीजी ने सुझाव दिया था कि 'दुष्षमेन्दूच्चात्' का शुद्ध पाठ 'दुष्षमाग्न्यंशात्' होना चाहिए; किंतु यह सुझाव समीचीन नहीं है, क्योंकि वटेश्वर ने लिखा है[4]:

उत्सर्पिणी प्रथममेव युगार्धमुक्ता ज्ञेया द्वितीयमपसर्पिणिकाभिधाना।
मध्ये युगस्य सुषमा खलु दुष्षमा स्यादाद्यन्तयोः कुमुदिनीवनबन्धुतुङ्गात्॥"

---

1. आर्यभटीय, गोलपाद, आर्या 17
2. कृपाशंकर शुक्ल द्वारा संपादित 'सूर्यसिद्धांत विवरण' में परमेश्वर द्वारा उद्धृत आर्या, पृ. 14
3. दशगीतिका, आर्या 3
4. वटेश्वर सिद्धांत, मध्यमाधिकार, द्वितीय अध्याय, श्लोक 6। छपी पुस्तक में पाठ 'योगात्' है।

यद्यपि वटेश्वर के श्लोक से भी आर्यभट की आर्या के अर्थ के ऊपर कोई प्रकाश नहीं पड़ता—'कुमुदिनीवनबन्धुतुङ्गात्' से स्पष्ट है कि 'दुष्षमेन्दूच्चात्' पाठ ही ठीक है।

उत्सर्पिणी वह काल है, जिसमें मनुष्यों के धर्म और यश आदि में वृद्धि होती है तथा अवसर्पिणी वह काल है, जिसमें इनका ह्रास होता है।

जैन मत के अनुसार, सुषमा काल चक्र में अवसर्पिणी की द्वितीय अरा तथा उत्सर्पिणी की पाँचवीं अरा है एवं दुष्षमा अवसर्पिणी की पाँचवीं अरा तथा उत्सर्पिणी की दूसरी अरा है; परंतु चंद्रोच्च से इन सबका क्या संबंध है, यह स्पष्ट नहीं होता।

अलबरूनी ने भी अपनी पुस्तक में उत्सर्पिणी और अवसर्पिणी का उल्लेख किया है, परंतु उन्होंने इनका संबंध सूर्य की उन्नति तथा अवनति से जोड़ा है[1]।

षष्ट्यब्दानां षष्टिर्यदा व्यतीतास्त्रयश्च युगपादाः।
त्र्यधिका विंशतिरब्दास्तदेह मम जन्मनोऽतीताः॥ 10॥

अनुवाद—60 वर्षों की 60 अवधियाँ तथा युगों के 3 पाद जब व्यतीत हो गए थे, तब मेरे जन्म के पश्चात् 23 वर्ष हो चुके थे॥ 10॥

युगों के 3 पाद अर्थात् सतयुग, त्रेता तथा द्वापर के व्यतीत हो जाने पर तथा कलियुग के 3,600 वर्ष व्यतीत होने पर आर्यभट की आयु 23 वर्ष की थी। भारतीय ज्योतिषियों के अनुसार, शककाल का प्रारंभ 3,179 कलि से होता है। इससे स्पष्ट है कि आर्यभट 421 शक में 23 वर्ष के थे अर्थात् 398 शक में पैदा हुए थे।

कुछ लोगों का मत है कि आर्यभट ने 23 वर्ष की अवस्था में 'आर्यभटीय' ग्रंथ की रचना की, किंतु यह ठीक नहीं है। इसका अर्थ है कि इस समय 'दशगीतिका' में दिए भगणों से ग्रहों की मध्यम स्थिति ठीक उतरती है। अन्य कालों के लिए बीज संस्कार करने पड़ते हैं। वस्तुतः आर्यभट ने औदायिक तथा आर्धरात्रिक दोनों पद्धतियों के ग्रंथ रचे थे। इनमें आर्धरात्रिक पद्धति का ग्रंथ पहले लिखा गया था, जो वराहमिहिर की 'पंचसिद्धांतिका' में दिए 'सूर्यसिद्धांत' से बहुत मिलता था। यह ग्रंथ अब नहीं मिलता, पर ब्रह्मगुप्त ने पूर्व 'खंडखाद्यक' की रचना इसी के आधार पर की थी। 'आर्यभटीय' की रचना आर्यभट ने अधिक प्रौढ़ अवस्था में की।

आर्धरात्रिक तथा औदायिक पद्धतियों में आर्यभट द्वारा दी गई सावन दिनों की संख्या में 300 का अंतर है। आर्धरात्रिक पद्धति के युग में सावन दिनों की संख्या 1,57,79,17,800 है, जो औदायिक पद्धति की अपेक्षा 300 अधिक है।

1. सखाऊ का अनुवाद, भाग 1 पृ. 371

इसके लिए ब्रह्मगुप्त ने आर्यभट की आलोचना करते हुए कहा कि एक में सूर्य दूसरे की अपेक्षा चौथाई अंश कम चलता है और आर्यभट के मन में यह अनिश्चितता है कि इनमें कौन ठीक है। अतएव दोनों ही शुद्ध नहीं हैं।[1]

वास्तविकता यह है कि आर्यभट ने कलि के प्रारंभ के 3,600 वर्ष के पश्चात् ग्रहों की स्थिति का निरीक्षण किया और यह मानकर कि कलि के प्रारंभ में उनकी स्थिति मेषादि में थी, उनके भगण निकाले। आर्धरात्रिक पद्धति में गणना आधी रात से प्रारंभ होती है और औदायिक में सूर्योदय से प्रारंभ होती है। अतः आर्धरात्रिक पद्धति की अपेक्षा औदायिक पद्धति में 3,600 वर्षों में चौथाई दिन का अंतर है। यह अंतर 43,20,000 वर्षों में 300 दिनों का होगा। भगण प्राप्त करने के लिए आवश्यक यह था कि दो विभिन्न समयों में ग्रहों की स्थिति का शुद्ध ज्ञान होता; पर एक ज्योतिषी का जीवन काल इतना कम है कि उसके जीवन काल के दो प्रेक्षणों से ग्रहों के भगण का शुद्ध मान प्राप्त करना कठिन है।

भास्कराचार्य ने 'सिद्धांत शिरोमणि' में कलि के प्रारंभ में ग्रहों की स्थिति दी है।[2] उससे स्पष्ट है कि उनके अनुसार ग्रहों की स्थिति मेष राशि में नहीं थी। चंद्रोच्च एवं चंद्रपात की स्थितियाँ वे नहीं थीं, जिन्हें आर्यभट ने माना था।

युगवर्षमासदिवसास्समं प्रवृत्तास्तु चैत्र शुक्लादेः।
कालोऽयमनाद्यन्तो ग्रहभैरनुमीयते क्षेत्रे॥ 11॥

अनुवाद—युग, वर्ष, मास, दिवस सभी का प्रारंभ एक ही समय चैत्र शुक्ल प्रतिपदा से हुआ। काल अनादि एवं अनंत है। ग्रहों के क्षेत्र (आकाश) में गमन से उसका अनुमान किया जाता है॥ 11॥

षष्ट्या सूर्याब्दानां प्रपूरयन्ति ग्रहा भपरिणाहम्।
दिव्येन नभःपरिधिं समं भ्रमन्तः स्वकक्ष्यासु॥ 12॥
मंडलमल्पमधस्तात् कालेनाल्पेन पूरयति चन्द्रः।
उपरिष्टात् सर्वेषा महच्च महता शनैश्चारी॥ 13॥
अल्पे हि मंडलेऽल्पा महति महान्तश्च राशयो ज्ञेयाः।
अंशाः कलास्तथैवं विभागतुल्याः स्वकक्ष्यासु॥ 14॥
भानामधश्शनैश्चरसुरगुरुभौमार्कशुक्रबुधचंद्राः।
तेषामधश्च भूमिर्मेधीभूता खमध्यस्था॥ 15॥

---

1. ब्राह्मस्फुट सिद्धांत, तंत्रपरीक्षाध्याय, आर्या 14।
2. सिद्धांत शिरोमणि, मध्यमाधिकार, ग्रहानयानाध्याय, श्लोक 19–20

अनुवाद—सूर्य के 60 वर्षों में ग्रह नक्षत्र कक्ष्या के तुल्य मार्ग तय करते हैं और चतुर्युग काल में वे आकाश कक्ष्या के तुल्य मार्ग तय करते हैं। यह 'दशगीतिका' (आर्या 4) में बतला चुके हैं कि नक्षत्रों की कक्ष्या सूर्य की कक्ष्या की 60 है और आकाश कक्ष्या को ग्रहों के चतुर्युगीय भगण से विभाजित करने पर उनकी कक्ष्या प्राप्त होती है। इस आर्या द्वारा उसी की पुष्टि की है॥ 2॥

चंद्रमा की कक्ष्या सबसे नीचे होने के कारण सबसे छोटी है और इस कारण वह अपनी कक्ष्या सबसे कम समय में पूरी कर लेता है। सबसे ऊपर शनि की कक्ष्या है। उसे बहुत अधिक समय कक्ष्या पूरी करने में लगता है। (भारतीय ज्योतिषियों के अनुसार, सभी ग्रह अपनी कक्ष्याओं में एक ही गति से चलते हैं)॥ 13॥

बड़े वृत्तों में राशि का मान बड़ा और छोटे वृत्तों में राशि का मान छोटा होता है, अर्थात् राशियों का योजनात्मक मान वृत्त के ऊपर निर्भर करता है। प्रत्येक कक्ष्या में अंशों तथा कलाओं का मान एक ही होता है। अतएव उनका योजनात्मक मान भी कक्ष्याओं के अनुसार छोटा या बड़ा होता है॥ 14॥

नक्षत्रों के नीचे शनि है; उसके नीचे क्रम से बृहस्पति, मंगल, सूर्य, शुक्र, बुध तथा चंद्रमा हैं। सबसे नीचे पृथ्वी खमध्य में स्तंभ की तरह स्थित है॥ 15॥

सप्तैते होरेशाः शनैश्चराद्या यथाक्रमं शीघ्राः।
शीघ्रक्रमाच्चतुर्था भवन्ति सूर्योदयाद् दिनपाः॥ 16॥

अनुवाद—शनि आदि ग्रह शीघ्रता के क्रम में सात होराओं के स्वामी होते हैं। इसी शीघ्रता के क्रम में चौथे सूर्योदय से दिनपति होते हैं॥ 16॥

यद्यपि सब ग्रहों की रैखिक चाल एक ही होती है, कलाओं के दृष्टिकोण से शनि सबसे कम चलने वाला है तथा उसके पश्चात् बृहस्पति, मंगल, सूर्य, शुक्र, बुध, चंद्रमा की चालें बढ़ती जाती हैं; क्योंकि पृथ्वी से इनकी दूरियाँ कम होती जाती हैं। यदि प्रथम होरा का स्वामी शनि है तो उस दिन का दिनपति भी शनि ही है और वह दिन शनिवार कहलाता है। इसके पश्चात् द्वितीय, तृतीय आदि होराओं के स्वामी क्रमशः बृहस्पति, मंगल आदि होते हैं, जैसा नीचे दिखाया गया है—

स्वामी	शनि	गुरु	मंगल	रवि	शुक्र	बुध	चंद्र
होरा	1	2	3	4	5	6	7
	8	9	10	11	12	13	14
	15	16	17	18	19	20	21
	22	23	24				

अतएव अगले दिन की प्रथम होरा का स्वामी रवि होता है, जो शीघ्रता के

क्रम में शनि से चतुर्थ है। यह दिन रविवार होगा। इसी प्रकार अगले दिन की प्रथम होरा का स्वामी चंद्रमा होगा, जो रवि से चतुर्थ है।

इसी प्रकार मासपति तथा वर्षपति होते हैं।

ब्रह्मगुप्त ने इसकी आलोचना करते हुए कहा है—[1]

''आर्यभट ने जो यह कहा है कि सूर्य आदि से चतुर्थ ग्रह दिनपति होते हैं, वह ठीक नहीं है; क्योंकि स्वयं आर्यभट का कहना है कि जब लंका में सूर्योदय होता है तब सिद्धपुर में सूर्यास्त होता है।'' परंतु जैसा सुधाकर द्विवेदीजी ने अपने भाष्य में कहा है कि यह दूषण ठीक नहीं है, क्योंकि आर्यभट किसी स्थान विशेष में सूर्योदय की बात कह रहे हैं।

कक्ष्या प्रतिमण्डलगा भ्रमन्ति सर्वे ग्रहाः स्वचारेण।
मंदोच्चादनुलोमं प्रतिलोमश्चैव शीघ्रोच्चात्॥ 17॥
कक्ष्यामण्डलतुल्यं स्वं स्वं प्रतिमण्डलं भवत्येषाम्।
प्रतिमण्डलस्य मध्यं घनभूध्यादतिक्रान्तम्॥ 18॥
प्रतिमण्डलभूविवरं व्यासार्धं स्वोच्चनीचवृत्तस्य।
वृत्तपरिधौ ग्रहास्ते मध्यमचारं भ्रमन्त्येव॥ 19॥

अनुवाद—प्रत्येक ग्रह अपनी मध्यम गति से कक्ष्यामंडल और प्रतिमंडल पर घूमते हैं, अर्थात् मध्यम ग्रह कक्ष्यामंडल पर तथा स्फुट ग्रह प्रतिमंडल पर मध्यम गति से चलते हैं। वे मंदोच्च से अनुलोम गति से अर्थात् पूर्वाभिमुख और शीघ्रोच्च से प्रतिलोम गति से अर्थात् पश्चिमाभिमुख चलते हैं। ग्रह की पूर्वाभिमुख गति मंदोच्च से अधिक होती है, अत: मंदोच्च की अपेक्षा वे पूर्व की ओर चलते हैं; परंतु शीघ्रोच्च पूर्व की ओर और ग्रहों की अपेक्षा अधिक शीघ्रता से चलता है। अत: उसकी अपेक्षा ग्रह पश्चिम की ओर चलते प्रतीत होते हैं॥ 17॥

ग्रहों का प्रतिमंडल प्रत्येक कक्ष्यामंडल के तुल्य होता है, किंतु प्रतिमंडल का केंद्र ठोस पृथ्वी के केंद्र से भिन्न होता है॥ 18॥

ग्रह के प्रतिमंडल के केंद्र तथा पृथ्वी के केंद्र का अंतर उनके नीचोच्च वृत्त के व्यासार्ध के तुल्य होता है। नीचोच्च वृत्त की परिधि पर ग्रह मध्यम गति से चलते हैं॥ 19॥

ब्रह्मगुप्त ने यह कहकर कि आर्यभट के अनुसार चंद्रमा को छोड़कर शेष ग्रहों के मंदोच्च तथा पात स्थिर हैं, उसके युग आदि शुद्ध नहीं हैं, आर्यभट की आलोचना की है। परंतु यह कहना ठीक नहीं है कि आर्यभट मंदोच्चों और पातों को

---

1. ब्राह्मस्फुट सिद्धांत, तंत्रपरीक्षाध्याय, आर्या 12

स्थिर मानते हैं। केवल उनकी गति अत्यंत अल्प होने के कारण उन्होंने अपने समय के मान दे दिए हैं। इस पाद की चौथी आर्या में उन्होंने स्पष्ट कहा है कि ग्रहों की उच्च नीच की परिभ्रमण संख्या उनके भगण और स्वयं उनके उच्चों के भगण के अंतर के तुल्य होती है।

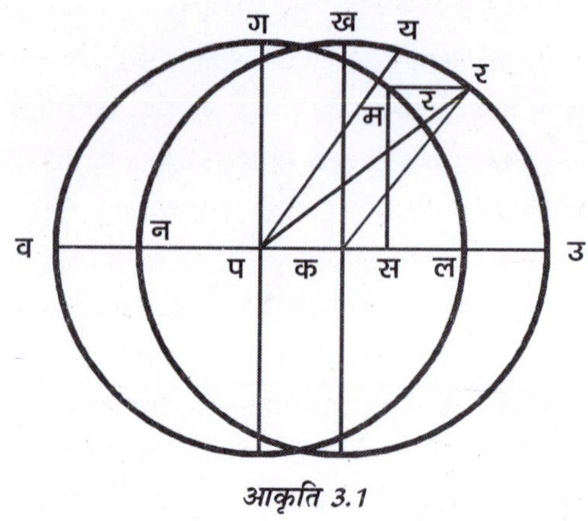

आकृति 3.1

आकृति (3.1) में ल ग व सूर्य का कक्ष्यावृत्त है, जिसका केंद्र पृथ्वी का केंद्र प है। इस वृत्त पर मध्यम सूर्य मध्यम गति से चलता है। उ ख न सूर्य का प्रतिमंडल है, जिस पर स्फुट सूर्य मध्यम गति से चलता है। इसका केंद्र क है। बिंदु उ मंदोच्च तथा बिंदु न मंदनीच है, न उ नीचोच्च रेखा है तथा प क दूरी नीचोच्च वृत्त के व्यासार्ध के तुल्य है। जब मध्यम रवि बिंदु ल पर होता है, तब स्फुट रवि उ बिंदु पर होता है। जब तक मध्यम रवि बिंदु म तक आता है, स्फुट रवि बिंदु र तक आता है और चाप ल म और चाप उ र तुल्य होते हैं। कोण य पर र मंदफल है।

$\therefore \angle$ल प म = $\angle$ उ क र,

$\therefore$ क र तथा प म परस्पर समांतर तथा बराबर हैं।

अतएव प क तथा म र परस्पर समांतर एवं बराबर हैं।

अब चाप ल म = चाप उ र = मध्यम रवि और मंदोच्च के बीच के कोण की नाप,

= मंद केंद्र कोण की नाप।

अतएव त्रिभुज र य म तथा त्रिभुज म स प समरूप हैं। अतएव

$$\frac{\text{र य}}{\text{र म}} = \frac{\text{म स}}{\text{म प}}$$

$$\text{अथवा र य} = \frac{\text{म स} \times \text{र प}}{\text{म प}} = \frac{\text{मंद केंद्रज्या} \times \text{नीचोच्च वृत्त का अर्धव्यास}}{\text{कक्ष्या का अर्धव्यास}}$$

$$= \frac{\text{मंद केंद्रज्या} \times \text{नीचोच्च वृत्त की परिधि}}{360^\circ} = \text{मंद फलज्या}$$

चूँकि कोण र प य = कोण र प म और ये कोण बहुत छोटे हैं, र य को सन्निकटतः कोण र प म की ज्या के तुल्य मान लिया जाता है और र म वह चाप है, जिसकी ज्या समीकरण (1) से प्राप्त होती है। इस तरह मंद फल प्राप्त किया जा सकता है।

जब तक मंद केंद्र का मान 0° और 180° के बीच में होता है, तब तक र म का मान धनात्मक होता है अर्थात् स्पष्ट रवि मध्यम रवि से पीछे रहता है। मंद केंद्र का मान 180° और 360° के बीच होने पर र म का मान ऋणात्मक होता है, अर्थात् स्पष्ट रवि मध्यम रवि से आगे होता है। र म का अधिकतम धनात्मक मान तब होता है, जब मंद केंद्र 90° के तुल्य होता है। मंद केंद्र जब 0° अथवा 180° के तुल्य होता है, तब र म का मान शून्य होता है। अतएव 0° तथा 90° के बीच र म का मान बढ़ता है अर्थात् स्पष्ट रवि की गति मध्यम रवि की गति से कम होती है; परंतु र म का मान 90° और 180° के बीच घटता है, अर्थात् स्पष्ट रवि की गति मध्यम रवि की गति से अधिक होती है। इसी प्रकार यह देखा जा सकता है कि जब मंद केंद्र का मान 180° और 270° के बीच होता है, तब स्पष्ट रवि की गति मध्यम रवि की गति से अधिक होती है और जब मंद केंद्र का मान 270° और 360° के बीच होता है, तब स्पष्ट रवि की गति मध्यम रवि की गति से कम होती है।

जिस प्रकार रवि के लिए मंद फल निकाला जाता है, उसी प्रकार चंद्रमा आदि अन्य ग्रहों का मंद फल भी निकाला जा सकता है। इन सभी ग्रहों के नीचोच्च वृत्त की परिधियों का मान 'दशगीतिका' की आठवीं तथा नौवीं आर्याओं में दिया गया है और कक्ष्यामंडलों का मान 360° लिया जाता है।

मंद फल का यही मान नीचोच्च वृत्त के उपयोग से भी प्राप्त होता है।

आकृति (3.2) में प पृथ्वी का केंद्र है, जो कक्ष्यामंडल क ख ग का भी केंद्र है। क प ग नीचोच्च रेखा है। क को केंद्र मानकर तथा रवि की मंदांत्यफलज्या के तुल्य अर्धव्यास से खींचा गया वृत्त रवि का नीचोच्च वृत्त है। इसे नीचोच्च रेखा उ तथा न बिंदुओं पर काटती है। उ बिंदु मंदोच्च तथा न बिंदु मंदनीच है।

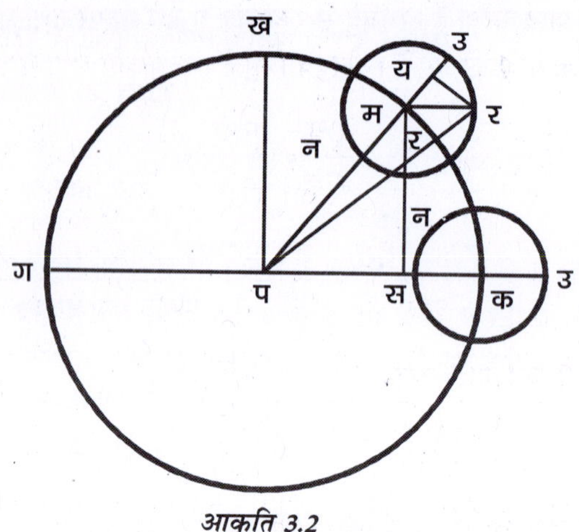

आकृति 3.2

नीचोच्च वृत्त की इस स्थिति में स्पष्ट रवि उ बिंदु पर होता है। नीचोच्च वृत्त का केंद्र जिस कोणीय गति से राशियों की दिशा में चलता है, उसी कोणीय गति से स्पष्ट रवि नीचोच्च वृत्त पर प्रतिकूल दिशा में चलता है। ये दोनों गतियाँ वही होती हैं, जिससे मध्यम रवि पृथ्वी के चारों ओर कक्ष्या पर चलता है।* इस कारण जितने काल में मध्यम रवि पृथ्वी की एक परिक्रमा पूरी करता है, नीचोच्च वृत्त का केंद्र भी वृत्त पर एक बार घूम जाता है और स्पष्ट रवि नीचोच्च वृत्त की परिधि पर एक चक्कर पूरा करता है। जब मध्यम रवि और नीचोच्च वृत्त का केंद्र फिर क पर होते हैं, तब स्पष्ट रवि उ पर होता है।

अतः जब तक मध्यम रवि और नीचोच्च वृत्त का केंद्र क से म तक आते हैं, स्पष्ट रवि उतने ही समय में उ से र तक घूम जाता है। (उ वह बाह्य बिंदु है, जिसमें प म रेखा बढ़ाने पर नीचोच्च वृत्त की परिधि को काटती है।) अतएव कोण उ म र = कोण म प क = मंदकेंद्र। पृथ्वी से देखने पर स्पष्ट रवि कक्ष्या में र स्थान पर दिखता है और कोण र प म मंदफल है। इसे चाप र म द्वारा नापा जा सकता है

---

* वस्तुतः यह पूर्णतया ठीक नहीं है। नीचोच्च वृत्त के केंद्र की कोणीय गति रवि की कोणीय और मंदोच्च की कोणीय गति के अंतर के तुल्य होती है, जैसा कहा गया है—

'स्वोच्चभगणाः स्वभगणैर्विशेषिताः स्वोच्चनीचपरिवर्ताः।'

परंतु मंदोच्च की गति इतनी अल्प होती है कि रवि की कोणीय एवं नीचोच्च वृत्त के केंद्र की कोणीय गति में कोई अंतर नहीं होता।

और इसे ही प्राप्त करना है। र बिंदु से र य लंब प उ रेखा पर तथा म बिंदु से म स लंब क प रेखा पर डाले गए हैं। अतएव त्रिभुज र म य और म प स समरूप हैं तथा

$$\frac{\text{र य}}{\text{र म}} = \frac{\text{म स}}{\text{म प}}$$

$$\text{अतः र य} = \frac{\text{म स} \times \text{र म}}{\text{म प}} = \frac{\text{मंद केंद्रज्या} \times \text{नीचोच्च वृत्त का अर्धव्यास}}{\text{कक्ष्या का अर्धव्यास}}$$

$$= \frac{\text{मंद केंद्रज्या} \times \text{नीचोच्च वृत्त की परिधि}}{360^{\circ}} = \text{मंद फलज्या}$$

सूर्य और चंद्रमा के लिए केवल मंद फल निकालने की आवश्यकता होती है। मंगल आदि के लिए इसके अतिरिक्त शीघ्र फल निकालने की भी आवश्यकता होती है। उसे भी इसी तरह निकाला जा सकता है।

ब्रह्मगुप्त ने कहा है—[1]

नीचोच्चवृत्तमध्यस्य गोलवाह्येन नाम कृतमुच्चम्।
तत्स्थो न भवत्युच्चो यतस्ततो वेत्ति नोच्चमपि॥

गोलवाह्य अर्थात् गोल को न जाननेवाले (आर्यभट) ने नीचोच्च वृत्त के केंद्र का नाम उच्च रखा है। चूँकि उच्च वहाँ नहीं होता, अतएव वे उच्च को नहीं जानते।

यदि यह दोषारोपण आर्यभट के प्रति है तो व्यर्थ है, क्योंकि आर्यभट ने उच्च की स्थिति नीचोच्च वृत्त के केंद्र पर नहीं मानी है। जैसा चतुर्वेदाचार्य कहते हैं, यह केवल वाग्बल है।

यः शीघ्रगतिः स्वोच्चात् प्रतिलोमगतिः स्ववृत्तकक्ष्यायाम्।
अनुलोमगतिर्वृत्ते मंदगतिर्यो ग्रहो भ्रमति॥ 20॥

अनुवाद—यदि ग्रह अपने उच्च से शीघ्र गतिवाला है तो वह नीचोच्च वृत्त पर प्रतिलोम गति से चलता है। यह बात मंदोच्च से ग्रह की गति के लिए लागू है। इसका उपयोग पीछे यह दिखाने के लिए किया गया है कि जो मंद फल प्रतिमंडल के उपयोग से प्राप्त होता है, वही मंद फल नीचोच्च वृत्त के उपयोग से प्राप्त होता है।

यदि ग्रह अपने उच्च से मंद गति से चलता है तो वह नीचोच्च वृत्त में अनुलोम गति से चलता है। यह बात शीघ्रोच्च से ग्रह की गति के लिए लागू है॥ 20॥

---

1. ब्राह्मस्फुट सिद्धांत, तंत्रपरीक्षाध्याय, आर्या 52

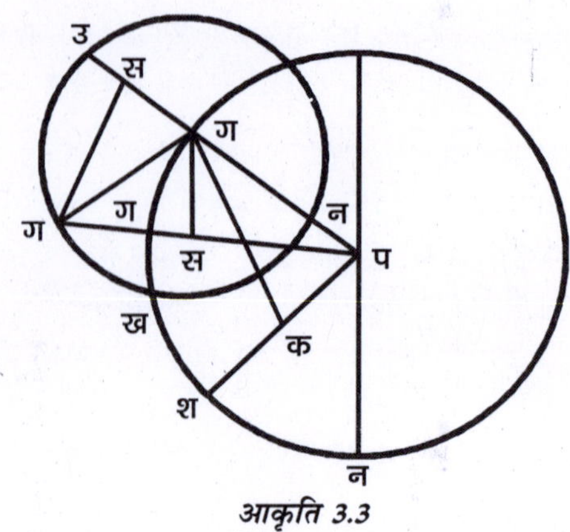

आकृति 3.3

कल्पना कीजिए कि उ ख न किसी ग्रह की कक्ष्या है, जिसके केंद्र पर पृथ्वी का केंद्र प है। ग मंद फल संस्कार-युक्त ग्रह की स्थिति है। ग को केंद्र मानकर और शीघ्र वृत्त के अर्धव्यास के तुल्य अर्धव्यास लेकर उ ग न वृत्त खींचा गया है, जो शीघ्र नीचोच्च वृत्त है। प ग रेखा बढ़ाने पर इस वृत्त को उ तथा न पर काटती है, जो क्रमशः शीघ्रोच्च और शीघ्र नीच हैं। यदि शीघ्रोच्च की दिशा प श है तो ग से ग ग रेखा इसके समांतर खींची गई है। ग शीघ्र नीचोच्च वृत्त पर ग्रह की स्थिति है। यह स्पष्ट है कि उ से ग तक ग्रह की गति अनुलोम दिशा में हुई है। प ग को मिलाकर ग से ग स एवं ग क लंब क्रमशः प ग एवं प श पर डाले गए हैं। इसी प्रकार ग से ग स लंब प उ पर डाला गया है। प ग रेखा कक्ष्यामंडल को ग बिंदु पर काटती है। ग कक्ष्यामंडल पर ग्रह की स्थिति है तथा कोण ग प ग शीघ्र फल है।

कोण ग प श ग्रह और शीघ्रोच्च के बीच का कोण अर्थात् शीघ्र केंद्र है। ग क शीघ्र केंद्र ज्या और प क शीघ्र केंद्र कोटिज्या हैं। ग ग रेखा पर श रेखा के समांतर है। अतएव कोण ग ग स और कोण प श परस्पर बराबर हैं। अब ग प क तथा ग ग स दो समरूप त्रिभुजों में

$$\text{दो : फल ग स} = \frac{\text{ग क} \times \text{ग ग}}{\text{ग प}}$$

$$= \frac{\text{शीघ्र केंद्रज्या} \times \text{शीघ्रवृत्त का अर्धव्यास}}{\text{कक्ष्या का अर्धव्यास}}$$

$$= \frac{\text{शीघ्र केंद्रज्या} \times \text{शीघ्रवृत्त की परिधि}}{360^\circ}$$

स्फुट कोटि प स = प ग + ग स

= त्रिज्या + कोटिफल।

(जब शीघ्र केंद्र का मान 90° और 270° के बीच होता है, तब

स्फुट कोटि = त्रिज्या − कोटिफल)

$$\text{कर्ण प ग} = \sqrt{\text{ग स}^2 + \text{प स}^2}$$

$$= \sqrt{\text{दो : फल}^2 + \text{स्फुट कोटि}^2}$$

अब ग स प तथा ग स प दो समरूप त्रिभुजों में

$$\text{ग स} = \frac{\text{ग स} \times \text{प ग}}{\text{प ग}}$$

= चाप ग ग की ज्या।

अतएव,

$$\text{शीघ्र फलज्या} = \frac{\text{दो : फल} \times \text{त्रिज्या}}{\text{कर्ण}}$$

इस ज्या के मान से शीघ्रफल ज्ञात किया जा सकता है।

अनुलोमगानि मंदाच्छीघ्रात् प्रतिलोमगानि वृत्तानि।
कक्ष्यामंडललग्नस्ववृत्तमध्ये ग्रहो मध्यः॥ 21॥

अनुवाद—ग्रह मंदोच्च से अनुलोम दिशा में जाता है तथा शीघ्रोच्च से प्रतिलोम दिशा में चलता है। मध्यम ग्रह कक्ष्यामंडल में मंदवृत्त अथवा शीघ्रवृत्त (अर्थात् नीचोच्च वृत्त) के केंद्र पर रहता है॥ 21॥

ग्रह, मंदोच्च तथा शीघ्रोच्च सभी पूर्व की ओर चलते हैं। ग्रह की गति मंदोच्च की अपेक्षा अधिक होती है। अतएव वह मंदोच्च की अपेक्षा पूर्व की ओर (अनुलोम दिशा में) चलता है, परंतु शीघ्रोच्च की गति से ग्रह की गति कम होती है। वह शीघ्रोच्च की अपेक्षा प्रतिलोम दिशा में चलता है। यह कॉपरनिकस के सिद्धांत से स्पष्ट किया जा सकता है।

आर्यभट के अनुसार, बुध और शुक्र के शीघ्रोच्च के भगण वही हैं, जो कॉपरनिकस के सिद्धांत में इन ग्रहों के सूर्य के चारों ओर के भगण हैं एवं मध्यम ग्रह के भगण वे हैं, जो पृथ्वी द्वारा सूर्य के चारों ओर परिक्रमण की संख्या है।

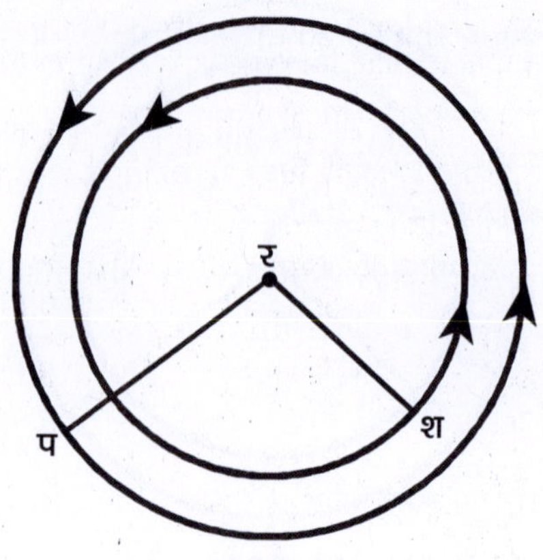

आकृति 3.4

आकृति (3.4) में स्थिति कॉपरनिकस के सिद्धांत के अनुसार दिखाई गई है। प पृथ्वी, र रवि तथा श शुक्र है।

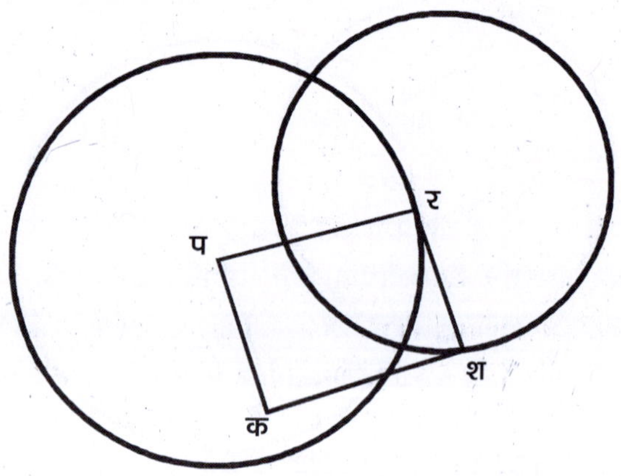

आकृति 3.5

आकृति (3.5) में आर्यभट के सिद्धांत के अनुसार, पृथ्वी स्थिर है। प से र की तथा र से श की आपेक्षिक दिशाएँ वही हैं, जो आकृति (3.4) में हैं। समांतर चतुर्भुज प र श क को पूरा करने से स्पष्ट है कि क बिंदु प के चारों ओर उसी कोणीय गति से घूमेगा जिस गति से श बिंदु के चारों ओर घूमता है, अर्थात् क की गति वही है, जो शुक्र के शीघ्रोच्च की गति है।

आकृति (3.6) में दो स्थितियाँ दिखाई गई हैं। पहली स्थिति में प, क एवं र एक ही दिशा में हैं। दूसरी स्थिति में जब तक मध्यम ग्रह र से र तक जाता है, तब

तक शीघ्रोच्च की दिशा प क हो जाती है। इससे स्पष्ट है कि मध्यम ग्रह शीघ्रोच्च की अपेक्षा प्रतिलोम दिशा में चलता है और नीचोच्च वृत्त पर स्पष्ट ग्रह की स्थिति ग है, अर्थात् नीचोच्च वृत्त पर ग्रह अनुलोम दिशा में चलता है। (आकृति 3.2 में ग्रह नीचोच्च वृत्त पर उ से र तक प्रतिलोम दिशा में चलता है, पर आकृति 3.6 में उ से ग तक ग्रह की गति अनुलोम दिशा में है।)

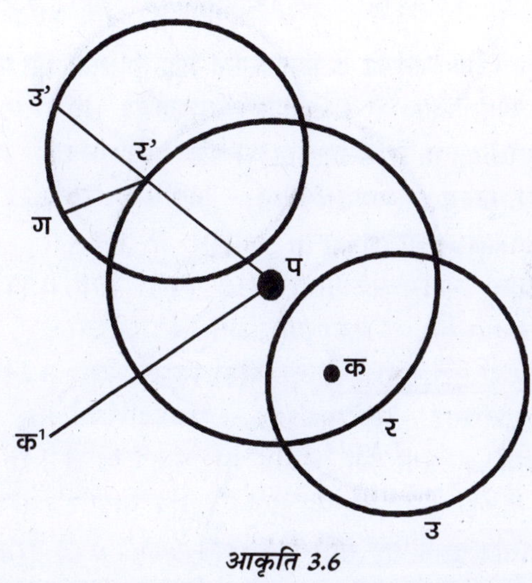

आकृति 3.6

इस तरह यह स्पष्ट है कि शीघ्रोच्च वृत्त के अर्धव्यास एवं त्रिज्या में वही अनुपात है, जो रवि से शुक्र की दूरी तथा रवि की पृथ्वी की दूरी के बीच में है। मंगल, बृहस्पति और शनि के लिए शीघ्रोच्च के भगण वही हैं, जो सूर्य के भगण हैं अर्थात् आधुनिक सिद्धांत के अनुसार, सूर्य के चारों ओर पृथ्वी के परिक्रमण की संख्याएँ हैं। अतएव इनके शीघ्र नीचोच्च वृत्त और त्रिज्या के बीच वही अनुपात है, जो सूर्य से पृथ्वी की दूरी और सूर्य से इनकी दूरियों के बीच है। इस तरह सूर्य से पृथ्वी की दूरी और सूर्य से अन्य ग्रहों की दूरियों के बीच अनुपात ज्ञात किया जा सकता है।

उदाहरणत: शुक्र के लिए इस अनुपात का मान $\frac{265^\circ 30' + 256^\circ\ 30'}{2 \times 360^\circ}$

= 0.7250 है। सभी ग्रहों के लिए ये अनुपात आगे की तालिका में दिए गए हैं।

ग्रह	*आर्यभट के मान*	*आधुनिक मान*	*कॉपरनिकस के मान*
बुध	0.3750	0.3871	0.3763
शुक्र	0.7250	0.7233	0.7193
मंगल	1.5385	1.5237	1.5198
बृहस्पति	5.1613	5.2028	5.2192
शनि	9.4118	9.5389	9.1743

यह द्रष्टव्य है कि आर्यभट के मान काफी शुद्ध हैं। शुक्र और शनि के लिए आर्यभट के मान कॉपरनिकस की अपेक्षा अधिक शुद्ध हैं।

ऋणधनधनक्षयाः स्युर्मन्दोच्चाद् व्यत्ययेन शीघ्रोच्चात्।
शनिगुरुकुजेषु मंदादर्धमृणनं भवति पूर्वे॥ 22॥
मंदोच्चाच्छीघ्रोच्चादर्धमृधनं ग्रहेषु मन्देषु।
मंदोच्चात् स्फुटमध्याश्शीघ्रोच्चाच्च स्फुटा ज्ञेयाः॥ 23॥
शीघ्रोच्चादर्धोनं कर्त्तव्यमृणं धनं स्वमन्दोच्चे।
स्फुटमध्यौ तु भृगुबुधौ सिद्धान्मदात् स्फुटौ भवतः॥ 24॥
भूताराग्रहविवरं व्यासार्धहृतः स्वकर्णसंवर्गः।
कक्ष्यायां ग्रहवेगो यो भवति स मन्दनीचोच्चे॥ 25॥

अनुवाद—मंदफल ऋण तथा धन होता है। इसके विपरीत शीघ्रफल धन और ऋण होता है। अर्थात् प्रथम छह राशियों में (जब मंदकेंद्र 0° तथा 180° के बीच होता है) मंदफल ऋणात्मक और शेष छः राशियों में मंदफल धनात्मक होता है; परंतु जब शीघ्र केंद्र 0° और 180° के बीच होता है, तब शीघ्रफल धनात्मक तथा जब शीघ्र केंद्र 180° और 360° के बीच होता है, तब शीघ्रफल ऋणात्मक होता है।

शनि, बृहस्पति और मंगल के लिए पहले ऋणात्मक अथवा धनात्मक मंदफल के आधे से ग्रह का संस्कार करना चाहिए। इस मंद फल संस्कृत ग्रह से शीघ्र फल निकालकर उसका आधा मंद फल संस्कृत ग्रह में लगाना चाहिए। इस द्विसंस्कृत ग्रह से फिर मंद फल निकालना चाहिए और पूरा मंद फल मध्यम ग्रह में लगाना चाहिए। तब स्फुट मध्य ग्रह होता है। इस स्फुट मध्य ग्रह से शीघ्र फल निकालना चाहिए और शीघ्र फल स्फुट मध्य ग्रह में लगाने से स्फुट ग्रह निकलता है॥ 22–23॥

बुध तथा शुक्र के लिए मध्य ग्रह को शीघ्रोच्च में से घटाकर शीघ्र केंद्र प्राप्त कर शीघ्र फल ज्ञात करना चाहिए (इसकी विधि पहले बताई जा चुकी है)। इस शीघ्रफल के आधे द्वारा इनके मंदोच्च में ऋण तथा धन संस्कार करना चाहिए। अर्थात् मेष से प्रारंभ करके छह राशियों के लिए मंदोच्च में से शीघ्र फल के आधे को हटाना

चाहिए और तुला से प्रारंभ करके शेष छः राशियों के लिए मंदोच्च में शीघ्र फल के आधे को जोड़ना चाहिए। इस मंदोच्च से मंद फल ज्ञात कर पूरा मध्यम ग्रह में देने से ये ग्रह स्फुट मध्य होते हैं। स्फुट मध्य ग्रह से शीघ्र फल प्राप्त कर स्फुट मध्य ग्रह में देने से स्फुट ग्रह प्राप्त होते हैं॥ 24॥

मंद कर्ण तथा शीघ्र कर्ण के गुणनफल को व्यासार्ध से भाग देने पर पृथ्वी के केंद्र तथा सूर्य के केंद्र के बीच की दूरी प्राप्त होती है। कक्ष्या में ग्रह का जो वेग होता है, वही मंदनीचोच्च वृत्त पर होता है॥ 25॥

मंद फल तथा शीघ्र फल निकालने में मंदकर्ण, शीघ्रकर्ण तथा कक्ष्या का व्यासार्ध आते हैं। प्रश्न यह है कि पृथ्वी से ग्रह की दूरी क्या मानी जाए। यह मान इस आर्या के प्रथमार्ध से प्राप्त होता है। द्वितीयार्ध में बताया गया है, कक्ष्या में तथा नीचोच्च वृत्त पर कोणीय वेग एक ही है।

❑

8

गोलपाद

'आर्यभटीय' का चौथा और अंतिम अध्याय है—गोल। 50 श्लोकों के इस सबसे बड़े अध्याय में तारा-मंडल (भूगोल) पर सूर्य, चंद्र तथा ग्रहों की गतियों को समझाया गया है। भूगोल के प्रमुख वृत्तों को भी परिभाषित किया गया है। पृथ्वी की स्थिति और दैनंदिन गति को भी इसी अध्याय में स्पष्ट किया गया है। 11 श्लोकों में सूर्य और चंद्रमा के ग्रहणों की चर्चा है। संक्षेप में, इस अध्याय का प्रमुख विषय गोलीय खगोलिकी है।

आर्यभट सबसे पहले गोल (भूगोल व खगोल) पर खींचे जानेवाले मंडलों (वृत्तों) की जानकारी देते हैं और तदनंतर खगोलीय पिंडों की गतियों को स्पष्ट करते हैं। भारतीय खगोलविद् आकाशीय पिंडों की गति को प्रदर्शित करने के लिए लचीली लकड़ी या बाँस की पट्टियों से गोल का प्रतिरूप (मॉडल) तैयार करते थे।

भारत में पंचमहाभूत (मिट्‌टी, जल, अग्नि, वायु और आकाश) का सिद्धांत आर्यभट के काफी पहले से प्रचलित रहा है। ज्योतिषियों ने भी इसे स्वीकार कर लिया था। स्मृतियों और पुराणों में पंचमहाभूतों का ही प्रतिपादन है। भारत के सभी आस्तिक दर्शनों ने, यहाँ तक कि सांख्य ने भी, पंचमहाभूत को ही अपनाया है।

परंतु आर्यभट ने केवल चार महाभूतों को माना है, पाँचवें तत्त्व 'आकाश' को उन्होंने स्वीकार नहीं किया (मृज्जलशिखिवायुमयो भूगोलः)। स्पष्ट है कि आर्यभट की यह मान्यता स्मृति-परंपरा और आस्तिक विचारधाराओं के विपरीत थी। मगर प्राचीन भारत में कुछ ऐसी विचारधाराएँ रही हैं, जो केवल चार महाभूतों को ही मानती थीं। ये नास्तिक विचारधाराएँ थीं। लोकायत (चार्वाक) दर्शन भी चार ही महाभूतों का समर्थक था।

चूँकि आर्यभट का भूत चतुष्टय का मत स्मृति-परंपरा और आस्तिक विचारधाराओं के विरुद्ध था और नास्तिक मतों का समर्थक था, इसलिए परंपरा के पोषक पुरोहित

वर्ग द्वारा इसका जबरदस्त विरोध होना स्वाभाविक बात थी। सबसे पहले वराहमिहिर ने आर्यभट के भूत चतुष्टय का खंडन करके ज्योतिष-शास्त्र में पंचमहाभूत की पुनः स्थापना की। बाद में हमारे देश में पंचमहाभूत की मान्यता का खूब बोलबाला रहा, धार्मिक जगत् में आज भी है। हालाँकि आधुनिक विज्ञान में मूल तत्त्वों की संख्या अब 100 से काफी ऊपर पहुँच गई है।

गोलपाद

मेषादेः कन्यान्तं सममुदगपमण्डलार्धमपयातम्।
तौल्योदेर्मीनान्तं शेषार्धं दक्षिणेनैव॥ 1॥

अनुवाद—क्रांतिवृत्त (वह वृत्त, जिसमें सूर्य का वार्षिक गमन होता है) का अर्धांश मेष के प्रथम बिंदु से कन्या के अंतिम बिंदु तक (आकाशीय) विषुवत् वृत्त के उत्तर में होता है तथा तुला के प्रथम बिंदु से मीन के अंत तक इसका शेष आधा भाग विषुवत् वृत्त के दक्षिण होता है॥ 1॥

क्रांतिवृत्त जिन दो बिंदुओं पर विषुवत् वृत्त से मिलता है, उन्हें क्रांतिपात अथवा संपात बिंदु कहते हैं। मेष के आदि का संपात बिंदु बसंत संपात और तुला के आदि का संपात बिंदु शरद् संपात कहलाता है। ये बिंदु क्रांतिवृत्त पर स्थिर नहीं हैं, अपितु पीछे की ओर हटते रहते हैं। इसे अयन कहते हैं। वास्तविक वसंत संपात बिंदु और मेषादि बिंदु के अंतर को अयन संस्कार कहते हैं।

आर्यभट के समय में अयन संस्कार शून्य था, अतएव विषुवत् वृत्त से सूर्य की महत्तम दूरी मिथुन के अंतिम बिंदु पर होती थी तथा कर्क राशि के प्रारंभ से सूर्य दक्षिण की ओर चलना शुरू करता था। इसी प्रकार मकर के प्रारंभ से सूर्य का उत्तर की ओर गमन प्रारंभ होता था। इन दिनों अयन संस्कार लगभग 23° 30′ है। अतएव, जब सूर्य लगभग मीन के 6° 30′ पर होने पर अपनी चरम उत्तरीय सीमा पर होता है तब दक्षिण की ओर गमन प्रारंभ करता है एवं कन्या 23° 30′ पर पहुँचने पर विषुवत् वृत्त को उत्तर से दक्षिण की ओर पार करता है।

वराहमिहिर ने लिखा है[1]—

आश्लेषार्द्धाद्दक्षिणमुत्तरमयनं रवेर्धनिष्ठाद्यम्।
नूनं कदाचिदासीद्येनोक्तं पूर्वशास्त्रेषु॥ 1॥

---

1. बृहत्संहिता, तृतीय अध्याय, आर्याएँ 1–2

साम्प्रतमयनं सवितुः कर्कटाद्यं मृगादितश्चान्यत्।
उक्ताभावो विकृति प्रत्यक्षपरीक्षणैर्व्यक्तिः॥ 2॥

अर्थात् जैसा पहले के शास्त्रों में कहा है, उस समय सूर्य का दक्षिणायन आश्लेषा नक्षत्र के मध्य से तथा उत्तरायण धनिष्ठा के प्रारंभ से होता था। इस समय सूर्य का दक्षिणायन कर्क राशि के प्रारंभ से और उत्तरायण मकर के प्रारंभ से शुरू होता है। ऐसा न हो तो विकार है और व्यक्ति को प्रत्यक्ष परीक्षण से ठीक मान ज्ञात करना चाहिए॥ 2॥

ताराग्रहेन्दुपाता भ्रमन्त्यजस्त्रमपमण्डलेऽर्कश्च।
अर्काच्च मण्डलार्धे भ्रमति हि तस्मिन् क्षितिच्छाया॥ 2॥

अनुवाद—तारा ग्रहों के पात, चंद्रमा का पात एवं सूर्य सदा क्रांतिमंडल में घूमते हैं। सूर्य से आधे क्रांतिमंडल की दूरी पर उसी में पृथ्वी की छाया भी निश्चय घूमती है॥

सूर्य क्रांतिमंडल में घूमता है, परंतु चंद्रमा और ग्रहों के मार्ग इस पर झुके हुए हैं। इन कोणों के मान 'दशगीतिका' की आर्या 6 में दिए हुए हैं। जिन बिंदुओं पर इनके पथ क्रांतिमंडल से मिलते हैं, उन्हें पात कहते हैं। इन स्थानों के जो मान आर्यभट के समय में थे, उन्हें दशगीतिका, आर्या 7 में दिया गया है।

इस आर्या से स्पष्ट है कि आर्यभट के अनुसार, चंद्रमा और ग्रहों के पात क्रांतिमंडल पर स्थिर नहीं हैं। वे चलायमान हैं।

इस संबंध में ब्रह्मगुप्त द्वारा आर्यभट की आलोचना तथा इस आलोचना के संबंध में पं. सुधाकर द्विवेदीजी की टिप्पणी का उल्लेख 'दशगीतिका' की आर्या 7 की व्याख्या करते समय किया जा चुका है।

अपमण्डलस्य चन्द्रः पाताद्यात्युत्तरेण दक्षिणतः।
कुजगुरुकोणाश्चैवं शीघ्रोच्चेनापि बुधशुक्रौ॥ 3॥

अनुवाद—चंद्रमा अपने पातों से क्रांतिमंडल के उत्तर और दक्षिण जाता है। इसी प्रकार मंगल, बृहस्पति तथा शनि भी उत्तर और दक्षिण जाते हैं; परंतु बुध और शुक्र अपने शीघ्रोच्च से उत्तर व दक्षिण जाते हैं॥ 3॥

'दशगीतिका' की दूसरी आर्या में कहा गया है कि चंद्रपात की गति विलोम है और एक महायुग में उसकी भगण संख्या 2,32,226 है अर्थात् लगभग 18.60 वर्षों में वह क्रांति मंडल की एक परिक्रमा पूरी करता है। प्रथम पात से चंद्रमा क्रांतिमंडल के उत्तर जाता है तथा द्वितीय पात से दक्षिण की ओर। प्रथम पात की स्थिति और स्फुटचंद्र की स्थिति में जब अंतर तीन राशि के तुल्य होता है, तब चंद्रमा

का अधिकतम उत्तरीय विक्षेप और जब द्वितीय पात से तीन राशि पर स्फुट चंद्र होता है तब अधिकतम दक्षिणी विक्षेप होता है।

इसी प्रकार मंगल, बृहस्पति तथा शनि का भी प्रथम पात से विक्षेप उत्तर की और तथा द्वितीय पात से दक्षिण की ओर होता है। इनके पातों की गति भी विलोम होती है और विक्षेप प्राप्त करने के लिए मंद स्फुट ग्रह और पात के बीच अंतर प्राप्त किया जाता है। चंद्रमा की तरह यह अंतर भी जब तीन राशियों के तुल्य होता है, तब अधिकतम उत्तरी या दक्षिणी विक्षेप होता है।

बुध और शुक्र के लिए शीघ्रोच्च में मंदफल का संस्कार उलटा करके अर्थात् यदि मंदफल ऋणात्मक हो तो शीघ्रोच्च में धनात्मक संस्कार करके इस मंद फल संस्कृत शीघ्रोच्च में से पात को घटाकर विक्षेप प्राप्त करना चाहिए।

चंद्रोऽशैर्द्वादशभिरविक्षिप्तोऽकन्तिर स्थितैर्दृश्यः।
नवभिर्भुगुर्भुगोस्तैर्द्वयधिकैर्द्वयधिकैर्यथा श्लक्ष्णाः॥ 4॥

अनुवाद—चंद्रमा जब विक्षेप-रहित होता है अर्थात् जब वह क्रांतिमंडल पर होता है, तब सूर्य से 12 अंश की दूरी पर होने पर दिखाई देने लगता है। ऐसी ही स्थिति में शुक्र 9 अंश की दूरी पर दिखाई देने लगता है तथा अन्य ग्रह अपनी बढ़ती हुई क्षीणता के अनुसार दो-दो अंश की अधिक दूरियों पर होने पर दिखाई देने लगते हैं॥ 4॥

क्षीणता के लिए 'गीतिकापाद' की पाँचवीं आर्या में क्रम दिया है 'भृगुगुरुबुधशनिभौमाः'। अतएव बृहस्पति 11 अंश पर, बुध 13 अंश पर, शनि 15 अंश पर तथा मंगल 17 अंश पर होने पर दिखाई देने लगते हैं।

भारतीय ज्योतिषियों ने चंद्रमा और ग्रहों के दृश्यमान होने के लिए अंशों के जो मान दिए हैं, वे नीचे दिए जाते हैं—

	चंद्रमा	बुध	शुक्र	मंगल	बृहस्पति	शनि
आर्यभट, ब्रह्मगुप्त (खंडखाद्यक), गणेश, श्रीपति	12	13	9	17	11	15
सूर्य सिद्धांत, लल्ल,	12	14 (मार्गी)	10 (मार्गी)	17	11	15
भास्कर द्वितीय		12 (वक्री)	8 (वक्री)			
मुंजाल	12	13	8	16	11	15

ब्रह्मगुप्त ने भी कहा है कि शुक्र का उदय पश्चिम में दश कालांश पर होता है तथा पूर्व दिशा में शुक्र दश कालांश पर अस्त होता है। आकृति (4.1) में श वह

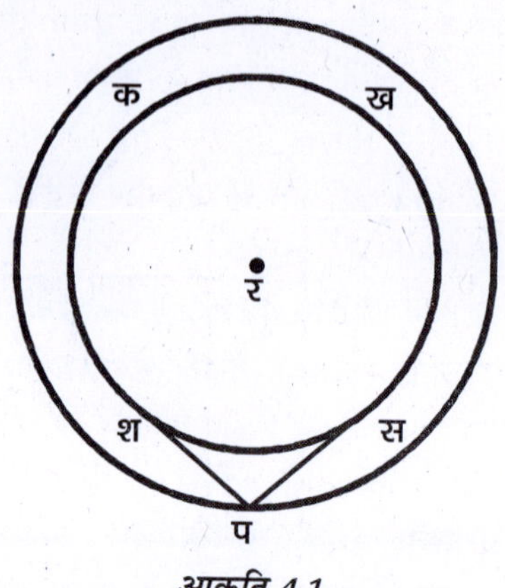

आकृति 4.1

स्थिति है, जब शुक्र पश्चिम में सूर्य से अधिकतम कोणिक दूरी पर होता है। ऐसे ही स पूर्व में वह स्थिति है, जब शुक्र पूर्व में सूर्य से अधिकतम दूरी पर होता है। श तथा स के बीच वह पहले पश्चिम में अस्त, फिर पूर्व में उदित होता है। क और ख वे स्थितियाँ हैं, जब वह क्रमशः पश्चिम में उदित तथा पूर्व में अस्त होती हैं। स्पष्ट है कि क एवं ख स्थितियों में शुक्र पृथ्वी से बहुत दूर होता है। अतएव, उसका बिंब बहुत छोटा प्रतीत होता है। इन स्थितियों में कालांश अधिक होता है। ख से क तक शुक्र मार्गी तथा श से स तक वक्री होता है।

आर्यभट की आलोचना करते हुए ब्रह्मगुप्त ने लिखा है—[1]

आर्यभटः क्षेत्रांशैर्दृश्यादृश्यान् यदुक्तवांस्तदसत्।
दृग्गणितविसंवादाद् दृग्गणितैक्यं स्वकालांशैः॥

अर्थात् ग्रहों के दृश्यमान एवं अदृश्य होने के लिए आर्यभट ने जो क्षेत्रांश का उपयोग किया है, वह ठीक नहीं है; क्योंकि उससे दृश्यता एवं गणित का मेल नहीं खाता। दृग्गणितैक्य के लिए कालांश का उपयोग करना चाहिए।

भूग्रहभानां गोलार्धानि स्वच्छायया विवर्णानि।
अर्धानि यथासारं सूर्याभिमुखानि दीप्यन्ते॥ 5॥

पृथ्वी, चंद्रमा, बुध, शुक्र आदि ग्रह एवं तारा-पुंजों के गोलों के आधे भाग

---

1. ब्राह्मस्फुट सिद्धांत, उदयास्ताधिकार, आर्या 12

अपनी छायाओं के कारण अंधकारमय होते हैं। जो आधे भाग सूर्य के सम्मुख होते हैं, वे अपने आकार के अनुसार प्रकाशित होते हैं ॥ 5 ॥

चंद्रमा, बुध आदि में अपना प्रकाश नहीं होता। वे सूर्य द्वारा प्रकाशित होते हैं। उनसे परावर्तित प्रकाश द्वारा वे हमें दिखाई देते हैं। उनका जो प्रकाशित भाग हमारी दृष्टि में आता है, उतना भाग हम देख पाते हैं। अमावस्या के दिन चंद्रमा का प्रकाशित भाग हमसे दूसरी ओर होता है; क्योंकि चंद्रमा, पृथ्वी और सूर्य के बीच में होता है। इसके विपरीत पूर्णमासी के दिन पृथ्वी चंद्रमा व सूर्य के बीच में होती है और चंद्रमा सूर्य के ठीक सामने होता है तथा उसका प्रकाशित भाग हमें दिखाई पड़ता है।

नीलकंठ ने अपने भाष्य में लिखा है कि शुक्ल के प्रथमार्ध में चंद्रमा के प्रकाशित भाग की चौड़ाई उत्क्रमज्या के अनुसार बढ़ती है तथा द्वितीयार्ध में क्रमज्या के अनुसार बढ़ती है। इससे उसका गोलत्व सिद्ध है।[1]

बुध एवं शुक्र सूर्य के समीप ही रहते हैं। चंद्रमा की तरह उनकी कलाएँ ही हमें दिखाई पड़ती हैं। चूँकि चंद्रमा अपनी धुरी पर उतने ही दिनों में घूमता है जितने दिनों में वह पृथ्वी की एक परिक्रमा करता है, अतएव हमें सर्वदा उसका एक ही भाग दिखाई पड़ता है।

प्राचीन ज्योतिषियों का यह विचार है कि तारा पुंज भी सूर्य के ही प्रकाश से प्रकाशित होते हैं, ठीक नहीं था। अब हम जानते हैं कि तारा गण भी सूर्य की तरह स्वयंप्रभ हैं। सूर्य भी एक तारा ही है, जो अन्य तारों की अपेक्षा हमारे बहुत समीप है।

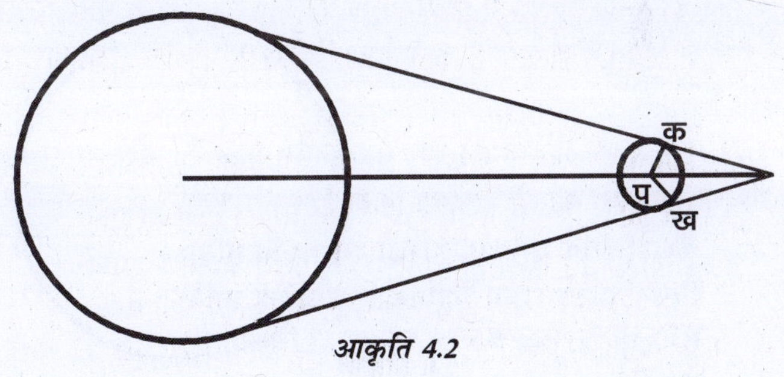

आकृति 4.2

---

1. नीलकंठकृत 'आर्यभटीय भाष्य', भाग 3, पृ. 17

यद्यपि यह ठीक नहीं है कि ग्रहों का केवल आधा भाग ही सूर्य द्वारा प्रकाशित होता है, अंतर बहुत कम होता है। उदाहरण के लिए, पृथ्वी के लिए ब्राह्म कोण क प ख लगभग 180° 30′ ही होता है।

वृत्तभपञ्जरमध्ये कक्ष्यापरिवेष्टितः खमध्यगतः।
मृज्जलशिखिवायुमयो भूगोलः सर्वतो वृत्तः॥ 6॥
यद्वत् कदम्बपुष्पग्रन्थिः प्रचितः समन्ततः कुसुमैः।
तद्वद्धि सर्वसत्त्वैर्जलजैः स्थलजैश्च भूगोलः॥ 7॥

अनुवाद—वृत्ताकार नक्षत्र मंडल के मध्य में ग्रहों की कक्ष्याओं से परिवेष्टित आकाश के मध्य में पृथ्वी का गोला स्थित है। यह चारों ओर से गोल है, अर्थात् दर्पण आदि की भाँति गोल नहीं है, गेंद की भाँति गोल है। यह मिट्टी, जल, अग्नि एवं वायुमय है॥ 6॥

जिस प्रकार कदंब के फूल की ग्रंथि चारों ओर से छोटे कुसुमों से व्याप्त रहती है, उसी प्रकार पृथ्वी का गोला जल में अथवा स्थल पर पैदा होनेवाले सब प्राणियों से व्याप्त है॥ 7॥

ख मध्य में स्थित होने का यह अर्थ है कि पृथ्वी किसी आधार पर स्थित नहीं है, अपितु निराधार है।

पृथ्वी का लगभग ऐसा ही वर्णन अन्य आचार्यों ने भी किया है। आचार्य वराहमिहिर कहते हैं[1]—

पञ्चमहाभूतमयस्तारागणपञ्जरे महीगोलः।
खेऽयस्कान्तान्तःस्थो लोह इवावस्थितो वृत्तः॥

अर्थात् पृथ्वी का गोला, जो पंचमहाभूतों का बना है, आकाश में तारामंडल के मध्य में वैसे ही स्थित है जैसे लोहे का टुकड़ा चुंबकों के बीच में (निराधार) स्थित रह सकता है।

आर्यभट ने पृथ्वी को केवल चार महाभूतमय कहा है; परंतु वराहमिहिर ने पाँचवें महाभूत आकाश का भी उल्लेख किया है—

ब्रह्मदिवसेन भूमेरुपरिष्टाद्योजनं भवति वृद्धिः।
दिनतुल्ययैव रात्र्या मृदूपचितायास्तदिह हानिः॥ 8॥

अनुवाद—ब्रह्मा के एक दिन में (अर्थात् एक कल्प में) पृथ्वी की चारों ओर एक योजन वृद्धि होती है। रात्रि में, जो दिन के तुल्य ही होती है, उतनी ही पृथ्वी की हानि होती है जितनी दिन में बढ़ी हुई थी॥ 8॥

---

1. पंचसिद्धांतिका, त्रयोदश अध्याय, आर्या 1

यह स्पष्ट नहीं है कि ऐसे विचार के लिए आर्यभट का आधार क्या था।

अनुलोमगतिर्नौस्थः पश्यत्यचलं विलोमगं यद्वत्।
अचलानि भानि तद्वत् समपश्चिमगानि लङ्कायाम्॥ 9॥
उदयास्तमयनिमित्तं नित्यं प्रवहेण वायुना क्षिप्तः।
लङ्कासमपश्चिमगो भपञ्जरः सग्रहो भ्रमति॥ 10॥

अनुवाद—जैसे नाव में बैठा हुआ कोई मनुष्य जब पूर्व दिशा में जाता है तब तीर की अचल वस्तुओं को उलटी दिशा में जाता हुआ अनुभव करता है, उसी तरह अचल तारा-गंगा लंका में पश्चिम की ओर जाते प्रतीत होते हैं। (अतएव ऐसा प्रतीत होता है कि) तारामंडल तथा ग्रहों के उदय तथा अस्त के लिए वे नित्य ही प्रवह वायु द्वारा चलाए जाकर लंका में ठीक पश्चिम दिशा में भ्रमण कर रहे हैं॥ 9-10॥

इन आर्याओं से स्पष्ट है कि आर्यभट यह मानते थे कि पृथ्वी अपनी धुरी पर घूमती है और तारामंडल स्थिर है। इस संबंध में विभिन्न आचार्यों की आलोचनाओं का उल्लेख 'गीतिकापाद' में किया जा चुका है। भट्टोत्पल ने अन्य आचार्यों के मतों का उल्लेख करते हुए ऊपर की पहली आर्या के विरुद्ध दूसरी आर्या का उल्लेख किया है, परंतु भास्कर द्वितीय के 'सिद्धांत शिरोमणि' के भगणाध्याय के प्रथम छः श्लोकों के वासनावार्त्तिक में नृसिंह ने कहा है[1]—"आर्यभटास्तु ग्रहाः पूर्वस्यां यान्ति। नक्षत्राणि तु स्थिराण्येव भूरेव नाक्षत्रदिनमध्ये पूर्वाभिमुखमेकवारं भ्रमति। तेनैव नक्षत्रग्रहाणामुदयास्तौ पूर्वपश्चिम-योर्घटतः। प्रवहानिलकल्पना व्यर्था।"

अर्थात् ग्रह पूर्व की ओर जाते हैं। आर्यभट के अनुसार, नक्षत्र गण स्थिर ही हैं, पृथ्वी ही एक नाक्षत्र दिन में पूर्व की ओर एक बार घूमती है। इसी कारण नक्षत्रों तथा ग्रहों का उदय एवं अस्त क्रमशः पूर्व और पश्चिम में होता है। प्रवह वायु की कल्पना व्यर्थ है।

इसके पश्चात् प्रमाण रूप से आर्यभट की उपर्युक्त प्रथम आर्या को उद्धृत किया गया है। कोलब्रुक ने ब्रह्मगुप्त के भाष्यकार पृथूदक स्वामी द्वारा उद्धृत की गई आर्यभट की एक आर्या को उद्धृत किया है[2]।

भपञ्जरः स्थिरो भूरेवावृत्यावृत्य प्रातिदैवसिकौ।
उदयास्तमयौ सम्पादयति नक्षत्रग्रहाणाम्॥

---

1. पं. मुरलीधर झा द्वारा संपादित वासनाभाष्य, वासनावार्त्तिक तथा मरीचि सहित 'सिद्धांत शिरोमणि' का मध्यमाधिकार, पृ. 113

2. कोलब्रुक, मिसलेनियस एजेज, भाग 2, पृष्ठ 392

यह आर्या कदाचित् पृथूदक स्वामी ने आर्यभट के दूसरे ग्रंथ से उद्धृत की है, जो अब प्राप्य नहीं है। इसमें स्पष्ट रूप से आर्यभट ने कहा है कि तारामंडल स्थिर है और पृथ्वी अपनी दैनिक घूमने की गति से नक्षत्रों व ग्रहों का उदय एवं अस्त करती है।

मेरुर्योजनमात्रः प्रभाकरो हिमवता परिक्षिप्तः।
नन्दनवनस्य मध्ये रत्नमयः सर्वतोवृत्तः ॥ 11 ॥
स्वर्मेरु स्थलमध्ये नरको बडवामुखश्च जलमध्ये।
अमरमरा मन्यन्ते परस्परमधः स्थितान्नियतम् ॥ 12 ॥

अनुवाद—नंदन वन के मध्य में, सब तरफ से गोल, रत्नमय होने के कारण प्रभावान् हिमालय पर्वत से सब ओर से घिरा हुआ मेरु है, जो एक योजन ऊँचा और इतने ही विस्तार वाला है ॥ 11 ॥

स्थल के मध्य में मेरु के ऊपर स्वर्ग है तथा जल के मध्य में बड़वामुख नरक है। (स्वर्ग में देवता और नरक में दैत्य निवास करते हैं) वे एक-दूसरे को नीचे अवस्थित मानते हैं ॥ 12 ॥

उदयो यो लङ्कायां सोऽस्तमयः सवितुरेव सिद्धपुरे।
मध्याह्नो यवकोट्यां रोमकविषयेऽर्धरात्रः स्यात् ॥ 13 ॥
स्थलजलमध्याल्लङ्का भूकक्ष्याया भवेच्चतुर्भागे।
उज्जयिनी लङ्कायास्तच्चतुरंशे समोत्तरतः ॥ 14 ॥

अनुवाद—जब लंका में सूर्योदय होता है, उस समय सिद्धपुर में सूर्यास्त होता है। उसी समय यवकोटि में दोपहर तथा रोमक में आधी रात होती है ॥ 13 ॥

स्थल और जल के बीच में अर्थात् मेरु तथा बड़वामुख के मध्य में पृथ्वी की कक्ष्या के चतुर्थ भाग अर्थात् मेरु एवं बड़वामुख से 90 अंश क्रमशः दक्षिण और उत्तर में लंका नगरी है। उसके चौथाई भाग पर अर्थात् 22½ अंश पर लंका से ठीक उत्तर दिशा में उज्जयिनी है ॥ 14 ॥

भारतीय ज्योतिषियों के अनुसार, लंका तथा सिद्धपुर एक ही याम्योत्तर रेखा पर पृथ्वी के धरातल पर आमने-सामने हैं। अतएव दोनों के समयों में 12 घंटे का अंतर होता है। एक पर जब सूर्योदय, तब दूसरे पर सूर्यास्त और एक पर जब दोपहर, तब दूसरे पर अर्धरात्रि होती है। यवकोटि लंका से 90 अंश पूर्व तथा रोमक लंका से 90 अंश पश्चिम में है और लंका से इनका समयांतर 6 घंटे का होता है।

नीलकंठ ने अपने भाष्य में 'तच्चतुरंशे' के स्थान पर 'पञ्चदशांशे' पाठ दिया है।[1] उनके अनुसार, उज्जैन का अक्षांश 24 होना चाहिए; परंतु 'तच्चतुरंशे' पाठ अधिक शुद्ध प्रतीत होता है। अलबरूनी ने अपने ग्रंथ 'इंडिका' में कहा है[2] कि

'याकूब इब्न तारिक ने अल् अर्कन्द' के प्रमाण पर उज्जैन का अक्षांश 4 ⅖ कहा है। परंतु उज्जैन तथा अल मंसूर के बीच की दूरी की गणना करने में हमने उसी पुस्तक में उज्जैन के अक्षांश का एक अन्य ही मान पाया है अर्थात् उज्जैन का अक्षांश 22° 29' है।'' यद्यपि कुछ लोग मानते हैं कि अल अर्कन्द खंडखाद्यक है, किंतु मेरा विचार है कि अल अर्कंद 'आर्यभटीय' है, क्योंकि अलबरूनी ने कहा है कि अल अर्कंद के अनुसार पृथ्वी का व्यास 1,050 योजन है। यह मान केवल 'आर्यभटीय' में दिया है[3]। भास्कर प्रथम तथा सोमेश्वर ने 'तच्चतुरंशे' पाठ ठीक माना है।

आर्यभट की आलोचना करते हुए ब्रह्मगुप्त ने कहा है[4]—

सूर्योदयश्चतुर्था दिनवारा यदुवाच तदसदार्यभटः।
लङ्कोदये यतोऽर्कस्यास्तमयं प्राह सिद्धपुरे॥

इसके अर्थ का तथा इसके संबंध में महामहोपाध्याय सुधाकर द्विवेदीजी की टिप्पणी का उल्लेख किया जा चुका है।

भूव्यासार्धेनोनं दृश्यं देशात्समाद्भगोलार्धम्।
अर्धं भूमिच्छन्नं भूव्यासार्धाधिकं चैव॥ 15॥

अनुवाद—किसी समभूमि से नक्षत्रों का गोलार्ध पूरा नहीं दिखाई देता, पृथ्वी के व्यासार्ध से हीन भाग ही दिखाई देता है। पृथ्वी द्वारा छिपे गोलार्ध का मान आधे से पृथ्वी के व्यासार्ध के तुल्य अधिक होता है॥ 15॥

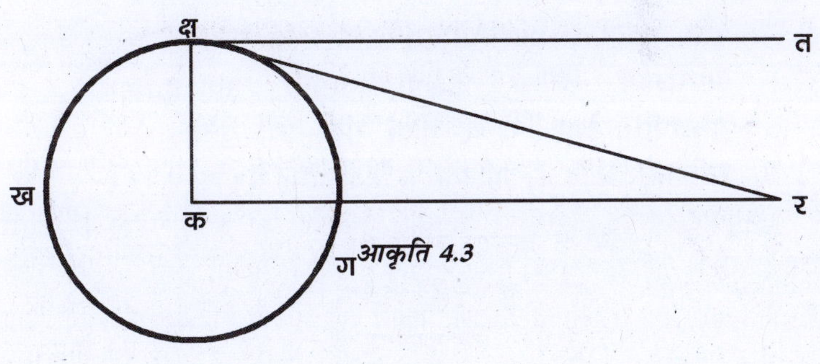

आकृति 4.3

1. नीलकंठ कृत 'आर्यभटीय भाष्य', भाग 3, पृ. 28
2. सखाऊ का अनुवाद भाग, पृ. 316
3. वही, पृ. 312
4. ब्राह्मस्फुट सिद्धांत, तंत्रपरीक्षाध्याय, आर्या 12

आकृति (4.3) में ख ग क्ष पृथ्वी का धरातल है। किसी बिंदु क्ष पर स्थित मनुष्य को केवल वही भाग दिखाई पड़ता है, जो उसके क्षितिज में है। यदि क पृथ्वी का केंद्र है और र आकाश में कोई पिंड है तो क्ष स्थित मनुष्य को आकृति में दिखाई स्थिति में र दिखाई नहीं देगा। यद्यपि क र रेखा क्ष के क्षितिज के समानांतर है। यदि आकृति को क क्ष रेखा के चतुर्दिक् घुमाएँ तो क्ष पर क्ष र एवं क्ष त रेखाओं के बीच जो ठोस कोण बनेगा, वही क्ष से दिख सकनेवाले गोलार्ध में कमी का मापक होगा।

परंतु वास्तव में यह कोण बहुत न्यून है। यदि क से र पर स्थित पिंड की दूरी द और पृथ्वी का व्यास व है तो कोण क र क्ष का मान

$$\angle \text{क र क्ष} = \frac{\text{व} \times 3438}{2\text{द}} \text{ मिनट।}$$

भास्कर प्रथम के अनुसार, व = 1,050 योजन तथा सूर्य के लिए द = 4,59,585 योजन है। अतएव सूर्य के लिए ∠ क र क्ष = 3.93′ अथवा लगभग 4′ है। पृथ्वी के व्यास तथा सूर्य की दूरी के आधुनिक मानों के अनुसार ∠ क र क्ष = 8.9″ है। तारों के लिए तो यह कोण बिलकुल ही नगण्य है।

नीलकंठ का कहना है कि सूर्य के उदय काल में 4 असु जोड़ना चाहिए और अस्तकाल में इतना ही घटाना चाहिए और ग्रहों की सूर्योदय कालिक अथवा सूर्यास्त कालिक स्थिति प्राप्त करने के लिए इस काल को ध्यान में रखना चाहिए[1]। आर्यभट ने 'दशगीतिका' में कहा है कि पृथ्वी एक प्राण (असु) में एक कला घूमती है।

देवाः पश्यन्ति भगोलार्धमुदङ्मेरुसंस्थिताः सव्यम्।
अपसव्यगं तथार्धं दक्षिणबडवामुखे प्रेताः ॥ 16 ॥
रविवर्षार्धं देवाः पश्ध्यन्त्युदितं रविं तथा प्रेताः।
शशिमासार्धं पितरः शशिगाः कुदिनार्धमिह मनुजाः ॥ 17 ॥

अनुवाद—उत्तर में मेरु पर रहनेवाले देवताओं को नक्षत्र मंडल का उत्तरी गोलार्ध बाईं से दाईं ओर घूमता हुआ दिखता है और दक्षिण में बड़वामुख पर रहने वाले प्रेतों को नक्षत्र मंडल का दक्षिणी गोलार्ध दाईं ओर से बाईं ओर घूमता दिखता है ॥ 16 ॥

देव तथा प्रेत सूर्य को उसके उदय होने पर सूर्य के वर्ष के आधे काल तक

1. नीलकंठ कृत 'आर्यभटीय भाष्य', भाग 3, पृ. 31

देखते रहते हैं, चंद्रमा पर निवास करनेवाले पितरों को चांद्र मास के आधे काल तक सूर्य दिखाई देता है तथा पृथ्वी पर रहनेवाले मनुष्यों को सावन दिन के आधे काल तक सूर्य दिखाई देता है ॥ 17 ॥

मेरु स्थित देवताओं का मुख दक्षिण की ओर होगा। पूर्व से पश्चिम को जाते हुए नक्षत्र मंडल उन्हें बाएँ से दाएँ जाते प्रतीत होंगे। दक्षिण में बड़वामुख पर रहनेवालों को नक्षत्र मंडल दाएँ से बाएँ जाते प्रतीत होंगे।

वसंत संपात के पश्चात् सूर्य विषुवत् रेखा के उत्तर आता है। तब वह मेरु निवासी देवताओं को क्षितिज पर उदित दिखाई देगा और बाएँ से दाएँ घूमता दिखेगा। धीरे-धीरे वह क्षितिज से ऊपर उठेगा और तीन सौर मास पश्चात् अधिकतम ऊँचाई को प्राप्त करेगा। इसके पश्चात् उसकी ऊँचाई धीरे-धीरे कम होगी और शरद् संपात पर वह अस्त हो जाएगा। इसके विपरीत बड़वामुख पर रहनेवालों को वह शरद् संपात से वसंत संपात तक दिखाई देगा।

'ब्राह्मस्फुट सिद्धांत' के गोलाध्याय की आठवीं आर्या के भाष्य में पृथूदक स्वामी ने लिखा है कि पितरों के लिए सूर्योदय मनुष्यों की कृष्ण पक्ष की अष्टमी के आधे पर होगा और सूर्यास्त शुक्ल पक्ष की अष्टमी के आधे पर होगा। इससे प्रतीत होता है कि भारतीय ज्योतिषियों की यह धारणा थी कि पितर लोग चंद्रमा के उस भाग पर निवास करते हैं, जो पृथ्वी के ठीक सामने है। वे यह भी जानते थे कि चंद्रमा के अपनी धुरी पर घूमने का काल वही है, जो पृथ्वी के चारों ओर एक परिक्रमा करने का काल है। (इस संबंध में 'कालक्रियापाद' की सातवीं आर्या भी देखें)

पूर्वापरमधऊर्ध्वं मण्डलमथ दक्षिणोत्तरञ्चैव।
क्षितिजं समपार्श्वस्थं भानां यत्रोदयास्तमयौ ॥ 18 ॥
पूर्वापरदिग्लग्नं क्षितिजादक्षाग्रयोश्च लग्नं यत्।
उन्मण्डलं भवेतत् क्षयवृद्धी यत्र दिवसनिशोः ॥ 19 ॥

अनुवाद—पूर्व बिंदु से पश्चिम बिंदु तक ऊर्ध्वाधर दिशा में जाता हुआ जो समतल है, उसे सम मंडल और ऐसे ही दक्षिण से उत्तर की ओर जाता हुआ जो समतल है, उसे याम्योत्तर मंडल अथवा याम्योत्तर वृत्त कहते हैं। (इस याम्योत्तर वृत्त से पूर्व कपाल एवं अपर कपाल का विभाजन होता है। इसी से नव एवं उन्नत का भी विभाजन होता है।) पृथ्वी से लगा हुआ जो चारों ओर समतल है, उसे क्षितिज कहते हैं। जहाँ नक्षत्रों का तथा ग्रहों का उदय व अस्त होता है। (पूर्वार्ध में वे उदय एवं पश्चिमार्ध में अस्त होते हैं) ॥ 18 ॥

वह समतल, जो पूर्व एवं पश्चिम बिंदुओं से और उन दो बिंदुओं से जो याम्योत्तर वृत्त पर क्षितिज से किसी स्थान के अक्षांश के तुल्य ऊपर तथा नीचे अर्थात् उत्तरी एवं दक्षिणी ध्रुवों से गुजरता है, उन्मंडल कहलाता है। इससे ही दिन- रात की क्षीणता तथा वृद्धि प्राप्त की जाती है। (यह वृत्त लंका के क्षितिज का वृत्त है) ॥ 19 ॥

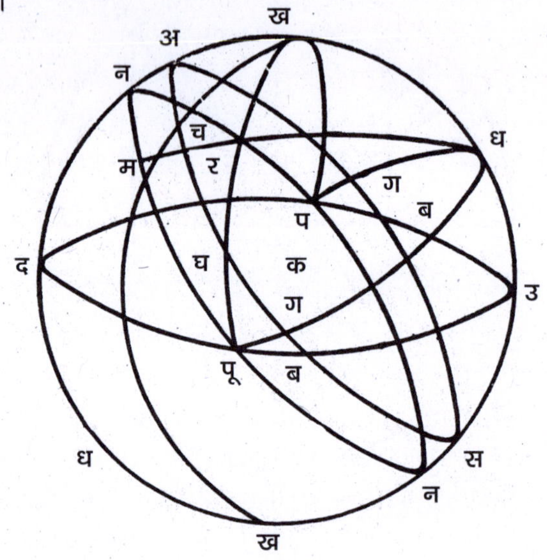

आकृति 4.4

आकृति (4.4) में क बिंदु पर प्रेक्षक है, न पू न' प नाड़ीमंडल है, द पू उ प क्षिजित है, पू पूर्व बिंदु तथा प पश्चिम बिंदु हैं, ख शिरोबिंदु अथवा ख मध्य है, ख' अधोबिंदु है, पू ख प ख' सममंडल, ख न द ध' न' उ ध याम्योत्तर वृत्त है, ध एवं ध' क्रमशः उत्तरी तथा दक्षिणी ध्रुव हैं और पू ध प ध' उन्मंडल हैं।

आकृति में अ ब स ब' सूर्य के किसी दिन के आकाशीय पथ को दरशाता है, जब सूर्य विषुवत् रेखा के उत्तर में होता है। यह सूर्य का अहोरात्र वृत्त है। जब सूर्य ब बिंदु पर आता है, तब सूर्योदय तथा जब ब' पर पहुँचता है तब सूर्यास्त होता है। ब ब' रेखा उदयास्त सूत्र है।

पूर्वापरदिग्रेखाधश्चोर्ध्वा दक्षिणोत्तरस्था च।
एतासां सम्पातो द्रष्टा यस्मिन् भवेद् देशे॥ 20॥

अनुवाद—पूर्वापर सूत्र अर्थात् पूर्व एवं पश्चिम बिंदुओं को मिलानेवाली रेखा, शिरोबिंदु तथा अधोबिंदु को मिलानेवाली रेखा और दक्षिणोत्तर रेखा का संपात वहाँ होता है, जहाँ प्रेक्षक होता है ॥ 20 ॥

आकृति (4.4) में पू प रेखा पूर्वापर सूत्र, ख ख' रेखा शिरोबिंदु तथा अधोबिंदु के बीच एवं उ द दक्षिणोत्तर रेखाएँ हैं। ये तीनों रेखाएँ क बिंदु पर, जहाँ द्रष्टा हैं, एक-दूसरे को काटती हैं।

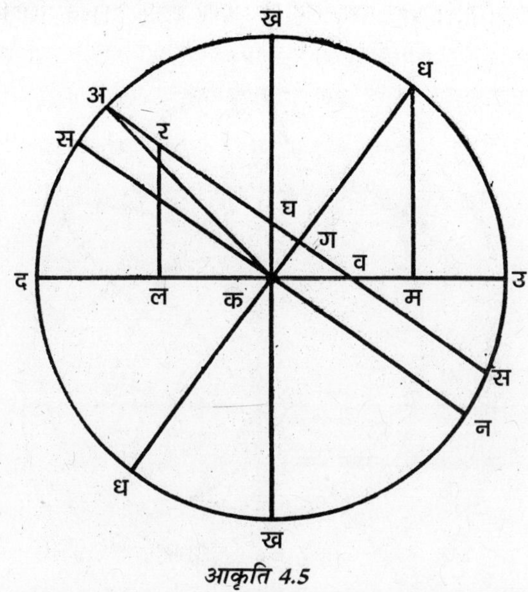

आकृति 4.5

यदि पिछली आकृति की सभी रेखाओं को याम्योत्तर वृत्त के समतल पर प्रक्षिप्त किया जाए तो ऊपर दी हुई आकृति (4.5) प्राप्त होगी। इसमें क बिंदु पर ही पू एवं प बिंदु प्रक्षिप्त होकर पड़ते हैं। द उ क्षितिज का व्यास, न न' नारीमंडल का व्यास, ध ध' उन्मंडल का व्यास तथा ख ख' सममंडल का व्यास है। ये सभी रेखाएँ क बिंदु पर मिलती हैं। अ स सूर्य के अहोरात्र वृत्त का व्यास है। इसे द्युज्या कहते हैं। यह क्षितिज के व्यास को ब पर तथा उन्मंडल के व्यास को ग पर काटता है।

ऊर्ध्वमधस्ताद् द्रष्टुर्ज्ञेयं दृङ्मण्डलं ग्रहाभिमुखम्।
दृक्क्षेपमंडलमपि प्राग्लग्नं स्यात् त्रिराश्नूयनम्॥ 21॥

अनुवाद—जो वृत्त द्रष्टा के शिरोबिंदु एवं अधोबिंदु से तथा किसी ग्रह की स्थिति से होकर गुजरता है, दृङ् मंडल कहलाता है। जो ऊर्ध्वावार वृत्त द्रष्ट से तथा वित्रिभ से गुजरता है, वह दृक्क्षेपमंडल कहलाता है। क्रांतिवृत्त का जो बिंदु पूर्वी क्षितिज पर होता है, उसे लग्न कहते हैं। वित्रिभ क्रांतिवृत्त का वह बिंदु है, जो लग्न से तीन राशि कम है। (वि = विहीन, त्रिं = तीन, भ = राशि) ॥ 21 ॥

आकृति (4.4) में च बिंदु पर कोई ग्रह है। इससे तथा ख एवं ख' बिंदुओं से गुजरता हुआ एक वृत्तार्ध खींचा गया है। यह दृङ्मंडल का अर्धभाग है।

आकृति (4.6) में उ प द पू क्षैतिज वृत्त हैं। उ द इस पर याम्योत्तर वृत्त का प्रक्षेप तथा प पू रेखा इस पर सममंडल का प्रक्षेप है। म ब बल क्रांतिमंडल है। क कदंब है, जिसकी दूरी क्रांतिमंडल के प्रत्येक बिंदु से 90 अंश है। क्रांतिमंडल का ल बिंदु पूर्वी क्षितिज पर है। यही लग्न है। ग घ रेखा क एवं ख बिंदुओं से गुजरने

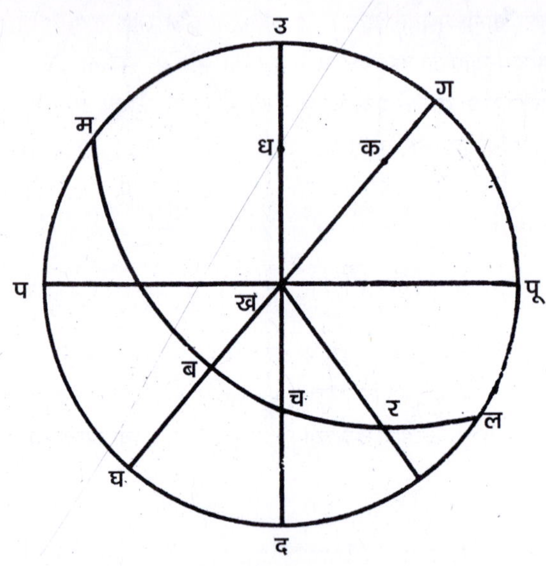

आकृति 4.6

वाले ऊर्ध्वाधर वृत्त का प्रक्षिप्त है। यह क्रांतिमंडल को ब बिंदु पर काटती है। ब वित्रिभ है। ल से एवं म से इसकी दूरी तीन राशियाँ हैं। क्रांतिमंडल का म बिंदु अस्त हो रहा है। बिंदु ध उत्तर-दक्षिण रेखा उ द पर ध्रुव का प्रक्षिप्त है।

काष्ठमयं समवृत्तं समन्ततः समगुरुं लघुं गोलम्।
पारततैलजलैस्तं भ्रमयेत् स्वधिया च कालसमम्॥ 22॥

अनुवाद—काष्ठ अथवा अन्य हलकी वस्तु का गोला बनाएँ, जो पूर्णतः सब ओर से वृत्ताकार हो और एक ही भार का हो तथा हलका हो। इसे पारा, तेल तथा जल की सहायता से अपनी बुद्धि लगाकर काल के व्यतीत होने के अनुपात में घुमाना चाहिए॥ 22॥

परमेश्वर ने कहा है[1] कि दो स्तंभों में लगी शलाकाओं को ऐसे गोले के दोनों आमने-सामने के बिंदुओं पर बने हुए छिद्रों में घुसाकर स्तंभों के बीच रखना चाहिए, फिर इसकी परिधि के चारों ओर सूत्र लपेटकर उस सूत्र को एक पारा से भरी अलाबु (सूखी लौकी के कमंडलु) से बाँधना चाहिए। इस अलाबु को जल से भरे नल में स्थापित करना चाहिए। नल ऊर्ध्वाधर हो और उसके निचले भाग में एक छोटा छिद्र हो। ज्यों-ज्यों जल के कम होने से अलाबु नीचे जाएगा, त्यों-त्यों उसके द्वारा आकृष्ट होकर गोला घूमेगा। यदि छिद्र को इतना बड़ा रखा जाए कि तीस घटियों में गोला आधा घूम जाए तो इस यंत्र से समय की माप हो सकती है।

गोले का सब ओर से एक ही भार का होना इस कारण आवश्यक है कि ऐसा न होने पर जब अधिक भार वाला भाग नीचे की ओर जा रहा होगा, उस समय गोला स्वतः तेजी से घूम जाएगा और जब वह ऊपर उठ रहा होगा तब सूत्र से खींचे जाने पर भी हो सकता है कि न घूमे।

दृग्गोलार्धकपाले ज्यार्धेन विकल्पयेद् भगोलार्धम्।
विषुवज्जीवाक्षभुजा तस्यास्त्ववलम्बकः कोटिः ॥ 23 ॥

अनुवाद—दृश्य गोलार्ध भाग में अक्षज्या एवं लंबज्या के द्वारा नक्षत्र मंडलीय गोलार्ध की कल्पना करनी चाहिए। अक्षज्या ख मध्य एवं विषुवस्थित मध्याह्न कालिक रवि के बीच के कोण की ज्या के तुल्य होती है तथा अविलंब अक्षकोटिज्या के तुल्य होता है ॥ 23 ॥

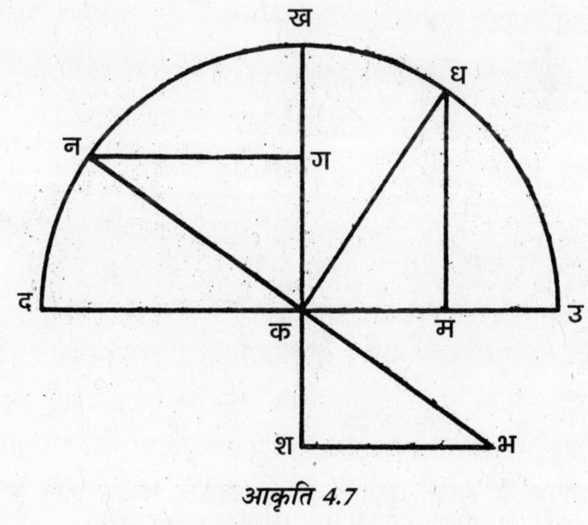

आकृति 4.7

1. आर्यभटीय भाष्य, पृ. 84

आकृति (4.7) में दृग्गोलार्ध खींचा गया है। इसमें क द्रष्टा की स्थिति, ख खमध्य, उ एवं द क्रमशः उत्तर-दक्षिण दिशाएँ, ध ध्रुव तथा न क विषुवत् रेखा हैं। क श शंकु है तथा श भ उसकी छाया है।

वसंत संपात के दिन अथवा शरद् संपात के दिन जब सूर्य विषुवत् रेखा पर होता है, तब उसकी मध्याह्न कालिक स्थिति न पर होती है। उस समय कोण न क ख सूर्य का नतांश है, जिसका चाप न ख है। इसकी अर्धज्या न ग है। यह अक्षांशज्या ध म के तुल्य है, क्योंकि कोण न क ख कोण ध क उ के तुल्य है और कोण ध क उ द्रष्टा की स्थिति का अक्षांश है। इसी प्रकार ग क रेखा क म रेखा के तुल्य है, जो अक्षांश कोटिज्या है।

इस दिन की शंकु मध्याह्न कालिक छाया श भ को पलभा कहते हैं। शंकु की छाया से किसी भी समय सूर्य का नतांश ज्ञात किया जा सकता है। उदाहरणतः ऊपर के चित्र में छाया श भ को त्रिज्या न क से गुणा करके छायाकर्ण क भ से विभाजित करें तो न ग का मान प्राप्त होगा, जो चाप न ख की अर्धज्या है। छाया कर्ण क भ का मान गणितपाद की आर्या 14 से ज्ञात किया जा सकता है।

आकृति (4.7) में श भ भुजा और क श कोटि है। इसी प्रकार न ग भुजा तथा ग क कोटि हैं।

अष्टापक्रमवर्गं व्यासार्धकृतेर्विशोध्य यन्मूलम्।
विषुवदुदग्दक्षिणतस्तदहोरात्रार्धविष्कम्भः ॥ 24 ॥

अनुवाद—इष्ट अपक्रमज्या के वर्ग को त्रिज्या के वर्ग में से घटाकर जो शेष हो उसका वर्गमूल विषुवत् वृत्त के उत्तर अथवा दक्षिण में अहोरात्र वृत्त का अर्धव्यास होता है। इसे द्युज्या भी कहते हैं ॥ 24 ॥

अहोरात्र वृत्त का व्यासार्ध अथवा द्युज्या = $\sqrt{\text{त्रिज्या}^2 - (\text{इष्टक्रांतिज्या})^2}$

आकृति (4.5) में न अ चाप क्रांति है। इसकी ज्या क ग के तुल्य है। ग अ द्यु ज्या है और

अतएव $\text{ग अ}^2 = \text{क अ}^2 - \text{क ग}^2$।

अतएव ग अ = $\sqrt{\text{क अ}^2 - \text{क ग}^2}$

= $\sqrt{\text{त्रिज्या}^2 - (\text{इष्टक्रांतिज्या})^2}$

= इष्टक्रांतिकोटिज्या।

इष्टज्यागुणितमहोरात्रव्यासार्धमेव काष्ठान्त्यम्।
स्वाहोरात्रार्धहृतफलमजाल्लङ्कोदयप्राग्ज्या ॥ 27 ॥

अनुवाद—परम उपक्रम आने अहोरात्र व्यासार्ध को क्रांतिमंडल पर सूर्य की स्थिति की (अर्थात् सायन मेष से सूर्य की स्थिति की) ज्या से गुणा करो तथा गुणनफल को उस इष्ट अहोरात्र के व्यासार्ध से भाग दो तो फल लंका के अक्षांश पर मेष से उस चाप के उदय काल की ज्या होगा॥ 25 ॥

यदि परम अपक्रम का मान $\in$ है, सायन मेष से इष्ट बिंदु तक चाप का मान λ है तथा उस बिंदु का (अर्थात् सायन मेष से λ दूरी का) अपक्रम δ है तो

$$\text{उदय की ज्या} = \frac{\text{कोटिज्या } \in \times \text{ ज्या } \lambda}{\text{कोटिज्या } \delta}$$

उपपत्ति—

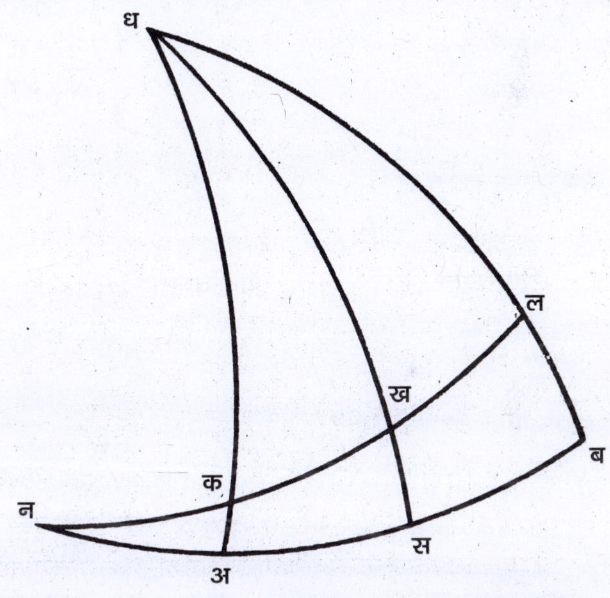

आकृति 4.8

आकृति (4.8) में न अ ब नाड़ीमंडल तथा न क ल क्रांतिमंडल हैं। ब ल चाप अधिकतम अपक्रम की चाप है, अर्थात् न ब एवं न ल चापों का मान 90° है। ध ध्रुव हैं और ध क अ एवं ध ल ब ध्रुवपोत अर्थात् ध्रुव से विषुवत् रेखा तक खींचे गए चापखंड हैं। अतः कोण न अ क = कोण न ब ल = 90°, क्योंकि न ब = न ल = 90°, अतएव ब ल चाप के लिए न ध्रुव की तरह है और कोण न ल ध= 90°।

गोलीय त्रिकोणमिति के नियमों के अनुसार,

$$\frac{\text{ज्या चाप न अ}}{\text{ज्या कोण न क अ}} = \frac{\text{ज्या चाप न क}}{\text{ज्या कोण न अ क}}$$

अतः ज्या चाप न अ = $\frac{\text{ज्या चाप न क}}{\text{ज्या } 90^\circ}$ × ज्या कोण न क अ।

इसी प्रकार, ज्या चाप ध ल = $\frac{\text{ज्या चाप न क}}{\text{ज्या } 90^\circ}$ × ज्या कोण ध क ल।

अतः $\frac{\text{ज्या चाप न अ}}{\text{ज्या चाप ध ल}} = \frac{\text{ज्या चाप न क}}{\text{ज्या चाप ध क}} \times \frac{\text{ज्या कोण न क अ}}{\text{ज्या कोण ध क ल}}$

$= \frac{\text{ज्या चाप न क}}{\text{ज्या चाप ध क}}$

अतएव ज्या चाप न अ = $\frac{\text{ज्या चाप ध ल} \times \text{ज्या चाप न क}}{\text{ज्या चाप ध क}}$ ।

परंतु ज्या चाप ध ल = परम अपक्रम के अहोरात्र का अर्धव्यास = कोटिज्या$\in$,

ज्या चाप न क = ज्या λ, ज्या चाप ध क = कोटिज्या चाप क अ = इष्ट चाप λ की द्युज्या हैं। न अ चाप का उदय काल वही है, जो न क चाप का है।

अतएव न क चाप के उदय काल की ज्या = $\frac{\text{कोटिज्या } \in \times \text{ ज्या } \lambda}{\text{कोटिज्या } \delta}$ ।

यह काल असुओं में प्राप्त होता है, क्योंकि चाप को कलाओं में नापा जाता है और पृथ्वी एक असु (प्राण) में एक कला घूमती है।

उदय काल ज्ञात करने के लिए पहले हम प्रत्येक राशि के लिए क्रांति अर्थात् आकृति (4.8) में चाप क अ का मान ज्ञात करेंगे। भारतीय ज्योतिषियों ने $\in$ का मान 24 अंश माना है। गणना के लिए हम यही मान लेंगे।

आकृति (4.8) में यदि न से 30° पर क बिंदु मेष का अंत है तो

$$\frac{\text{ज्या चाप क अ}}{\text{ज्या कोण क न अ}} = \frac{\text{ज्या चाप न क}}{\text{ज्या कोण न अ क}}।$$

अतएव

$$\text{क्रांतिज्या} = \text{ज्या चाप क अ} = \frac{\text{ज्या कोण क न अ} \times \text{ज्या चाप न क}}{\text{ज्या } 90^\circ}$$

$$= \frac{\text{ज्या } \in \times \text{ ज्या } \lambda}{\text{त्रिज्या}}$$

ज्या की सारिणी से ज्या 24° = 1,397 तथा ज्या 30° = 1,719,

$$\text{अतएव ज्या चाप क अ} = \frac{1,397 \times 1,719}{3,438} = 698.5$$

तथा अहोरात्र का व्यासार्ध = $(3,438^2 - 698.5)^{1/2}$

$= \sqrt{1,13,31,941.75}$

= 3,366.3।

$$\text{अत: ज्या चाप न अ} = \frac{\text{कोटिज्या } 24^\circ \times \text{ ज्या } 30^\circ}{3,366.3}$$

$$= \frac{3,141.4 \times 1,719}{3,366.3}$$

= 1,604।

अतएव चाप न अ = 1,670'।

इसी प्रकार यदि ख बिंदु वृष राशि का अंतिम बिंदु है तो चाप न ख का मान 60° तथा ज्या 60° = 2,977 और

$$\text{ज्या चाप ख स} = \frac{1,397 \times 2,977}{3,438} = 1,209.7$$

तथा अहोरात्र वृत्त का व्यासार्ध = 3,218।

$$\text{अत: ज्या चाप न स} = \frac{3,141.4 \times 2,977}{3,218}$$

= 2,906'।

तथा चाप न स = 3,465'।

अत: मेष का उदयकाल = 1,670 असु।

वृष का उदयकाल = (3,465 − 1,670) असु,

= 1,795 असु।

एवं मिथुन का उदयकाल = (5,400 – 3,465) असु,

= 1,935 असु।

नीचे की सारणी में विभिन्न राशियों के उदयकाल दिए गए हैं (लंका के अक्षांश में)

राशियाँ	मेष कन्या तुला मीन	वृष सिंह वृश्चिक कुंभ	मिथुन कर्क धनु मकर
उदयकाल असुओं में	1670	1795	1935

इष्टापक्रमगुणितामक्षज्यां लम्बकेन हृत्वा या।
स्वाहोरात्रे क्षितिजा क्षयवृद्धिज्या दिननिशोः सा॥ 26॥

अनुवाद—इष्ट अपक्रमज्या को किसी स्थान की अक्षांशज्या से गुणा करके उस स्थान की अक्षांश कोटिज्या से भाग दें तो फल कुज्या कहलाता है। यह उस स्थान पर अहोरात्र वृत्त के समतल में होता है और उस स्थान के दिन-रात के क्षय और वृद्धि की ज्या के अनुपात में होता है॥ 26॥

अपक्रमज्या नाड़ीमंडल और अहोरात्र वृत्त के बीच की दूरी है। आकृति (4.4) में यह दूरी पू ग चाप की ज्या के तुल्य है। उसी आकृति में अहोरात्र वृत्त उन्मंडल को ग बिंदु पर काटता है और क्षितिज को ब बिंदु पर काटता है। इन बिंदुओं के बीच की दूरी ग ब चाप की ज्या है। इसे कुज्या कहते हैं। पूर्वापर सूत्र और उदयास्त सूत्र के बीच की दूरी पू ब चाप की ज्या है। इसे अग्रा कहते हैं।

आकृति (4.5) में क ग अपक्रमज्या, ग ब कुज्या तथा क ब अग्रा है।

कोण उ क ध अक्षांश कोण है। आकृति से स्पष्ट है कि ग क ब तथा ध क म समरूप त्रिभुजों में

$$\frac{\text{ग ब}}{\text{क ग}} = \frac{\text{ध म}}{\text{क म}} = \frac{\text{अक्षांशज्या}}{\text{अक्षांश कोटिज्या}}$$

$$\text{अतः ग ब} = \text{कोज्या} = \frac{\text{इष्ट क्रांतिज्या} \times \text{अक्षांशज्या}}{\text{अक्षांश कोटिज्या}}$$

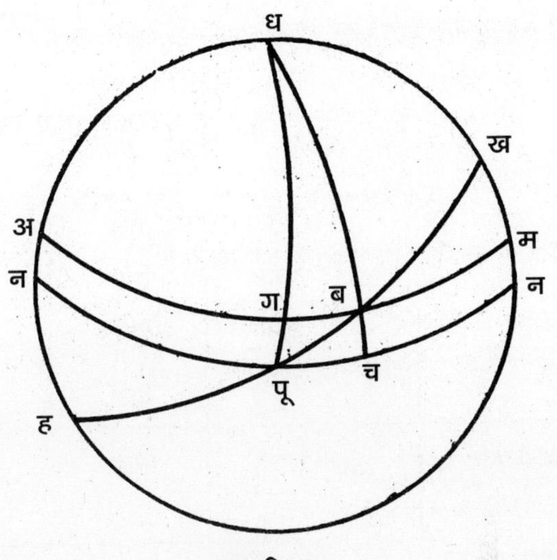

आकृति 4.9

आकृति (4.9) में न पू न' नाड़ीमंडल, अ ग ब स अहोरात्र वृत्त, ध बिंदु, ध्रुव, ह पू ब ख क्षितिज एवं ब ग चाप की ज्या कुज्या हैं। जब सूर्य ब पर आता है, तब सूर्योदय होता है। जब ग पर पहुँचता है, तब उन्मंडल पर होता है और ग से अ तक जाने का समय 15 घटी है। जब तक वह ब से ग तक आता है, वही काल दिपार्ध से अधिक है। इसकी नाप विषुवत् रेखा पर पू च चाप से होती है। यही चरदल है। अब

$$\frac{\text{ज्या चाप ब ग}}{\text{ज्याकोण ग ध ब}} = \frac{\text{ज्या चाप ब ध}}{\text{ज्याकोण ध ग ब}} =$$

$$\text{तथा } \frac{\text{ज्या चाप पू च}}{\text{ज्याकोण पू ध च}} = \frac{\text{ज्या चाप ध च}}{\text{ज्याकोण ध पू च}}$$

$$\text{अत: ज्या चाप पू च} = \frac{\text{ज्या चाप ब ग} \times \text{ज्या चाप ध च}}{\text{ज्या चाप ब ध}}$$

$$= \frac{\text{कोज्या} \times \text{त्रिज्या}}{\text{कोटिज्या } \delta},$$

क्योंकि ज्या कोण ध ग ब = ज्या कोण ध पू च = त्रिज्या तथा ग ध ब और पू ध च एक ही कोण हैं।

अब हम दिल्ली के अक्षांश के लिए चरदल की गणना मेष, वृष तथा मिथुन तीनों राशियों के लिए करेंगे। दिल्ली का अक्षांश 28° 42′ है।

$$\text{चरदलज्या} = \frac{\text{कुज्या} \times \text{त्रिज्या}}{\text{कोटिज्या } \delta} = \frac{\text{कोज्या} \times \text{त्रिज्या}}{\text{द्युज्या}}$$

अथवा कुज्या का मान रखने पर मेष के अंत में

$$\text{चरदलज्या} = \frac{\text{ज्या } \delta \times \text{ज्या } 28^\circ\ 42' \times 3438'}{\text{कोटिज्या } 28^\circ\ 42' \times \text{द्युज्या}}$$

$$= \frac{698.5 \times 1{,}651 \times 3{,}438}{3{,}014 \times 3{,}366.3}$$

$= 390'$।

इसका चाप 391′ है। अतएव दिल्ली के लिए मेष राशि के अंत में चरदल 391 असु अर्थात् 1 घटी 5 विनाड़िका 1 असु है, क्योंकि 6 असु (प्राण) = 1 विनाड़िका।

इसी प्रकार वृष के अंत में

$$\text{चरदलज्या} = \frac{1{,}209.7 \times 1{,}651 \times 3{,}438}{3{,}014 \times 3{,}218}$$

$= 708'$।

इसका चाप 713′ है। अतएव दिल्ली के लिए वृष राशि के अंत में चरदल 713 असु अर्थात् 1 घटी 58 विनाड़िका 5 असु है।

अंत में मिथुन राशि के अंत में

$$\text{चरदलज्या} = \frac{1{,}397 \times 1{,}651 \times 3{,}438}{3{,}014 \times 3{,}141}$$

$= 837.6'$।

इसका चाप 846′ है। अतएव दिल्ली के लिए मिथुन राशि के अंत में चरदल 846 असु अर्थात् 2 घटी 21 विनाड़िका है।

इसी प्रकार सूर्य की अन्य स्थितियों के लिए सभी स्थानों के लिए चरदल ज्ञात किया जा सकता है। अक्षांश के मान के बढ़ने के साथ-साथ चरदल का मान भी

बढ़ता है। इस कारण ऊँचे अक्षांशों में मेष छह राशियों तक के लिए दिन बहुत बड़ा होता है और रात्रि छोटी। इसके विपरीत तुला से छह राशियों तक के लिए उतना ही छोटा और रात्रि उतनी ही बड़ी होती है। विषुवत् रेखा पर चरदल का मान सर्वदा शून्य होता है तथा दिन और रात्रि बराबर होते हैं।[1] यहाँ मेष आदि राशियों से सायन राशि लेनी चाहिए।

उदयति हि चक्रपादश्चरलहीनेन दिवसपादेन।
प्रथमोऽन्त्यश्चाथान्यौ तत्सहितेन क्रमोत्क्रमतः ॥ 27 ॥

अनुवाद—क्रांतिमंडल के प्रथम तथा चतुर्थ पाद दिवस के चौथे भाग अर्थात् 15 घटी में चरदल काल से कम समय में उदय होते हैं। अन्य दो के उदय होने का काल चरदल काल तथा 15 घटी के योग के तुल्य होते हैं। प्रथम पाद में उदय काल क्रम से हीन होता है और द्वितीय पाद में उत्क्रम से जोड़ा जाता है। ऐसे ही तृतीय पाद में क्रम से जोड़ा जाता है और चतुर्थ पाद में उत्क्रम से घटाया जाता है ॥ 27 ॥

दिल्ली के अक्षांश के चरदल पहले निकाले गए हैं। अतएव दिल्ली में राशियों का उदय काल निम्न सारणी के अनुसार है।

राशि	निरक्ष देश में उदल काल	चरदल	दिल्ली में उदय काल	राशि
मेष	1670	391	1279	मीन
वृष	1795	713	1473	कुंभ
मिथुन	1935	846	1802	मकर
कर्क	1935	846	2068	धनु
सिंह	1795	713	2117	वृश्चिक
कन्या	1670	391	2061	तुला

विषुवत् रेखा पर क्षितिज विषुवत् रेखा को लंबवत् काटता है। अतएव वहाँ राशियों का उदयकाल उनके संगती विषुवांश के उदयकाल के तुल्य होता है, परंतु अन्य स्थानों पर क्षितिज विषुवत् रेखा को तिरछे काटता है, अतएव राशि तथा संगती विषुवांश के उदयकाल में अंतर होता है।

---

1. वस्तुतः विषुवत् रेखा पर भी दिन रात्रि से कुछ बड़ा होता है, क्योंकि दिन का प्रारंभ तभी हो जाता है, जब सूर्य का ऊपरी बिंदु दृष्टिगोचर होता है और वायुमंडलीय वर्तन के कारण सूर्य का गोला कुछ ऊपर तक उठ जाता है।

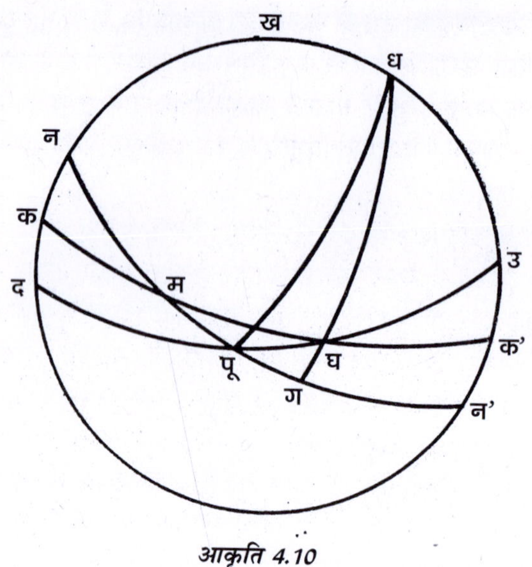

आकृति 4.10

आकृति (4.10) में ख द उ ध याम्योत्तरमंडल, द पू ध, उ न न म पू न', क म ध क' क्रमशः क्षितिज, नाड़ीमंडल तथा क्रांतिमंडल के अर्धांश हैं, ध ध्रु व, ध पू उन्मंडल का चतुर्थांश तथा ध घ ग ध्रुवपोत हैं। आकृति में म बिंदु सायन मेष का आदि बिंदु है। क्रांतिमंडल के म घ चाप के उदय में उतना ही समय व्यतीत होता है, जितना विषुवत् रेखा के म पू भाग के उदय होने में। म घ का विषुवांश म ग है तथा पू चरदल है। अतएव यह स्पष्ट है क मेष से प्रारंभ करके मिथुन के अंत तक राशियों का उदय काल विषुवांश के उदयकाल से कम है और यह कमी चरदल के तुल्य है। क्रांतिकारी की छह राशियों का उदयकाल वही है, जो विषुवत् रेखा के 180 अंश का है। अतएव द्वितीय पाद की राशियों के उदयकाल में चरदल जुड़ जाता है।

स्वाहोरात्रेष्टज्यां क्षितिजादवलम्बकाहतां कृत्वा।
विष्कम्भार्धविभक्ते दिनस्य गतशेषयोः शङ्कुः॥ 28॥

अनुवाद—अहोरात्र वृत्त पर सूर्य की स्थिति की क्षितिज से दूरी के चाप की अर्धज्या को किसी स्थान की अक्षांशकोटिज्या से गुणित कर त्रिज्या से भाग देने पर गत दिन अथवा शेष दिन का शंकु प्राप्त होता है॥ 28॥

आकृति (4.4) में र रवि की स्थिति है। अहोरात्र वृत्त जहाँ क्षितिज से मिलता है, वह बिंदु ब है। ब ग की अर्धज्या तथा गर चाप की अर्धज्या का जोड़

उदयास्त सूत्र से र बिंदु की दूरी के बराबर है। आकृति (4.5) में यह दूरी र ब है। र से र ल क्षितिज पर अभिलंब है। र ब ल त्रिभुज में कोण र ब ल = कोण नकद = 90° कोण न क ख, परंतु कोण न क ख अक्षांश ध क म के तुल्य है।

अतएव, त्रिभुज र ब ल एवं त्रिभुज क ध म समरूप हैं और

$$\frac{\text{र ल}}{\text{र ब}} = \frac{\text{म क}}{\text{क ध}} = \frac{\text{अक्षांशकोटिज्या}}{\text{त्रिज्या}}$$

$$\text{अथवा र ल} = \frac{\text{र ब} \times \text{अक्षांशकोटिज्या}}{\text{त्रिज्या}}$$

शंकु किसी भी समय ख मध्य से सूर्य से होते हुए खींचे गए ऊर्ध्वाधर वृत्त पर सूर्य के उन्नतांश की ज्या के तुल्य होता है। इसे महाशंकु कहते हैं।

परमेश्वर ने लिखा है[1]—"उत्तरगोले गतगन्तव्यासुभ्यश्चरदलासून्विशोध्य जीवामादाय स्वाहोरात्रार्धेन निहत्य त्रिज्यया विभज्य लब्धे भूज्यां प्रक्षिपेत्। साक्षितिजादुत्पन्ना स्वाहोरात्रेष्टज्या भवित।"

अर्थात् उत्तरी गोलार्ध में व्यतीत अथवा शेष असुओं में चरदल असुओं को निकालकर शेष की अर्धज्या प्राप्त करें। इसे अहोरात्रार्ध से गुणा करके त्रिज्या से भाग दें। लब्धि में कुज्या जोड़ दें। यही फल क्षितिज से उत्पन्न स्वाहोरात्रेष्टज्या होगा।

आकृति (4.4) में व्यतीत असुओं से चरदल निकाल देने पर शेष पू म चाप के तुल्य होगा। इसकी अर्धज्या को अहोरात्रार्ध से गुणित कर त्रिज्या से भाग देने पर ग र चाप की अर्धज्या प्राप्त होगी। इसमें कुज्या जोड़ने से फल उदयास्त सूत्र से र की दूरी है।

विषुवज्जीवागुणितः स्वेष्टः शङ्कुः स्वलम्बकेन हृतः।
अस्तमयोदयसूत्राद् दक्षिणतः सूर्यशङ्क्वग्रम्॥ 29॥

अनुवाद—इष्ट महाशंकु को अक्षांशज्या से गुणित करके अक्षांशकोटिज्या से भाग देने से सूर्य का शंक्वग्र प्राप्त होता है, जो उदयास्त सूत्र से महाशंकु की दूरी है। (शंक्वग्र को बाद के ज्योतिषियों ने शंकुतल की संज्ञा दी है॥ 29॥

आकृति (4.5) में ल ब रेखा शंक्वग्र है। त्रिभुज र ल ब तथा त्रिभुज क म घ समरूप हैं। अतएव

---

1. परमेश्वर कृत 'आर्यभटीय भाष्य', पृ. 89

$$\frac{\text{ब ल}}{\text{र ल}} = \frac{\text{ध म}}{\text{क म}} = \frac{\text{अक्षांशज्या}}{\text{अक्षांशकोटिज्या}},$$

$$\text{तथा बल} = \frac{\text{र ल} \times \text{अक्षांशज्या}}{\text{अक्षांशकोटिज्या}},$$

$$= \frac{\text{शंकु} \times \text{अक्षांशज्या}}{\text{लंबज्या}} \text{।}$$

परमापक्रमजीवामिष्टज्यार्धाहतां ततो विभजेत्।
ज्यालम्बकेन लब्धार्काग्रा पूर्वापरे क्षितिजे ॥ 30 ॥
सा विषुवज्ज्योना चेद्विषुवदुदग्लम्बकेन सङ्गुणिता।
विषुवज्ज्यया विभक्ता लब्धः पूर्वापरे शङ्कुः ॥ 31 ॥

अनुवाद—परमक्रांति की अर्धज्या को इष्ट अर्धज्या अर्थात् क्रांतिमंडल पर सायन मेष से सूर्य की दूरी के चाप की अर्धज्या से गुणित कर अक्षांश कोटिज्या से भाग देने पर लब्धि पूर्वापर क्षितिज पर अर्थात् पूर्व क्षितिज पर और पश्चिम क्षितिज पर अग्रा होती है ॥ 30 ॥

जब अग्रा विषुवत् वृत्त के उत्तर में होती है और अक्षांशज्या से न्यून होती है, तब इसे अक्षांशकोटिज्या से गुणित कर अक्षांशज्या से भाग देने पर लब्धि सममंडल पर सूर्य का शंकु होती है ॥ 31 ॥

आकृति (4.4) में पू ब चाप की अर्धज्या, आकृति (4.5) में रेखा क ब तथा आकृति (4.9) में पू ब चाप की अर्धज्या अग्रा हैं। आकृति (4.5) में क ग्र क्रांतिज्या है। त्रिभुज क ब ग और त्रिभुज क ध म समरूप हैं। अतएव

$$\frac{\text{क ब}}{\text{क ग}} = \frac{\text{क ध}}{\text{क म}} = \frac{\text{त्रिज्या}}{\text{लंबज्या}},$$

$$\text{तथा क ब} = \frac{\text{क्रांतिज्या} \times \text{त्रिज्या}}{\text{लंबज्या}} \text{।}$$

परंतु आर्या 25 के संबंध में हम सिद्ध कर चुके हैं कि

$$\text{क्रांतिज्या} = \frac{\text{ज्या} \in \times \text{ज्या}\lambda}{\text{त्रिज्या}}$$

$$\text{अतएव, अग्रा} = \text{क ब} = \frac{\text{ज्या} \in \times \text{ज्या} \lambda}{\text{लंबज्या}}$$

इसी प्रकार ब घ क तथा ध क म समरूप त्रिभुजों में

$$\frac{\text{क घ}}{\text{क ब}} = \frac{\text{क म}}{\text{म ध}} \text{।}$$

अतएव

$$\text{क घ} = \text{सममंडल पर सूर्य का शंकु} = \frac{\text{अग्रा} \times \text{लंबज्या}}{\text{अक्षांशज्या}} \text{।}$$

31वीं आर्या का प्रथमार्ध ठीक नहीं है, क्योंकि यदि अग्रा का मान उपर्युक्त सूत्र में रखें तो

$$\text{क घ} = \frac{\text{ज्या} \in \times \text{ज्या} \lambda}{\text{लंबज्या}} \times \frac{\text{लंबज्या}}{\text{अक्षांशज्या}} = \frac{\text{त्रिज्या} \times \text{क्रांतिज्या}}{\text{अक्षांशज्या}}$$

अतएव सूर्य सममंडल में तभी प्रवेश करेगा, जब क्रांतिज्या का मान अक्षांशज्या से न्यून हो। इसीलिए ब्रह्मगुप्त आर्यभट का खंडन करते हुए लिखते हैं—[1]

उत्तरगोलेऽग्रायां विषुवज्ज्यातो यदुक्तमूनायाम्।
सममण्डलगस्तदसत् क्रांतिज्यायां यतो भवति॥

अर्थात् आर्यभट ने जो यह कहा है कि अग्रा के अक्षांशज्या से न्यून होने पर सूर्य सममंडल में जाता है वह अशुद्ध है; क्योंकि ऐसा तब होता है जब क्रांतिज्या का मान अक्षांशज्या से न्यून हो।

अक्षांश जितना कम होगा, न ख चाप का मान उतना ही कम होगा। यदि अक्षांशज्या का मान क्रांतिज्या से कम है तो आकृति (4.5) में ख स्वस्तिक न तथा अ बिंदुओं के बीच में होगा और अ स रेखा क ख रेखा को नहीं काटेगी।

क्षितिजादुन्नतभागानां या ज्या सा परो भवेच्छङ्कुः।
मध्यान्नतभागज्या छाया शङ्कोस्तु तस्यैव॥ 32॥

अनुवाद—मध्याह्न काल में रवि क्षितिज से जितना ऊपर है, उसकी अर्धज्या परम शंकु है। ख मध्य में उस समय रवि की जितनी नति है, उसकी अर्धज्या उस परम शंकु की छाया के तुल्य है॥ 32॥

---

1. ब्राह्मस्फुट सिद्धांत, तंत्रपरीक्षाध्याय, आर्या 22

आकृति (4.4) अथवा आकृति (4.5) में सूर्य की मध्याह्न कालिक स्थिति अ पर है। अ द चाप इसकी उन्नति है तथा अ ख चाप नति है। अ से क्षितिज पर लंब डालें तो वह अ द चाप की अर्धज्या के तुल्य होगा और वही परम शंकु होगा। इसी प्रकार अ से सममंडल पर अर्थात् आकृति (4.5) में क ख रेखा पर लंब डालें तो वह नतिज्या के तुल्य होगा और वह शंकु की छाया के तुल्य होगा।

इन आकृतियों से स्पष्ट है कि न ख चाप अक्ष चाप ध उ के तुल्य है तथा न अ रवि की क्रांति का चाप है। जब रवि उत्तरी गोलार्ध नाड़ीमंडल के उत्तर में होता है तब मध्याह्न काल की नति का चाप अक्षचाप एवं क्रांतिचाप के अंतर के तुल्य होता है और जब रवि दक्षिणी गोलार्ध में होता है, तब नति का चाप अक्षचाप और क्रांतिचाप के योग के तुल्य होता है। उन्नति का मान 90° अंश के चाप और नति के चाप के अंतर के तुल्य होता है।

मध्यज्योदयजीवासंवर्गे व्यासदलहृते यत् स्यात्।
तन्मध्यज्याकृत्योर्विशेषमूलं स्वदृक्क्षेपः॥ 33॥

अनुवाद—मध्यज्या तथा उदयजीवा के गुणनफल में त्रिज्या से भाग दें और लब्धि के वर्ग को मध्यज्या के वर्ग में से घटाकर शेष का वर्गमूल निकालें तो फल दृक्क्षेज्या होगा॥ 33॥

क्रांतिमंडल के उच्चतम बिंदु की ख मध्य से चापीय दूरी की अर्धज्या को दृक्क्षेज्या कहते हैं। यह बिंदु वित्रिभ अथवा त्रिभोन कहलाता है। आकृति (4.6) में ख ब चाप की अर्धज्या दृक्क्षेपज्या है। ग घ रेखा दृक्क्षेप वृत्त का क्षितिज तल पर प्रेक्षप है।

क्रांतिमंडल याम्योत्तर मंडल को जिस बिंदु पर काटता है, उस बिंदु की ख मध्य स चापीय दूरी की अर्धज्या मध्यज्या कहलाती है। आकृति (4.6) में चाप खच की अर्धज्या मध्यज्या है।

क्रांतिमंडल पूर्व क्षितिज को जिस बिंदु पर काटता है, उस बिंदु की पूर्व बिंदु से चापीय दूरी की अर्धज्या उदयजीवा है। आकृति (4.6) में ल पू चाप की अर्धज्या उदयज्या है।

आकृति (4.6) में क बिंदु क्रांतिमंडल का केंद्र है। अतएव गोल पर क से ल की चापीय दूरी 90 अंश है। इसी प्रकार ब भी ल से 90 अंश पर है, क्योंकि व वित्रिभ है अर्थात् ल ब चाप तीन राशियों के तुल्य है। अतएव दृक्क्षेपमंडल के सभी बिंदु ल से 90 अंश की दूरी पर हैं। अतएव

चाप ल घ = 90 अंश = चाप पू द,

अतएव चाप द घ = चाप पू ल।

अतः ब च ख गोलीय त्रिभुज में

$$\frac{\text{ख च चाप की अर्धज्या}}{\text{च ब ख कोण की अर्धज्या}} = \frac{\text{ब च चाप की अर्धज्या}}{\text{ब ख च कोण की अर्धज्या}}$$

$$= \frac{\text{ब च चाप की अर्धज्या}}{\text{द घ चाप की अर्धज्या}}$$

$$\text{अथवा } \frac{\text{ख च चाप की अर्धज्या}}{\text{त्रिज्या}} = \frac{\text{ब च चाप की अर्धज्या}}{\text{ल पू चाप की अर्धज्या}}$$

$$= \frac{\text{ब च चाप की अर्धज्या}}{\text{उदयज्या}}$$

$$\text{अतएव ब च चाप की अर्धज्या} = \frac{\text{मध्यज्या} \times \text{उदयज्या}}{\text{त्रिज्या}} \text{।}$$

यहाँ तक फल पूर्णतः शुद्ध है। इसके पश्चात् स्थूलता आती है, जिसके लिए ब्रह्मगुप्त ने आर्यभट की आलोचना की है। आर्यभट ने गोलीय त्रिभुज ख ब च को समतल त्रिभुज मान लिया है, जिसका ब कोण समकोण है। अतएव

उसके अनुसार ख ब = ख च^2 − ब च^2 = दृक्क्षेपज्या।

परंतु इस तरह ख ब का मान वास्तविक मान से न्यून आता है, जैसा आगे प्रदर्शित किया जा सकता है।

कल्पना कीजिए कि आकृति (4.6) के गोलीय त्रिभुज ख ब च को आकृति (4.11) में दिखाया गया है। ख से ख य तथा र ख क्रमशः क ब एवं क च पर अभिलंब हैं और वे क्रमशः ख ब चाप तथा ख च चाप की अर्धज्याएँ हैं तथा त्रिभुज ख य र एक समकोण त्रिभुज है, जिसमें कोण ख य र समकोण है। अतएव

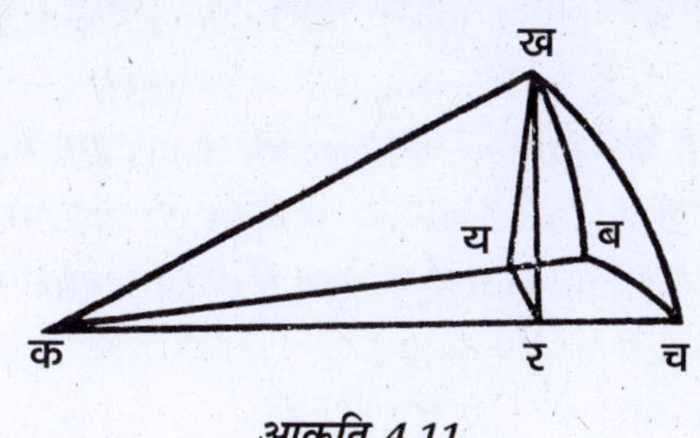

आकृति 4.11

ख य = दृक्क्षेपज्या = $\sqrt{\text{ख र}^2 - \text{य र}^2}$

परंतु य र रेखा ब च चाप की अर्धज्या से न्यून है। अतः आर्यभट के अनुसार, दृक्क्षेपज्या का मान वास्तविक मान से कम आता है। अतएव ब्रह्मगुप्त ने कहा है[1]:

वित्रिभलग्ने दृक्क्षेपमण्डलं तदपमण्डल युतौ ज्या।
मध्या दृक्क्षेपज्या नार्यभटोक्ताऽनया तुल्या॥
दृक्क्षेपज्याऽतोऽसत् तन्नाशादवतेर्नाशः।
अवनतिनाशत् ग्रासस्योनाधिकता रविग्रहणे॥

अर्थात् वित्रिभ लग्न में जो दृक्क्षेपवृत्त होता है, उसकी और क्रांतिमंडल की युति की मध्यज्या अर्थात् ख बिंदु से युति बिंदु ब तक के चाप की ज्या अर्थात् दृक्क्षेपज्या के तुल्य आर्यभट के द्वारा प्राप्त की गई ज्या नहीं होती। अतएव वह अशुद्ध है। उसकी अशुद्धि से अवनति का मान अशुद्ध निकलता है एवं अवनति की अशुद्धि से रवि ग्रहण में ग्राम कम अथवा अधिक आता है।

उदयज्या का मान उसी प्रकार प्राप्त किया जाता हैं, जैसे अग्रा का अर्थात्

$$\text{उदयज्या} = \frac{\text{ज्या} \in \times \text{ ज्या}\lambda}{\text{लंबज्या}} \text{।}$$

मध्यज्या प्राप्त करने के लिए पहले यह ज्ञात किया जाता है कि क्रांतिमंडल का कौन सा बिंदु याम्योत्तर रेखा पर है। उत्तरी गोलार्ध के स्थानों के लिए उनके अक्षांश में क्रांति बिंदु की क्रांति को जोड़ दिया जाता है। यदि क्रांति दक्षिण दिशा की हो तो अक्षांश में से क्रांति को घटाया जाता है। इस योग अथवा अंतर की ज्या मध्यज्या होती है। जिस राशि में सूर्य है, वह मध्याह्न के समय याम्योत्तर वृत्त में होगी। मध्याह्न के पहले इसमें उन अंशों को घटाना है, जितने से पृथ्वी उस समय तथा मध्याह्न काल के बीच के काल में घूमेगी। इसके लिए पहले जिस राशि में सूर्य है, उसके जितने भाग को वह तय कर चुका है, उसके विषुवांश को उस काल तथा मध्याह्न काल के बीच असुओं में से घटाना चाहिए। शेष असुओं में से पूरी राशियों के विषुवांशों को घटाना चाहिए, जो घट सकें। अंत में शेष असुओं से अनुपात द्वारा उस राशि के अंत को प्राप्त करना चाहिए, जो याम्योत्तर वृत्त से पूर्व में है। तब क्रांतिवृत्त का वह बिंदु प्राप्त होगा, जो याम्योत्तर वृत्त पर है। क्रांतिमंडल के किसी बिंदु की क्रांति का सूत्र 25वीं आर्या के अनुवाद में दिया गया है।

---

1. ब्राह्मस्फुट सिद्धांत, तंत्रपरीक्षाध्याय, आर्याएँ 29-30

दृग्दृक्क्षेपकृतिविशेषितस्य मूलं स्वदृग्गतिः कुवशात्।
क्षितिजे स्वा दृक्छाया भूव्यासार्धं नभोध्यात्॥ 34॥

अनुवाद—दृग्ज्या के वर्ग तथा दृक्क्षेपज्या के वर्ग के अंतर का वर्गमूल दृग्गतिज्या के तुल्य होता है। पृथ्वी के कारण क्षितिज पर दृग्भेद ख मध्य से पृथ्वी के व्यासार्द्ध के तुल्य होता है।

आकृति (4.6) में र क्रांतिमंडल पर सूर्य की स्थिति है। आर्या 28 में किसी भी समय सूर्य का उन्नतांश निकालने की विधि बताई गई है। उन्नतांश की अर्धज्या महाशंकु है। महाशंकु के वर्ग की त्रिज्या के वर्ग में से घटाने पर दृग्ज्या का वर्ग मिलता है। आकृति (4.6) में ख र चाप की अर्धज्या दृग्ज्या है। अब ख ब र त्रिभुज को एक समतल त्रिभुज मान लेने से

$$\text{ब र} = \sqrt{\text{ख र}^2 - \text{ख ब}^2},$$

$$= \sqrt{\text{दृग्ज्या}^2 - \text{दृक्क्षेपज्या}^2}$$

= दृग्गतिज्या।

परमेश्वर अपने भाष्य में लिखते हैं[1]—

"दृग्भेदहेतुभूता स्वच्छाया दृग्ज्या वा स्वदृग्गतिज्या वा दृक्क्षेपज्या वेत्यर्थः। सा यदि क्षितिजे भवति नमोमध्यात् क्षितिजान्ता भवति। व्यासार्धतुल्या भवतीत्यर्थः। तदा कुवशाद्भमिवशान्निष्पन्नो दृग्भेदो व्यासार्धं भवति। भूव्यासार्धतुल्यं दुग्भेदयोजनमित्यर्थः। अंतरालेऽनुपातात् कल्प्यं। अतो दृग्गतिज्यां भूव्यासार्धेन निहत्य त्रिज्यया विभज्य गतं दृग्भेदयोजनं भवति।"

अर्थात् दृग्भेद का कारण स्वच्छाया अथवा दृज्या अथवा दृग्गतिज्या अथवा दृक्क्षेपज्या है। वह यदि क्षितिज पर हो तो ख मध्य से क्षितिज के अंत तक व्यासार्ध के तुल्य होती है। तब पृथ्वी के कारण उत्पन्न दृग्भेद व्यासार्ध होता है, अर्थात् दृग्भेदयोजन व्यासार्ध के तुल्य होता है। अन्य बीच के स्थानों पर अनुपात से मिलता है। अतएव दृग्गतिज्या को पृथ्वी के व्यासार्ध से गुणा कर त्रिज्या से भाग देने पर दृग्भेदयोजन होता है।

ब्रह्मगुप्त इस आर्या के संबंध में कहते हैं[2]—

दृक्क्षेपज्या वाहर्दृग्ज्याकरणोऽनयोः कृतिविशेषात्।
मूलं दृग्नतिजीवा संस्थानमयुक्तमेतदपि॥ 27॥

---

1. परमेश्वरकृत 'आर्यभटीय भाष्य', पृ. 92
2. ब्राह्मस्फुट सिद्धांत, तंत्रपरीक्षाध्याय, आर्या 27

अर्थात् दृक्क्षेपज्या को बाहु तथा दृग्ज्या को कर्ण मानकर उनके वर्ग के अंतर के मूल से दृग्नतिजीवा प्राप्त करने की स्थिति भी ठीक नहीं है।

वस्तुतः ख र एवं ख ब चापों की अर्धज्या के स्थान पर इनकी पूर्णज्या लेना चाहिए था। पूर्णज्या = 2 अर्द्धज्या (चापार्द्ध)।

विक्षेपगुणाक्षज्या लम्बकभक्ता भवेद्दृणउदक्स्थे।
उदये धनमस्तमये दक्षिणगे धनमृणं चन्द्रे ॥ 35 ॥
विक्षेपाक्रमगुणमुत्क्रमणं विस्तरार्धकृतिभक्तम्।
उदगृणधनमुदगयने दक्षिणगे धनमृणं याम्ये ॥ 36 ॥

अनुवाद—चंद्रमा के विक्षेप को स्वदेश की अक्षज्या से गुणा कर फल में लंबज्या से भाग देने पर आक्षदृक्कर्म प्राप्त होता है। चंद्रमा के क्रांतिमंडल से उत्तर होने पर पूर्व कपाल में (अर्थात् उदित होनेवाले चंद्रमा के लिए) ऋण और पश्चिम कपाल में धन होता है। चंद्रमा यदि क्रांतिमंडल से दक्षिण में हो तो पूर्व कपाल में धन और अस्ताचल की ओर जाते चंद्रमा के लिए ऋण होता है ॥ 35 ॥

ग्रह के विक्षेप को परमक्रांति तथा ग्रह की उत्क्रमज्या से गुणा कर फल को त्रिज्या वर्ग से विभाजित करने पर आयनदृक्कर्म प्राप्त होता है। यदि चंद्रमा क्रांतिमंडल के उत्तर में हो उत्तर अयन के लिए फल ऋण और दक्षिण अयन के लिए धन होता है। यदि चंद्रमा क्रांतिमंडल के दक्षिण में हो तो क्रमशः धन तथा ऋण होता है ॥ 36 ॥

परमेश्वर का कहना है कि उत्क्रमण से आचार्य का अर्थ कोट्युत्क्रमज्या से है[1]।

ये संस्कार इसलिए किए जाते हैं कि चंद्रमा अथवा ग्रह के स्फुट रेखांश में इन्हें करने से क्रांतिमंडल के उस बिंदु का रेखांश प्राप्त हो, जो चंद्रमा अथवा ग्रह के साथ क्षितिज पर उदय हो रहा है।

आकृति (4.12) में उ ध ख द याम्योत्तरमंडल, द प उ क्षितिज, ग ग्रह, ख कदंब एवं ध ध्रुव हैं। म पू नाड़ीमंडल तथा म था क्रांतिमंडल हैं। कदंब ख से ग से होकर जानेवाला कदंबप्रोत ख ग ब क्रांतिमंडल से ब बिंदु पर मिलता है। न वह बिंदु है, जहाँ ग्रह से गुजरनेवाला ध्रुवप्रोत क्रांतिमंडल को काटता है। क्रांतिमंडल का थ बिंदु उसी समय क्षितिज पर उदय हो रहा है जिस समय ग क्षितिज पर उदय हो रहा है। कुल दृक्कर्म ब थ है, जिसमें ब न आयन दृक्कर्म है और न थ आक्ष दृक्कर्म है।

---

1. परमेश्वरकृत 'आर्यभटीय भाष्य', पृ. 94

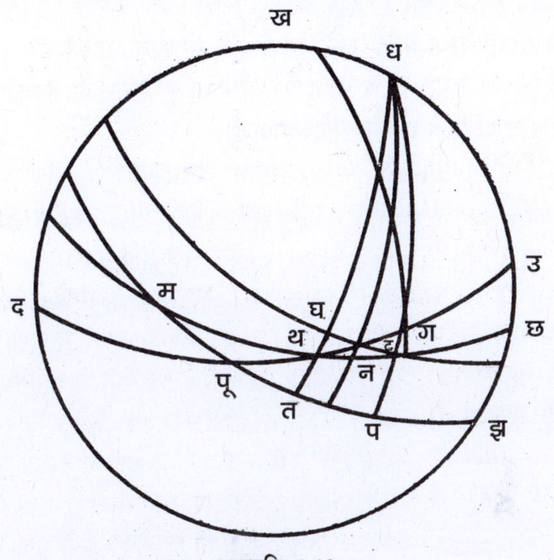

आकृति 4.12

ऊपर की पहली आर्या में आक्ष दृक्कर्म का सूत्र है—

$$\frac{\text{न प} \times \text{अक्षांशज्या}}{\text{लंबज्या}} \quad (\text{आसन्नतः})$$

और इसकी चरदलज्या है

$$\frac{\text{न प} \times \text{अक्षांशज्या}}{\text{लंबज्या}} \times \frac{\text{त्रिज्या}}{\text{कोटिज्या न प}}$$

इसी प्रकार ग के अहोरात्र वृत्त का जो भाग क्षितिज के ऊपर होता है, उसका मान है

$$\frac{\text{ग प} \times \text{अक्षांशज्या}}{\text{लंबज्या}} \quad (\text{आसन्नतः})$$

तथा इसकी चरदलज्या है

$$\frac{\text{ग प} \times \text{अक्षांशज्या}}{\text{लंबज्या}} \times \frac{\text{त्रिज्या}}{\text{कोटिज्या ग प}}$$

इन चरदलज्याओं का अंतर है

$$\left(\frac{\text{ग प}}{\text{कोटिज्या ग प}} - \frac{\text{न प}}{\text{कोटिज्या न प}}\right)\left(\frac{\text{अक्षांशज्या} \times \text{त्रिज्या}}{\text{लंबज्या}}\right)$$

$$\text{दलज्याओं का अंतर} = \frac{\text{ग न} \times \text{अक्षांशज्या}}{\text{लंबज्या}}$$

$$= \frac{\text{ग्रह का विक्षेप} \times \text{अक्षांशज्या}}{\text{लंबज्या}}$$

परंतु यह मान नाड़ीमंडल पर है। क्रांतिवृत्त पर मान प्राप्त करने के लिए हमें इसका मान क्रांतिवृत्त के चाप के रूप में प्राप्त करना चाहिए।

आर्या 25 की व्याख्या में नाड़ीमंडल और क्रांतिमंडल के चापों का संबंध प्राप्त किया गया है। वह है—

$$\text{विषुवांशज्या} = \frac{\text{कोटिज्या } \in \times \text{ ज्या } \lambda}{\text{कोटिज्या } \delta}$$

$$\text{अतएव, ज्या } \lambda = \frac{\text{कोटिज्या } \delta \times \text{ विषुवांशज्या}}{\text{कोटिज्या } \in}$$

आर्यभट के अनुसार $\frac{\text{कोटिज्या } \delta}{\text{कोटिज्या } \in} = 1$ है, जो आसन्नतः ठीक है।

आकृति (4.12) में ब का अहोरात्रवृत्त ब द' घ खींचा गया है, जो ध्रुवप्रोत ध ग प को द' पर काटता है और क्षितिज को घ पर काटता है। अब—

चाप ब न = चाप ब द' (आसन्नतः)

$$\text{और ज्या चाप ब द'} \ \frac{\text{ज्या कोण ब ग द'} \times \text{ज्या चाप ब ग}}{\text{ज़्या कोण ब द' ग}}$$

$$\text{अथवा ज्या चाप ब द'} = \frac{\text{आयनवलन ज्या} \times \text{चाप ब ग}}{\text{त्रिज्या}} \text{। (आसन्नतः)}$$

और यह सिद्ध किया जा सकता है कि (पृष्ठ 148)

$$\text{आयनवलनज्या} = \frac{\text{ज्या } (90 + \lambda) \times \text{ ज्या } \in}{\text{त्रिज्या}}, = \lambda \text{ ग्रह का रेखांश,}$$

$$\text{अतएव ज्या चाप ब न} = \frac{\text{ज्या } (90 + \lambda) \times \text{ ज्या } \in \times \text{ ग्रह का विक्षेप}}{(\text{त्रिज्या})^2} \text{।}$$

यह सूत्र आर्यभट के सूत्र से भिन्न है।

ब्रह्मगुप्त ने आर्यभट के आक्षदृक्कर्म तथा आयन्दृक्कर्म दोनों की निंदा की है। आक्षदृक्कर्म के लिए वे कहते हैं[1]—

विक्षेपगुणाऽक्षज्या लम्बकभक्ता ग्रहे धनमृणं यत्।
उक्तमुदयास्तमययोर्न प्रतिघटिकं यतस्तदसत्॥

अर्थात् आर्यभट ने जो ग्रहों के लिए उदय-अस्त के समय विक्षेपगुणित और लंबज्या द्वारा विभाजित धन और ऋण कहा है वह असत् है, क्योंकि यह प्रतिक्षणिक नहीं है।

इसके संबंध में चतुर्वेद पृथूदक स्वामी कहते हैं[2]—असद्दू षणमेतत सामान्येन तंत्रोक्तवादिति,' अर्थात् आचार्य ने जो यह दूषण दिखाया है वह असत् है, क्योंकि 'आर्यभट तंत्र' में सामान्य रूप से कहा गया है।

आर्यभट के आयनदृक्कर्म के लिए ब्रह्मगुप्त कहते हैं[3]—

त्रिज्याकृतिभक्ता विक्षेपाक्रमगुणोत्क्रमज्येन्दोः।
अयनान्ते यद्दगणनं तत् तस्यादौ ततोऽसत् तत्॥

अर्थात् आर्यभट ने जो आयनदृक्कर्म के लिए कहा है कि वह चंद्रमा के शर, परम-क्रांतिज्या तथा उत्क्रमज्या के गुणनफल में त्रिज्या वर्ग से भाग देने पर उपलब्ध लब्धि के तुल्य होता है वह ठीक नहीं है, क्योंकि उन्होंने जो अयनादि में कहा है वह अयन के अंतर में उत्पन्न होता है।

चन्द्रो जलमर्कोऽग्निर्मृद् भूश्छायापि या तमस्तद्धि।
छादयति शशी सूर्यं शशिनं महती च भूच्छाया॥ 37॥

अनुवाद—चंद्रमा जल का बना है, सूर्य अग्नि का बना है और पृथ्वी मिट्टी की बनी है और छाया अंधकारमय है। (सूर्य के अवसर पर) सूर्य को चंद्रमा ढक लेता है और (चंद्र ग्रहण के अवसर पर) पृथ्वी की बड़ी छाया चंद्रमा को ढक लेती है॥ 37॥

आर्यभट ने यह कहीं नहीं कहा है कि सूर्य ग्रहण अथवा चंद्र ग्रहण राहु के कारण होता है। फिर भी ब्रह्मगुप्त कहते हैं[4]—

आर्यभटो जानाति ग्रहाष्टगतिं यदुक्तवांस्तदसत्।
राहुकृतं न ग्रहणं तत्पातो नाष्टमो राहुः॥

---

1. ब्राह्मस्फुट सिद्धांत, तंत्रपरीक्षाध्याय, आर्या 34
2. रामस्वरूप शर्मा आदि द्वारा संपादित ब्राह्मस्फुट सिद्धांत, पृ. 704
3. ब्राह्मस्फुट सिद्धांत, तंत्रपरीक्षाध्याय, आर्या 35
4. ब्राह्मस्फुट सिद्धांत, तंत्रपरीक्षाध्याय, आर्या 9

अर्थात् यह जो कहा है कि आर्यभट आठ ग्रहों की गति को जानता है वह ठीक नहीं है, क्योंकि उसके मत से ग्रहण राहु के कारण होता है; जबकि ग्रहण राहु के कारण नहीं होता और चंद्रमा का पात आठवाँ ग्रह राहु नहीं है।

इसके विरुद्ध स्वयं ब्रह्मगुप्त कहते हैं कि यह जो वेद वाक्य है कि असुर-पुत्र राहु ने अंधकार से सूर्य के बिंब को भेदित कर दिया है, उसमें तथा श्रुति, संहिता, स्मृति में जिससे ऐक्य हो उसी के प्रतिपादन में उक्ति उचित है।[1] इसके आगे भी ब्रह्मगुप्त ने ग्रहणों का कारण राहु को ही कहा है (देखिए इस अध्याय की 36 से 48 तक की आर्याएँ तथा अलबरूनी का इंडिका, भाग 2, पृ. 110। अलबरूनी ने जो यह लिखा है कि वे ब्राह्मसिद्धांत के प्रथम अध्याय से ब्रह्मगुप्त के मत को उद्धृत कर रहे हैं, उसे इक्कीसवाँ अध्याय होना चाहिए)। इस पर सुधाकर द्विवेदीजी ने टिप्पणी की—वाग्बलमेतत्।

स्फुटशशिमासान्तेऽर्कं पातासन्नो यदा प्रविशतीन्दुः।
भूच्छाया पक्षान्ते तदाधिकेनं ग्रहणमध्यम्॥ 38॥

अनुवाद—जब चंद्रमा स्फुट चांद्रमास (अर्थात् लंबन-संस्कृत चांद्रमास) के अंत में पात के समीप होता है, तब वह सूर्य में प्रवेश करता है, तब अधिक कालिक अथवा अल्पकालिक सूर्यग्रहण का मध्य होता है। इसी प्रकार पक्ष के अंत में जब चंद्रमा पृथ्वी की छाया में प्रवेश करता है तब चंद्र ग्रहण होता है॥ 38॥

जब चंद्रमा पात के समीप अथवा ठीक पात पर होता है तभी सूर्य, चंद्रमा और पृथ्वी के केंद्र एक रेखा में होते हैं। उसी स्थिति में जब चंद्रमा की छाया पृथ्वी पर पड़ती है तब सूर्य ग्रहण होता है। तीनों के केंद्र ठीक एक रेखा में हों तो पूर्णग्रास संभव है। पृथ्वी से सूर्य और चंद्रमा की दूरियाँ घटती-बढ़ती रहती हैं। अतएव पृथ्वी से देखने पर कभी चंद्रबिंब का मान सूर्यबिंब के मान से अधिक और कभी कम होता है। पहली स्थिति में पूर्णग्रास और दूसरी स्थिति में मुद्रिका ग्रहण होता है अर्थात् सूर्य का बाहरी भाग दिखाई पड़ता है और केंद्रीय भाग ग्रसित रहता है। जब चंद्रमा पात के समीप तो हो, पर केंद्र ठीक रेखा में न हो तब खंडग्रास होता है।

इसी प्रकार चंद्रमा का पूर्णग्रास अथवा खंडग्रास होता है, परंतु मुद्रिकाग्रास नहीं होता; क्योंकि चंद्रमा की कक्ष्या पर पृथ्वी की छाया का व्यास चंद्रमा के व्यास से सर्वदा अधिक होता है।

चांद्रमास का प्रारंभ कहीं-कहीं अमावस्या के बाद से होता है और कहीं-कहीं पूर्णिमा के बाद से होता है; पर ज्योतिषी सर्वदा मास का प्रारंभ अमावस्या के

---

1. वही गोलाध्याय, आर्या 43

बाद से मानते हैं। इसीलिए इस आर्या में कहा गया है कि सूर्य ग्रहण मास के अंत में और चंद्र ग्रहण पक्ष के अंत में अर्थात् शुक्ल पक्ष के अंत में होता है—

भूरविविवरं विभजेद् भूगुणितं तु रविभूविशेषेण।
भूच्छायादीर्घत्वं लब्धं भूगोलविष्कम्भात्॥ 39॥
छायाग्रचन्द्रविवरं भूविष्कम्भेण तत् समभ्यस्तम्।
भूच्छाया विभक्तं विद्यात्तमसः स्वविष्कम्भम्॥ 40॥

अनुवाद—सूर्य और पृथ्वी की दूरी को पृथ्वी के व्यास से गुणा कर गुणनफल में सूर्य और पृथ्वी के व्यासों के अंतर से भाग दें तो लब्धि पृथ्वी के केंद्र से पृथ्वी के छाया की लंबाई होगी॥ 39॥

पृथ्वी की छाया के अंतिम बिंदु की चंद्रमा से दूरी (अर्थात् पृथ्वी की छाया की लंबाई और पृथ्वी के केंद्र से चंद्रमा की दूरी के अंतर) को पृथ्वी के व्यास से गुणा कर पृथ्वी की छाया की लंबाई से भाग देने पर चंद्रमा की कक्ष्या में पृथ्वी की छाया का व्यास प्राप्त होता है॥ 40॥

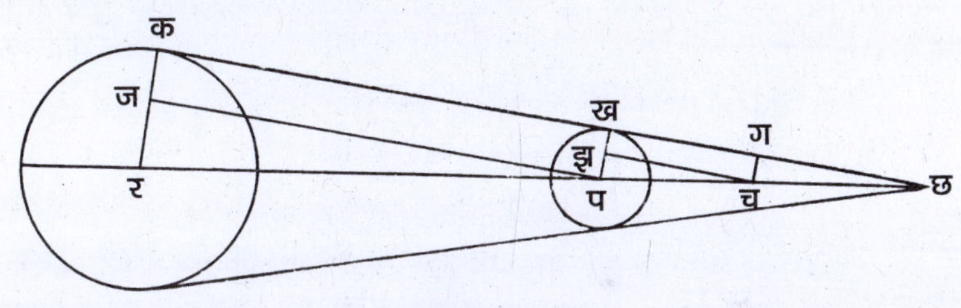

आकृति 4.13

आकृति (4.13) में र सूर्य का केंद्र, प पृथ्वी का केंद्र एवं छ छायाग्र अर्थात् छाया का शीर्ष बिंदु हैं। क ख छ सूर्य तथा पृथ्वी की स्पर्श रेखा है। च पर चंद्रमा की कक्ष्या है। प से प ज और च झ रेखाएँ क ख छ के समानांतर खींची गई हैं। छ ख प एवं प ज र समरूप त्रिभुजों में।

$$\frac{\text{छ प}}{\text{प र}} = \frac{\text{प ख}}{\text{र ज}} = \frac{\text{भू–व्यासार्ध}}{\text{रवि – व्यासार्ध – भू–व्यासार्ध}} = \frac{\text{छाया का दीर्घत्व}}{\text{पृथ्वी से सूर्य की दूरी}}$$

$$\text{अतः छाया का दीर्घत्व} = \frac{\text{पृथ्वी से सूर्य की दूरी} \times \text{भू–व्यास}}{\text{रवि व्यास – भू–व्यास}}\text{।}$$

इसी प्रकार च ग को च से क ख छ पर अभिलंब खींचा गया है। अतः छ च ग और छ प ख दो समरूप त्रिभुजों में

$$\frac{\text{च ग}}{\text{च छ}} = \frac{\text{प ख}}{\text{प छ}}$$

अतएव च ग = चंद्र कक्ष्या पर छाया का व्यासार्ध,

$$= \frac{\text{च छ} \times \text{प ख}}{\text{प छ}} = \frac{\text{छायाग्र और चंद्रमा का अंतर} \times \text{भू-व्यासार्ध}}{\text{छाया का दीर्घत्व}}$$

अतएव चंद्र कक्ष्या पर छाया का व्यास =

$$\frac{\text{छायाग्र और चंद्रमा का अंतर} \times \text{भू-व्यास}}{\text{छाया का दीर्घत्व}}$$

सम्पर्कार्धस्य कृतेश्शशिविक्षेपस्य वर्गितं शोध्यम्।
स्थित्यर्धमस्य मूलं ज्ञेयं चंद्रार्कदिनभोगात्॥ 41॥

अनुवाद—छादक और छाद्य (अर्थात् चंद्रमा और छाया अथवा चंद्रमा और सूर्य) के व्यासार्ध के योग के वर्ग में से चंद्रमा के विक्षेप के वर्ग को घटाकर शेष के वर्गमूल तथा सूर्य एवं चंद्रमा की दैनिक भुक्ति से स्थित्यर्धकाल का ज्ञान होता है॥ 41॥

स्थित्यर्धकाल ग्रहणकाल का अर्थात् स्पर्श के क्षण से मोक्ष के क्षण तक के बीच के काल का आधा होता है। ब्रह्मगुप्त ने कहा है[1]—

तिथिवत् स्थितिविमर्दार्धे।

अर्थात् स्थित्यर्धकाल और विमर्दार्धकाल की गणना उसी तरह करनी चाहिए, जिस प्रकार तिथि में गणना की जाती है। कोई तिथि सूर्योदय से कितना पहले प्रारंभ हुई थी, इसकी गणना करने के लिए चंद्रमा और सूर्य के सूर्योदय कालिक रेखांश के अंतर में से 12 के महत्तम गुणज (जो घट सके) को घटाकर शेष में सूर्य और चंद्रमा की दैनिक भुक्ति के अंतर से भाग देकर लब्धि में 60 से गुणा करने पर वे घटियाँ प्राप्त होती हैं जितनी घटी सूर्योदय से पहले तिथि आरंभ हुई थी। इसी प्रकार उपर्युक्त वर्गमूल को 60 से गुणा करने पर वे घटियाँ प्राप्त होती हैं, जितनी घटी सूर्योदय से पहले तिथि आरंभ हुई थी। इसी प्रकार उपर्युक्त वर्गमूल को 60 से गुणा कर चंद्रमा और सूर्य की दैनिक भुक्ति के अंतर से भाग देने पर लब्धि स्थित्यवर्धकाल होती है। भट्टोत्पल ने 'खंड-खाद्यक' की विवृत्ति में इसे मध्यमस्थित्यर्धकाल कहा है। चतुर्थ अध्याय की पाँचवीं आर्या की विवृति में विस्तार

---

1. खंडखाद्यक, चतुर्थ अध्याय, आर्या 4

से भट्टोत्पल ने बताया है कि स्फुटस्थित्यर्ध से कैसे ज्ञात किया जाता है। इस विस्तार में न जाकर केवल आकृति द्वारा हम बताएँगे कि मध्यमस्थित्यर्धकाल तथा स्फुटस्थित्यर्धकाल में क्या अंतर है।

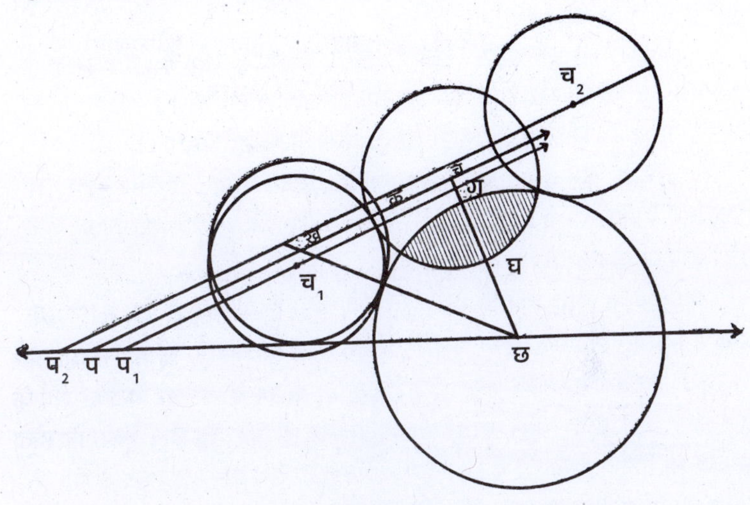

आकृति 4.14

आकृति (4.14) में कल्पना कीजिए कि हम चंद्र ग्रहण की विवेचना कर रहे हैं। मध्य ग्रहण के क्षण च चंद्रमा का केंद्र है तथा छ छाया का केंद्र है। स्पर्शकाल में चंद्र केंद्र ख पर है। ख छ दोनों के व्यासार्धों का योग है। हम छाया को स्थिर और चंद्रमा व पात को गतिमान मान लेते हैं। च छ मध्य ग्रहण का विक्षेप है। $\sqrt{\text{ख छ}^2 - \text{च छ}^2} = \text{ख च}$ । जब तक चंद्रमा छाया की अपेक्षा ख च दूरी चलता है, उसे ऊपर मध्यमस्थित्यर्धकाल कहा गया है। परंतु ग्रहण प्रारंभ के समय पात प^1 पर था, क्योंकि पात विपरीत दिशा में चलता है और और चंद्रमा च_1 पर था। मोक्ष के समय पात प_2 पर और चंद्रमा च_2 पर है। स्फुटप्रग्रहण स्थित्यर्धकाल वह है, जितने समय में चंद्रमा छाया की अपेक्षा च_1 पर है। स्फुटप्रग्रहण स्थित्यर्धकाल वह है, जितने समय में चंद्रमा छाया की अपेक्षा च_1 से च तक जाता है तथा स्फुटमोक्षस्थित्यर्धकाल वह समय है, जिसमें चंद्रमा च से च_2 तक जाता है। आकृति में स्पष्ट है कि दोनों काल तुल्य नहीं हैं। ग्रहण काल च_1 से च_2 तक है।

चन्द्रव्यासार्धोनस्य वर्गितं यत्तमोमयार्धस्य।
विक्षेपकृतिविहीनं तरमान्मूलुं विमर्दार्धम्॥ 41॥

अनुवाद—(चंद्र कक्ष्या में) पृथ्वी की छाया के व्यासार्ध में से चंद्रमा का व्यासार्ध घटाकर शेष के वर्ग में से चंद्रमा के विक्षेप का वर्ग घटाया जाए तो शेष का वर्गमूल विमदीर्ध होता है। (स्थित्यर्धकाल की तरह इससे भी मध्यमविमदीर्धकाल का ज्ञान होता है) ॥ 42 ॥

विमदीर्धकाल पूर्ण ग्रहण (खग्रास) काल का आधा होता है। यदि छाया के अर्धव्यास और चंद्रमा के अर्धव्यास के अंतर से चंद्रमा का विक्षेप अधिक हो तो खंडग्रास होता है, जिसका उल्लेख अगली आर्या में किया गया है।

मध्यमस्थित्यर्धकाल की तरह ऊपर दिया गया विमदीर्धकाल भी मध्यविमदीर्धकाल ही है। अब इसका विवेचन करेंगे कि स्फुटविमदीर्धकाल कैसे ज्ञात किया जा सकता है।

सरलता के लिए आकृति (4.15) में यह मान लिया गया है कि चंद्रमा और छाया के केंद्र समांतर रेखाओं पर चल रहे हैं। क छाया का केंद्र है, ख चंद्रमा का केंद्र उस समय है, जब मध्य ग्रहणाक्षण है। उस समय क ख चंद्रमा का विक्षेप है और (4.15) में मोक्ष समाप्त होने की स्थिति दिखाई गई है और यह मान लिया गया है कि अब भी विक्षेप उतना ही है जितना मध्य ग्रहण के क्षण था। इस समय चंद्रमा का केंद्र ग पर है। यदि चंद्रमा की दैनिक गति $व_1$ तथा छाया की $व_2$ है।

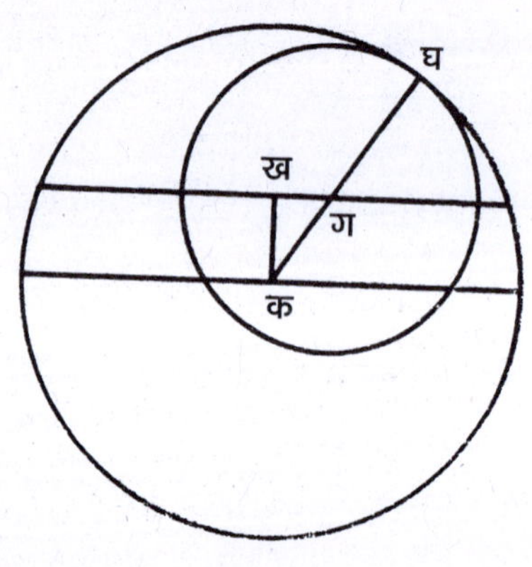

आकृति 4.15

तो मध्यमविमदीर्धकाल =

$$\frac{ख\ ग \times 60}{व_1 - व_2} = \frac{60\sqrt{क\ ग^2 - क\ ख^2}}{व_1 - व_2} = \Delta t \ ।$$

परंतु चंद्रमा का विक्षेप ग्रहणकाल में बदलता रहता है। यदि मध्य ग्रहणक्षण t_0, व्यासार्धों का अंतर र और मध्य ग्रहणक्षण पर विक्षेप $य_0$ तो $t_0 + \Delta t$ क्षण पर विक्षेप $य_1$ होगा। इसके उपयोग से

$$\Delta t_1 \frac{\sqrt{र^2 - य_1^2} \times 60}{व_2 - व_2}$$

इस Δt_1 से हम विक्षेप का नया मान $य_2$ निकाल सकते हैं और फिर Δt_2 ज्ञात कर सकते हैं। ऐसा तब तक करना चाहिए जब तक गणित से प्राप्त Δt के मानों में अंतर प्राप्त होता रहे। अंत में प्राप्त किया गया मान स्फुट उन्मीलनविमदीर्धकाल प्राप्त होगा। इन निमीलनविमदीर्ध एवं उन्मीलनविमदीर्धकालाओं का योग विमर्दकाल होगा।

तमसो विष्कम्भार्धं शशिविष्कम्भार्धवर्जितमपोह्य।
विक्षेपाद्यच्छेषं न गृह्यते तच्छशाङ्कस्य॥ 43॥
विक्षेपवर्गसहितात् स्थित्यर्धादिष्टवर्जितान्मूलम्।
सम्पर्कार्धाच्छोध्यं शेषस्तात्कालिको ग्रासः॥ 44॥

अनुवाद—(चंद्र कक्ष्या में) पृथ्वी की छाया के अर्धव्यास में से चंद्रमा का अर्धव्यास घटाएँ, शेष का चंद्रमा के विक्षेप में से घटाएँ। जो शेष रहेगा, चंद्रमा का उतना भाग छाया से आच्छादित नहीं होगा॥ 43॥

जिस इष्टकाल में (अर्थात् ग्रहण प्रारंभ होने के जितने काल पश्चात् अथवा ग्रहण के अंत से जितने काल पहले) ग्रास ज्ञात करना हो, उस काल में चंद्रमा और सूर्य द्वारा चले चाप के अंतर को स्थित्यर्ध में से घटा दो। शेष के वर्ग को (उस काल के) विक्षेप के वर्ग में जोड़कर वर्गमूल लो तथा मूल को चंद्रमा को छाया के व्यासार्धों के योग में से घटा दो तो उस समय का ग्रास मिलेगा॥ 44॥

आकृति (4.14) में चंद्रमा का ग्रसित भाग ग घ है। आकृति से

ग घ = च घ – च ग,

= च घ – (छ च – छ ग),

= च घ + छ ग – छ च,

= व्यासार्धों का योग – विक्षेप।

चंद्रमा का जितना भाग आच्छादित नहीं है।

उसका मान = चंद्र व्यास – ग घ,

= चंद्र व्यास – (व्यासार्धों का योग –विक्षेप),

= विक्षेप – (व्यासार्धों का योग – चंद्र व्यास),

= विक्षेप – (भूच्छाया व्यासार्ध – चंद्र व्यासार्ध)।

किसी इष्टकाल में जब चंद्रमा का केंद्र क पर है, चंद्रमा के आच्छादित भाग का मान = व्यासार्धों का योग – छ क

तथा $छ\ क^2 = च\ छ^2 + क\ च^2$,

$= च\ छ^2 + (ख\ च - ख\ क)^2$,

$= विक्षेप^2 + (स्थित्यर्ध - चंद्रमा\ द्वारा\ अधिक\ चला\ चाप)^2$।

यही सिद्ध करना था।

मध्याह्नात् क्रमगुणितोऽक्षो दक्षिणतोऽर्धविस्तरहृतो दिक्।
स्थित्यर्धाच्चार्केन्द्वोस्त्रिराशिसहितायनात् स्पर्शे॥ 45॥

अनुवाद—नतांशज्या तथा अक्षांशज्या के गुणनफल में त्रिज्या से भाग देने पर लब्धि आक्षवलन होती है। परमेश्वर के अनुसार, पूर्वकपाल में (अर्थात् मध्याह्न के पहले) आक्षवलन दक्षिण की ओर एवं अपरकाल में (अर्थात् मध्याह्न के पश्चात्) उत्तर की ओर होता है।[1] स्थित्यर्धात् का आशय यह है कि स्पर्श काल से मोक्ष काल तक आक्षवलन ज्ञात करना चाहिए, क्योंकि स्पर्श काल से मोक्ष काल तक के आक्षवलन के मान में महान् भेद होता है। आयनवलन ग्रह की स्थिति से तीन राशि अधिक स्थित क्रांतिमंडल के बिंदु की क्रांति के तुल्य होता है। कुल वलन दोनों वलनों के बीजीय योग के तुल्य होता है। अर्थात् यदि वे एक ही दिशा में हों तो उन्हें जोड़ना चाहिए और यदि विपरीत दिशा में हों तो उसका अंतर लेना चाहिए॥ 45॥

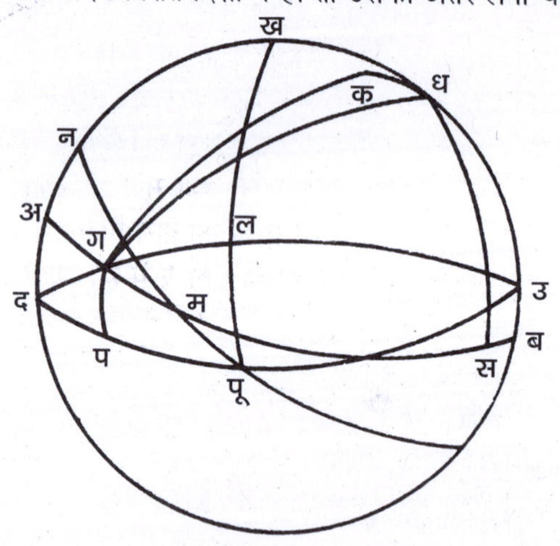

आकृति 4.16

1. परमेश्वरकृत 'आर्यभटीय भाष्य' पृ. 98

आकृति (4.16) में ब उ ख द याम्योत्तर वृत्त है, उ, पू, द क्रमशः उत्तरस्वस्तिक, पूर्वस्वस्तिक एवं दक्षिणस्वस्तिक हैं। ख खस्वस्तिक, ध ध्रुव, क कदंब, न म पू नाड़ी-मंडल, अ म ब क्रांतिमंडल तथा ख पू सममंडल हैं। ग क्रांतिमंडल पर ग्रह की स्थिति है और ग प चाप सममंडल के समानांतर चाप है। ग प तथा क्रांतिमंडल के बीच का कोण वलन कोण है। क ध स कदंबप्रोत है।

ध्रुव व ध से ध ग ध्रुवप्रोत तथा क से क ग कदंबप्रोत खींचे गए हैं। उ ल ग चाप सममंडल पर अभिलंब है। अतः ग प एवं ग म चापों के बीच का कोण उ ग क कोण के तुल्य है। कोण उ ग क, कोण उ ग ध तथा कोण क ग ध के योग के तुल्य है। इसमें कोण उ ग ध आक्षवलन है, क्योंकि निरक्ष देश में उ तथा ध एक ही बिंदु होते हैं और कोण उ ग ध शून्य के तुल्य होता है। कोण क ग ध आयनवलन है, क्योंकि यह इस कारण उत्पन्न होता है कि ध्रुव एवं कदंब एक स्थान पर नहीं है।

आकृति में चाप ध ग का मान 90 अंश से अधिक है, परंतु ग का अपक्रम ऋणात्मक है। अतएव चाप ध ग = (90 − δ) जिसमें δ ग कहा ऋणात्मक अप्रक्रम है। इसके अतिरिक्त पूर्वस्वस्तिक पू तथा खस्वस्तिक ख दोनों ही उ से 90 अंश पर हैं। अतएव उ बिंदु चाप पू ख का ध्रुव है और कोण ग उ ख = चाप ल ख। अतः गोलीय त्रिभुज ध ग उ में

$$\frac{\text{ज्या कोण ध ग उ}}{\text{ज्या चाप उ ध}} = \frac{\text{ज्या कोण ध उ ग}}{\text{ज्या चाप ध ग}}$$

$$\text{अथवा ज्या आक्षवलन} = \frac{\text{ज्या चाप ख ल} \times \text{ज्या चाप उ ध}}{\text{ज्या } (90 - \delta)},$$

$$= \frac{\text{सममंडलीय नतांशज्या} \times \text{अक्षांशज्या}}{\text{कोटिज्या } \delta},$$

$$= \frac{\text{सममंडलीय नतांशज्या} \times \text{अक्षांशज्या}}{\text{द्युज्या } (=\text{त्रिज्या})}\ ।$$

अतएव आर्यभट का सूत्र आसन्नतः ठीक है, क्योंकि द्युज्या को त्रिज्या के तुल्य मान लिया गया है।

आकृति (4.16) में म वह बिंदु है, जहाँ नाड़ीमंडल और क्रांतिमंडल एक-

दूसरे को काटते हैं। अतएव यह बिंदु ध एवं क दोनों से 90 अंश पर है और चाप क ध स के लिए म ध्रुव है। इस कारण म स = 90 अंश। यदि म ग चाप λ है तो ग स चाप का मान $(90 + \lambda)$ है, अर्थात् कोण ग क स = $(90 + \lambda)$ है। अब ग क ध गोलीय त्रिभुज में

$$\frac{\text{ज्या कोण ध ग क}}{\text{ज्या चाप ध क}} = \frac{\text{ज्या कोण ध क}}{\text{ज्या चाप ध ग}},$$

$$\text{अथवा आयनवलनज्या} = \frac{\text{ज्या कोण ग क स} \times \text{ज्या परमक्रांति}}{\text{ज्या } (90 - \delta)},$$

$$= \frac{\text{ज्या } (90 + \lambda) \times \text{ज्या } \in}{\text{द्युज्या}}$$

$$= = \frac{\text{ज्या } (90 + \lambda) \ \text{ज्या } \in}{\text{त्रिज्या}} \ (\text{आसन्नतः})$$

अतएव आयनवलनज्या = क्रांतिज्या $(90 + \lambda)$।

प्रग्रहणान्ते धूम्रः खण्डग्रहणे शशी भवति कृष्णः।
सर्वग्रासे कपिलः स कृष्णताम्रस्तमोमध्ये॥ 46॥

अनुवाद—ग्रहण के प्रारंभ तथा अंत में चंद्रमा का ग्रस्तभाग धूम्र अर्थात् धुएँ के रंग का, खंडग्रहण में अर्थात् जब चंद्रमा का कुछ अंश ग्रसित रहता है और कुछ भाग स्पष्ट रहता है, उसमें ग्रस्त भाग काला दिखता है। सर्वग्रास में अर्थात् जब चंद्रमा का कुल भाग पृथ्वी की छाया में प्रविष्ट कर जाता है, तब वह कपिलवर्ण का अर्थात् हलकी ललाई के साथ भूरे रंग का होता है और पूर्णतः छाया के बीच में वह गहरे लाल (अर्थात् ऐसा लाल, जिसमें कुछ कालापन आ गया हो) वर्ण का होता है॥ 46॥

सूर्येन्दुपरिधियोगेऽर्काष्टमभागो भवत्यनादेश्यः।
भानोर्भासुरभावात् स्वच्छतनुत्वाच्च शशिपरिधेः॥ 47॥

अनुवाद—जब चंद्रमा के द्वारा सूर्य का ग्रहण होता है तब सूर्य के आठवें भाग के आच्छादित हो जाने तक यह नहीं प्रतीत होता कि सूर्य ग्रसित हो चुका है, क्योंकि सूर्य का तेज बहुत अधिक है। चंद्रबिंब अत्यंत स्वच्छ अर्थात् पारदर्शी है। इस कारण जब अष्टमांश ग्रसित हो जाए तब कहना चाहिए कि स्पर्श हुआ है और जब अष्टमांश शेष रह जाए तब कहना चाहिए कि मोक्ष हो गया॥ 47॥

क्षितिरवियोगाद् दिकृद्रवीन्दुयोगात् प्रसाधितश्चेन्दुः।
शशिताराग्रहयोगात्तथैव ताराग्रहाः सर्वे॥ 48॥

अनुवाद—पृथ्वी और सूर्य के योग से सूर्य की साधना करनी चाहिए, अर्थात् गणित द्वारा ज्ञात किए गए स्पष्ट सूर्य का उदय उसी समय होना चाहिए, जब परीक्षण द्वारा वस्तुतः देखा जाए अथवा उदयकालिक नक्षत्रों की स्थिति से सूर्य को साधा जा सकता है। ऐसे सूर्य और चंद्रमा के योग से चंद्रमा की गति का ज्ञान किया जाना चाहिए। ऐसा योग स्पष्टतः ग्रहण के अवसरों पर होता है। अंत में तारा ग्रहों की (अर्थात् बुध, शुक्र आदि की) गति का ज्ञान चंद्रमा और इन ग्रहों की युति से करना चाहिए॥ 48॥

निरीक्षण से यदि रवि वर्ष का मान र दिन, चांद्रमास का मान म दिन तथा चंद्रमा के पृथ्वी के चारों ओर घूमने की अवधि च दिन तो रवि की औसत दैनिक गति—

$\frac{360^\circ}{\text{र}}$, चंद्रमा की औसत दैनिक गति = $\frac{360^\circ}{\text{च}}$ हैं और

$$\frac{360}{\text{च}} - \frac{360}{\text{र}} = \frac{360}{\text{म}},$$

अथवा $\frac{1}{\text{च}} = \frac{1}{\text{र}} + \frac{1}{\text{म}}$, इससे च का मान ज्ञात किया जा सकता है।

सदसज्ज्ञानसमुद्रात् समुद्धृतं देवताप्रसादेन।
सज्ज्ञानोत्तमरत्नं मया निमग्नं स्वमतिनावा॥ 49॥

अनुवाद—जो यथार्थ ज्ञान का उत्तम रत्न, यथार्थ ज्ञान और मिथ्या ज्ञान के समुद्र में डूबा हुआ था, उसे मैंने देवता के प्रसाद से अपनी बुद्धि रूपी नाव की सहायता से निकाला है, अर्थात् जिस तरह समुद्र की तली में छिपे रत्नों को लोग नावों पर चढ़कर निकालते हैं, उसी तरह आर्यभट ने भी अपनी बुद्धि रूपी नाव की सहायता से डूबे हुए यथार्थ ज्ञान के उत्तम रत्न का उद्धार किया है॥ 49॥

आर्यभटीयं नाम्ना पूर्वं स्वायम्भुवं सदा सद्यत्।
सुकृतायुषोः प्रणाशं कुरुते प्रतिकञ्चुकं योऽस्य॥ 50॥

अनुवाद—पहले जो स्वयंभू ब्रह्मा के द्वारा यथार्थ ज्ञान कहा गया था तथा जो सदा सत्य है, उसी ज्ञान को 'आर्यभटीय' के नाम से कहा गया है। जो इसमें दोष

दिखाकर इसका तिरस्कार करेंगे, उनके अच्छे कर्मों एवं आयु का नाश होगा ॥ 50 ॥

जिस तरह 'आर्यभटीय' की इस आर्या में आर्यभट ने कहा कि इसमें दोष दिखानेवालों के सुयश और आयु का नाश होगा, वैसे ही मुंजलाचार्य ने 'लघुमानस' के उपसंहार में कहा है—

मानसाख्यं ग्रहज्ञानं श्लोकषष्ट्या मया कृतम्।
भवन्त्यतोऽयशोभागाः प्रतिकञ्चुककारिणः ॥

अर्थात् ग्रहों के ज्ञान का मानस नामक ग्रंथ 60 श्लोकों से मैंने लिखा है। इसमें दोष दिखानेवाले अपयश के भागी होंगे।

❑

9

आर्यभट की क्रांतिकारी मान्यताएँ

आर्यभट की जिस मान्यता का सही होने पर भी सबसे ज्यादा विरोध हुआ, वह आगे के श्लोक में वर्णित है। वे कहते हैं—

अनुलोमगतिर्नौस्थः पश्चत्यचलं विलोमगं यद्धत्।
अचलानि भानि तद्वत समपश्चिमगनि लङ्ःयामा॥

—गोलपाद 9, आर्यभटीयम्

अर्थात् जिस तरह नाव में बैठा हुआ कोई मनुष्य जब पूर्व दिशा में जाता है, तब तट की अचल वस्तुओं को उलटी दिशा में जाता हुआ अनुभव करता है, उसी तरह अचल तारागण लंका (भारतीय ज्योतिष का वह कल्पित बिंदु, जहाँ उज्जयिनी की याम्योत्तर रेखा भूमध्यरेखा से मिलती है) में पश्चिम की ओर जाते प्रतीत होते हैं।

यहाँ आर्यभट का स्पष्ट प्रतिपादन है कि तारामंडल स्थिर है, पृथ्वी अपनी धुरी पर पश्चिम से पूर्व की ओर घूमती है, इसलिए तारे हमें पूर्व से पश्चिम की ओर जाते हुए दिखाई देते हैं। पृथ्वी अपनी धुरी पर घूमती है, यह बात वे अपनी कृति में और भी दो-तीन स्थानों पर स्पष्ट कर देते हैं।

न केवल भारतीय ज्योतिष के इतिहास में, अपितु उस समय तक की समूची भारतीय चिंतन-परंपरा में आर्यभट का भू-भ्रमणवाद एक नया क्रांतिकारी सिद्धांत था। उनकी यह मान्यता सही थी, मगर श्रुति-स्मृति परंपरा के विरुद्ध थी, इसलिए आर्यभट के जीवनकाल में ही इसका विरोध भी शुरू हो गया था। आर्यभट के भू-भ्रमणवाद पर हमला करनेवाले पहले ज्योतिषी वराहमिहिर (मृत्यु : 587 ई.) हैं। वराहमिहिर ने भू-भ्रमण के खिलाफ कुछ इस तरह का तर्क प्रस्तुत किया—यदि पृथ्वी पश्चिम से पूर्व की ओर घूमती है तो चील आदि पक्षी अपने घोंसलों में किस तरह वापस लौट सकते हैं? यदि पृथ्वी धीमी रफ्तार से घूम रही है तो फिर यह एक

दिन में एक परिभ्रमण कैसे पूरी कर सकती है?

आर्यभट के भू-भ्रमणवाद पर कठोर प्रहार करनेवाले दूसरे गणितज्ञ-ज्योतिषी ब्रह्मगुप्त (जन्म 598 ई.) हैं। उन्होंने आर्यभट के दोष दिखाने के लिए अपने 'ब्राह्मस्फुट-सिद्धांत' में 'तंत्रपरीक्षा' नामक एक स्वतंत्र अध्याय ही लिखा है। ब्रह्मगुप्त ने आर्यभट के और भी कई दोष गिनाए और अंत में यह भी लिख दिया कि आर्यभट के दोषों की संख्या बताना संभव नहीं है (आर्यभटदूषणानां संख्या वक्तुं न शक्यते)।

ब्रह्मगुप्त की दृष्टि में आर्यभट का सबसे बड़ा अपराध था—श्रुति-स्मृति परंपरा की अवहेलना करके भू-भ्रमण का नया सिद्धांत प्रतिपादित करना। वे पूछते हैं—यदि पृथ्वी एक प्राण के तुल्य कालांतर में एक कला घूमती है तो इसकी गति कहाँ से आरंभ होती है और इसका मार्ग किधर है? और यदि एक ही स्थान पर घूमती है तो ऊँची-ऊँची चीजें (पर्वत, प्रासाद आदि) नीचे क्यों नहीं गिर जाते?[27] अपने ग्रंथ में अन्यत्र ब्रह्मगुप्त ने यह भी स्पष्ट लिख दिया कि आर्यभट आदि के विचार लोक-विश्वास के विरुद्ध और वेदों, स्मृतियों तथा संहिताओं की मान्यताओं के विपरीत हैं।[28] यहाँ संहिता से मतलब गर्ग आदि की संहिता से है।

मगर बात केवल आर्यभट के दोष दिखाने और उनके सिद्धांतों को श्रुति-स्मृति परंपरा के विपरीत करार देने तक ही सीमित नहीं है। 'आर्यभटीय' की रचना के बाद के करीब सवा सौ वर्षों में उनके भू-भ्रमण को बलपूर्वक भ-भ्रमण (तारागण-भ्रमण) में बदल देने के भी प्रयास हुए। 'आर्यभटीय' में जहा भूः और कु (पृथ्वी) शब्द थे, वहाँ उन्हें भं (तारा-मंडल) में बदल दिया गया। सर्वप्रथम यह परिवर्तन भास्कर प्रथम के 'आर्यभटीय-भाष्य' में देखने को मिलता है। उन्होंने वलभी में बैठकर 629 ई. में यह भाष्य लिखा था—'ब्राह्मस्फुट-सिद्धांत' की रचना (628 ई.) के ठीक एक वर्ष बाद। बड़े आश्चर्य की बात है कि भास्कर प्रथम आर्यभट को प्रभु कहते हैं, अपने को उनका अनुयायी बताते हैं, अपने स्वतंत्र ग्रंथों में आर्यभट द्वारा प्रतिपादित विषयों का व्यापक विवेचन करते हैं; मगर अपने 'आर्यभटीय-भाष्य' में अत्यंत महत्त्वपूर्ण मूल शब्द भूः को भं में बदल देते हैं। बाद के 'आर्यभटीय' के सभी टीकाकारों ने ठीक यही किया—आर्यभट के भू-भ्रमणवाद को भ्रमणवाद में बदल दिया, हालाँकि इस बात को सभी भली-भाँति जानते थे कि ब्रह्मगुप्त ने आर्यभट के सही कथन 'प्राणनैति कलां भूः' को उद्धृत करके ही उनकी आलोचना की है।

'आर्यभटीय' के भूः और कु शब्दों को भं में यानी भूभ्रमण को भ्रमण में बदल लेने की यह व्यवस्था 629 ई. के पहले ही हो चुकी थी। यह 'व्यवस्था' इतनी बलशाली और प्रभावशाली थी कि आधुनिक काल तक कोई भी भारतीय ज्योतिषी

इसे बदलने का साहस नहीं जुटा पाया।

भास्कर प्रथम के 'आर्यभटीय-भाष्य' (629 ई.) से जानकारी मिलती है कि उनके पहले आर्यभट के प्रभाकर नामक एक शिष्य ने भी 'आर्यभटीय' पर टीका लिखी थी। बाद के कई ज्योतिषियों ने भी आचार्य प्रभाकर का उल्लेख किया है; किंतु उनकी आर्यभटीय-टीका आज उपलब्ध नहीं है। आर्यभट-शिष्य प्रभाकर ने भी अपने गुरु के शब्दों को बदल दिया होगा, यह संभव प्रतीत नहीं होता। इसलिए आचार्य प्रभाकर की 'आर्यभटीय' टीका का लोप हो गया तो इसमें आश्चर्य की कोई बात नहीं है।

सबसे दिलचस्प बात तो यह है कि 'आर्यभटीय' की सभी उपलब्ध टीकाओं में भूः और कु को भं में बदल देने पर भी चोटी के सभी भारतीय गणितज्ञ-ज्योतिषियों को यह स्पष्ट जानकारी रही है कि मूल शब्द भूः और कु ही हैं और आर्यभट के भू-भ्रमण का ही प्रतिपादन किया है; परंतु इनमें से केवल तीन ही गणितज्ञ-ज्योतिषी सच्चाई को खुलकर कह पाए, बौद्धिक ईमानदारी और भरपूर साहस का परिचय दे सके।

पृथूदकस्वामी ने 864 ई. में 'ब्राह्मस्फुट-सिद्धांत' पर भाष्य लिखा तो उसमें वे आर्यभट का स्पष्ट समर्थन करते हुए लिखते हैं: तारा-मंडल ही स्थिर है। केवल पृथ्वी ही प्रतिदिन एक बार नियमपूर्वक परिभ्रमण करती है, जिससे तारों ओर ग्रहों का उदय-अस्त होता है।[29]

भास्कर प्रथम ने अपने आर्यभटीय-भाष्य में मूल भूः और कु शब्दों को भं में बदल दिया। मगर 1073 ई. में उदयदिवाकर जब भास्कर प्रथम के लघुभास्करीय पर टीका लिखते हैं तो बताते हैं—"भ्रमण को आचार्य आर्यभट ने भी स्वीकार किया है, तारा-मंडल स्थिर है। 'आर्यभटीय' में पाठांतर प्राणेनैति कलां भू मौजूद है।"[30] इस प्रसंग में यह जानकारी दिलचस्प होगी कि भास्कर प्रथम आर्यभटीय के मूल शब्दों को भावतशचपि में बदलकर ही व्याख्या करते हैं, मगर यह जानकारी देते है कि वाताश्चापि पाठ भी प्रचलित है।[31]

श्रीपति ने 999 ई. में सिद्धांतशेखर की रचना की। उसमें वे भूभ्रमण-सिद्धांत का खंडन करते हैं। मगर मक्किभट्ट जब 1877 ई में 'सिद्धांतशेखर' पर भाष्य लिखते हैं तो उनमें वे आर्यभट का समर्थन करते हुए स्पष्ट लिखते हैं—पृथ्वी पश्चिम से पूर्व की ओर घूमती है

यह बड़े आश्चर्य की बात है कि जिन्होंने 'आर्यभटीय' पर भाष्य नहीं लिखा, उन्होंने भी आर्यभट के भूभ्रमण-सिद्धांत का समर्थन किया। इसके विपरीत, जिन्होंने

आर्यभटीय पर भाष्य लिखे, जिन्होंने आर्यभटीय की परंपरा में अपने ग्रंथ लिखे, उन सबने आर्यभट के मूल शब्दों को बदलकर उनके भू-भ्रमणवाद का खंडन किया। भास्कर प्रथम से लेकर आगे के सभी भाष्यकारों ने यही किया। परमेश्वर (1380-1460 ई.) ने अपने 'आर्यभटीय-भाष्य' में भू-भ्रमण को मिथ्या ज्ञान तक कह डाला। वटेश्वर (जन्म 880 ई.) ने आर्यभटीय के अनुकरण पर अपना वटेश्वर-सिद्धांत लिखा, उसमें ब्रह्मगुप्त का खंडन करने के लिए 'ब्रह्मस्फुट-सिद्धांत' परीक्षा नामक स्वतंत्र अध्याय भी लिखा, फिर भी उन्होंने पृथ्वी को अचला ही माना। लचार्य। लल्लाचार्य (748 ई) ने भी अपना शिष्यधीवृद्धितंत्र ग्रंथ आर्यभट के अनुकरण पर लिखा, मगर भू-भ्रमण को मिथ्या ज्ञान बताकर वे इसके विरोध में वैसे ही तर्क प्रस्तुत करते हैं, जैसे कि वराहमिहिर और ब्रह्मगुप्त ने पेश किए थे। भास्कराचार्य (1150 ई.) पृथ्वी के गुरुत्वाकर्षण की तो चर्चा करते हैं, किंतु भू-भ्रमण को स्वीकार नहीं करते।

आर्यभट के भू-भ्रमणवाद के साथ ऐसा सलूक क्यों हुआ? ब्राह्मस्फुट-सिद्धांत के भाष्यकार पृथूदक स्वामी लिखते हैं—आर्यभट ने भी भ्रमण स्वीकार किया है। उनका कथन भी है—प्राणनैति कलां भू। परंतु लोकप्रिय के कारण भास्कर (प्रथम) और दूसरों ने इसकी व्याख्या भिन्न प्रकार से की है।[32]

चलिए, यह तो पता चल गया कि यह सब लोक-भय के कारण हुआ, मगर बुनियादी सवाल है—यह किन लोगों का भय था? यह भय जनसाधारण का कदापि नहीं हो सकता। आकाश की घटनाओं के बारे में ज्योतिषियों और पुरोहितों द्वारा जो बातें जनता को बताई जाती हैं, उन्हें यह यथावत् स्वीकार करती रही, फलित-ज्योतिष और ग्रहणों आदि से संबंधित अंधविश्वासों को आज भी आँख मूँदकर स्वीकार करती हैं।

यहाँ लोक-भय का आशय है, समाज के उस विशिष्ट वर्ग का भय जिसके हित-साधन में आर्यभट द्वारा प्रतिपादित भू-भ्रमण का सिद्धांत बाधक बनता था। यह था पुरोहित वर्ग, जिसका हित वेदों, धर्मशास्त्रों और आर्यभट के एक-दो सदी पहले से लिखी जा रही नई-नई पुराण-पोथियों के वचनों की रक्षा के साथ जुड़ा था, मगर आर्यभट का भू-भ्रमण का नया वैज्ञानिक सिद्धांत पृथ्वी संबंधी श्रुति-स्मृति की परंपरागत मान्यताओं का खंडन करता था। पुरोहित वर्ग के लिए यह नई चुनौती थी। गुप्तों के शासनकाल में यह वर्ग काफी बलशाली बन गया था। इसलिए पृथूदक स्वामी ने जिसे लोक-भय कहा है, यह वस्तुतः शक्तिशाली पुरोहित वर्ग का भय था। वेदों और धर्मशास्त्रों के हवाले देकर अचला पृथ्वी का जो लोक-विश्वास

कायम किया गया था, उसे टिकाए रखने में सबसे ज्यादा हित पुरोहित-वर्ग का ही था। इसलिए समाज के इस प्रभावशाली वर्ग ने आर्यभट के भू-भ्रमणवाद के उन्मूलन के लिए हर संभव प्रयास किया हो तो इसमें आश्चर्य की कोई बात नहीं है।

मगर उनके इस प्रयास को पूर्ण सफलता नहीं मिली। आर्यभट के नए मत की चोटी के प्राय: सभी भारतीय ज्योतिषियों को जानकारी रही है। ब्रह्मगुप्त द्वारा उद्धृत 'आर्यभटीय' के मूल शब्द 'प्राणेनैति कलां भू' यथावत् रहे। आर्यभटीय के कुछ भाष्यकारों ने मूल शब्दों को पाठांतर में प्रस्तुत कर दिया। इतना ही नहीं, पृथूदक स्वामी उदयदिवाकर और मविकभट्ट जैसे कुछ साहसी ज्योतिषियों ने आर्यभट के भू-भ्रमण के सिद्धांत को स्वीकार किया।

परंतु धर्माचार्यों द्वारा भ्रमण का विरोध भी सतत जारी रहा। जब देखा गया कि दबी जबान में ही सही, आर्यभट का भू-भ्रमणवाद: जीवित है तो कट्टर वेदांती अप्पय दीक्षित (1530-1600 ई) अंतत: व्यवस्था देते हैं—वेद में पृथ्वी को प्रतिष्ठा कहा गया है, यानी स्थिर कहा गया है। आर्यभट आदि द्वारा प्रतिपादित भू-भ्रमणवाद श्रुति और न्याय के विरुद्ध होने के कारण हेय है।[33]

ज्योतिष एक प्रत्यक्ष शास्त्र है, विज्ञान है। ज्योतिषशास्त्र और धर्मशास्त्र की परंपराएँ अलग-अलग हैं। ग्रहों-उपग्रहों और नक्षत्रों की गतियों को धर्मशास्त्रों के उपदेशों के अनुसार नहीं बदला जा सकता, मगर अप्पय दीक्षित ने ठीक यही किया। अप्पय दीक्षित गणितज्ञ-ज्योतिषी नहीं थे, इसलिए भी उन्होंने भू-भ्रमणवाद को हेय सिद्ध करने के लिए वेद वाक्य का सहारा लिया। अथर्ववेद में पृथ्वी को प्रतिष्ठा यानी अचला या स्थिर कहा गया है।[34]

अप्पय दीक्षित जब भू-भ्रमणवाद को हेय कर रहे थे, तब तक यूरोप में भूभ्रमणवाद की अच्छी तरह स्थापना हो चुकी थी, कॉपरनिकस (1472-1543 ई.) का सूर्यकेंद्र-सिद्धांत भी अस्तित्व में आ चुका था और ज्योदानो व्रूनो (1547-1600 ई.) यूरोप के शहरों मे घूम-घूमकर उसका प्रचार कर रहे थे। रोम के ईसाई धर्माचार्यों के आदेश से 1,600 ई. में ज्योर्दानो ब्रूनो को खूँटे से बाँधकर जिंदा जला देना और वेद प्रामाणक्य का आश्रय लेकर आर्यभट के भू-भ्रमणवाद के उन्मूलन के लिए हर संभव प्रयास करना, इन दोनों बातों में कोई ज्यादा अंतर नहीं है।

चंद्र-ग्रहण और सूर्य-ग्रहण आकाश के संभवत: सबसे चमत्कारी नजारे हैं। मनुष्य प्राचीन काल से ही ग्रहणों से भयभीत होता आ रहा है। ग्रहणों का लेखा-जोखा रखकर इनके समय की भविष्यवाणी करना प्राचीन काल के ज्योतिषियों का एक प्रमुख कर्म रहा है। ऋग्वेद में आए स्वर्भानु के आख्यान से पता चलता है कि

अत्रि कुल के पुरोहित ग्रहणों का लेखा-जोखा रखते थे। ऋग्वेद का यही दैत्य स्वर्भानु बाद में राक्षस राहु में तब्दील हो गया। पुराणों में राक्षस राहु द्वारा सूर्य को ग्रसित किए जाने के कथानक पढ़ने को मिलते हैं। ऐसे कल्पित कथानकों को गढ़ने और कायम रखने में पुरोहित वर्ग का अपना हित था। ग्रहणों के अवसर पर आज भी दान दिया जाता है। अनेक प्राचीन अभिलेखों से पता चलता है कि ग्रहणों के अवसर पर राजा-महाराजा ब्राह्मण-पुरोहितों को कर-मुक्त भूमि (अग्रहार) दान करते थे।

स्वार्भानु (राहु) की कल्पना वेदों द्वारा समर्थित थी, इसलिए ज्योतिषी भी इसका खुलकर विरोध नहीं कर पा रहे थे, लेकिन आर्यभट ने श्रुति-स्मृति परपंरा की कोई परवाह नहीं की। वे अपने ग्रंथ में राहु की कोई चर्चा नहीं करते और साफ-साफ लिखते हैं—

वन्द्रो जलमार्कोंग्निः मृदभश्च्छयापि या तमस्तद्धि।
छादयति शाशी सूर्य शाशिनं महती च भूच्छाया॥

अर्थात् चंद्रमा जल है, सूर्य अग्नि है, पृथ्वी मिट्टी है और छाया अंधकार है। (सूर्य ग्रहण के समय) चंद्रमा सूर्य को ढक लेता है और (चंद्र ग्रहण के समय) पृथ्वी की बड़ी छाया चंद्रमा को ढक लेती है।

यहाँ आर्यभट का यह कथन सही नहीं है कि 'चंद्रमा जल से निर्मित है।' आज हम जानते हैं कि चंद्रमा पर पानी नहीं है। अगले वर्ष अप्रैल में भारत का चंद्रयान--1 भी चंद्रमा के पास पहुँच रहा है।

मगर ग्रहणों से संबंधित आर्यभट की मान्यता पूर्णतः वैज्ञानिक है। वे ग्रहण-काल भू-छाया की लंबाई भू-छाया का व्यास, ग्रास का प्रमाण, सूर्य ग्रहण से ग्रसित भाग, ग्रहण के रंग आदि का विवेचन करते हैं, फिर भी ब्रह्मगुप्त (628 ई.) ने झूठा आरोप लगाया है कि आर्यभट के मत से ग्रहण राहु के कारण होता है, जबकि ग्रहण राहु के कारण नहीं होता।

वराहमिहिर (मृत्यु 587 ई.) ने आर्यभट के भ्रमण का भले ही विरोध किया हो, किंतु उन्होंने ग्रहणों के सही कारण ही बताए हैं—चंद्र जब पृथ्वी की छाया में प्रवेश करता है, तब चंद्र ग्रहण होता है, चंद्र जब सूर्य के बिंब में प्रवेश करता है, तब सूर्य ग्रहण होता है। वस्तुतः चोटी के प्रायः सभी गणितज्ञ-ज्योतिषी, ब्रह्मगुप्त भी भलीभाँति जानते थे कि ग्रहण छायाओं के कारण घटित होते हैं, वे छाया-गणित से ग्रहणों का निर्धारण करने में समर्थ थे।

किंतु लगता है कि ब्रह्मगुप्त किसी बड़ी दुविधा में फँस गए थे। वे एक प्रतिभाशाली गणितज्ञ थे, वेधकर्ता खगोलविद् थे, अतः ग्रहणों के वास्तविक कारणों को अवश्य ही जानते थे। फिर भी लिखते हैं—वेदवाक्य है कि असुर पुत्र राहु ने

अंधकार से सूर्य के बिंब को भेदित कर दिया है। उसमें और श्रुति, संहिता तथा स्मृति में एकवाक्यता हो तभी मानना चाहिए कि उस उक्ति का प्रतिपादन उचित है।''[35] ब्रह्मगुप्त अपने सिद्धांत के गोलाध्याय के 36 से 48 तक के तेरह श्लोकों में ग्रहणों का कारण राहु को ही बताते हैं और उन्हीं में से एक श्लोक में लिखते हैं— ग्रहणों से संबंधित आर्यभट, वराहमिहिर, श्रीषेण और विष्णुचंद्र आदि के मत लोक-विश्वास के विरुद्ध हैं। वेद-स्मृति-संहिता की मान्यता के विपरीत हैं।[36]

ब्रह्मगुप्त ने ऐसा क्यों लिखा, किसके दबाव में आकर लिखा होगा, यह समझना ज्यादा कठिन नहीं है। ग्रहणों को राहुकृत बताने से समाज के किस वर्ग का हित-साधन होता था, आज भी होता है। यह हमें अच्छी तरह मालूम है। पता चलता है कि तरुण ब्रह्मगुप्त ने आर्यभट की आलोचना पूर्णतः स्वबुद्धि से नहीं की थी। उन्हें इसकी प्रेरणा परंपरावादियों से मिली थी।

आर्यभट के मतों पर प्रहार करने के लिए वराहमिहिर या ब्रह्मगुप्त को प्रेरित करनेवाले, उन पर दबाव डालनेवाले ये परंपरावादी कौन थे? वे थे श्रुति-स्मृति को प्रमाण माननेवाले ब्राह्मण-पुरोहित, जिनके हित-साधन में आर्यभट की नई वैज्ञानिक मान्यताएँ निश्चय ही बाधक बनती थी।

आर्यभट परंपरा के अंधभक्त नहीं थे। वे सही माने में एक वैज्ञानिक थे। आर्यभटीय के एक अंतिम श्लोक में वे लिखते हैं—

सदसज्जज्ञानसमुद्रात सगुद्धृत ब्रह्मणः प्रसादेन।
सज्ज्ञानोत्तमरत्नं मया निमग्नं स्वमतिनावा॥

—गोलपाद 49, आर्यभटीयम्

अर्थात् सत् और असत् (यथार्थ और मिथ्या) ज्ञान के समुद्र में यथार्थ ज्ञान का जो उत्तम रत्न डूबा हुआ था, उसे मैंने देवता के प्रसाद से अपनी बुद्धि रूपी नाव की सहायता से बाहर निकाला है।

आर्यभट 499 ई. में 23 वर्ष के थे। उसके बाद के उनके जीवन के बारे में कहीं कोई जानकारी नहीं मिलती; उनके किसी टीकाकार ने भी कोई अतिरिक्त जानकारी नहीं दी है। स्वयं आर्यभट ने अपना जन्मस्थान भी नहीं बताया, वे सिर्फ इतनी ही सूचना देते हैं कि उन्होंने अपना 'आर्यभटीय' ग्रंथ कुसुमपूर (पाटलिपुत्र, आधुनिक पटना) में रचा है।

अब तक आर्यभट का केवल एक ही ग्रंथ आर्यभटीय-प्रकाश में आया है। परंतु स्पष्ट जानकारी मिलती है कि आर्यभट ने गणित-ज्योतिष का एक और ग्रंथ लिखा था—'आर्यभट-सिद्धांत।' आर्यभट-सिद्धांत का उल्लेख भास्कर प्रथम (629

ई.), वराहमिहिर (मृत्यु 587 ई.), मल्लिकार्जुन सूरि (1178 ई.), तम्म यज्वा (1599 ई.), समकृष्ण आराध्य (1472 ई.) आदि ज्योतिर्विदों ने भी किया है। आशा रखनी चाहिए कि आर्यभट की यह दूसरी महान् कृति भी किसी दिन अवश्य उपलब्ध हो जाएगी।

आर्यभट के कुल, गोत्र, गुरु या माता-पिता के बारे में कई जानकारी नहीं मिलती, उनके किसी टीकाकार ने भी नहीं दी। आर्यभट को आचार्य, यानी अध्यापक कहा गया है। भास्कर प्रथम ने आर्यभट के तीन शिष्यों का उल्लेख किया है—पांडुरंग स्वामी, लाटदेव और निशंकु। इनमें लाटदेव की प्राचीन भारत में विशेष ख्याति रही है; मगर आज लाटदेव की कोई भी कृति उपलब्ध नहीं है।

कई भारतीय गणितज्ञ-ज्योतिषियों ने अपनी कृतियों में अपने आश्रयदाता नरेश का उल्लेख किया है। आर्यभट की बात अलग है। वे अपनी कृति में किसी भी राजा या सामंत का उल्लेख नहीं करते। समकालीन राजनीतिक परिस्थितियाँ भी अनुकूल नहीं थीं।

आर्यभट का जन्म 476 ई. में हुआ। उसी वर्ष या एक वर्ष पहले बुधगुप्त ने गुप्त शासन की बागडोर सँभाली थी। उसके पहले करीब दस साल तक आपसी कलह के कारण गुप्त-शासन में काफी अस्थिरता रही। बुधगुप्त ने आगे 20 साल तक मालवा से लेकर बंगाल तक के प्रदेश पर शासन किया, परंतु बुधगुप्त के देहांत (496 ई.) के बाद गुप्त शासन के अवसान का दौर शुरू हो गया। पता चलता है कि 496 ई. में पाटलिपुत्र में भानुगुप्त का शासन था। उसी समय पश्चिमोत्तर भारत पर हूबीं के हमले शुरू हुए। कुछ समय के लिए गुप्त शासक हूणों को रोकने में भले ही सफल रहे हों, मगर 530 ई. के करीब गुप्त शासन लगभग समाप्त हो गया था। आर्यभट के जीवनकला में उत्तरापथ में राजनीतिक अस्थिरता का दौर चल रहा था।

आर्यभट केवल एक ही देवता ब्रह्मा की वंदना करते हैं। अपनी कृति में वे तीन बार ब्रह्मा का स्मरण करते हैं—दशगीतिका-सूत्र व गणितपाद के मंगलाचरणों में और गोलपाद के अंत में। आर्यभट के लिए वे स्वयंभू और सबसे पुराने पितामह-सिद्धांत (स्वायुंभव सिद्धांत के आदि प्रवर्तक थे) पाटलिपुत्र में स्वायंभुव-सिद्धांत का सबसे ज्यादा सम्मान था। आर्यभट मंगलाचरण के आरंभ में ही सत्य एवं परम ब्रह्मा को नमस्कार करते हैं।

मगर आर्यभट के समय तक ब्रह्मा की लोकप्रियता में काफी गिरावट आ गई थी। वैदिक व ब्राह्मण साहित्य में वे शिव व विष्णु से बड़े देवता हैं, प्रजापति है। परंतु गुप्तकाल में लिखे गए पुराणों ने ब्रह्मा को शिव-महादेव व विष्णु से छोटा देवता बना दिया। गुप्तकाल में वैदिक प्रजापति का स्थान विष्णु ने ले लिया था।

कहा जाने लगा कि शिव की आज्ञा से ही ब्रह्मा सृष्टि की रचना, पालन और संहार करते हैं। इतना ही नहीं, पुराणों में ब्रह्मा के बारे में कुछ अशोभनीय कथाएँ भी जोड़ दी गई हैं। धीरे-धीरे ब्रह्मा का महत्त्व घटता गया। उनके मंदिरों की संख्या भी घटती गई। आज ब्रह्मा का शायद एकमात्र जीवंत मंदिर अजमेर के पास पुष्कर में है।

केवल राजनीतिक परिस्थिति ही नहीं, सामाजिक व धार्मिक वातावरण भी विज्ञान के विकास या ह्रास का कारण बनता है। आर्यभट ने श्रुति-स्मृति की ही नहीं, कई पौराणिक मान्यताओं का भी खंडन किया था। उनकी ब्रह्मभक्ति भी पुरोहित वर्ग में उनकी लोकप्रियता में बाधक बनी होगी।

आर्यभट की कई मान्यताएँ क्रांतिकारी थीं। धर्म-कर्म से भी गहराई से जुड़े ज्योतिष-जैसे महत्त्वपूर्ण विषय से संबंधित थे, इसलिए उनका जल्दी प्रचारित हो जाना स्वाभाविक था। परंतु जान पड़ता है कि उनका विरोध भी उतनी ही जल्दी शुरु हो गया था, संभवत: आर्यभट के जीवनकाल में ही।

आर्यभट पर प्रबल प्रहार करनेवाले ब्रह्मगुप्त (जन्म 598 ई.) उनके करीब सवा सौ साल बाद हुए। उस समय तक आर्यभट के अनुयायियों का एक अच्छा-खासा समुदाय अस्तित्व में आ गया था, मगर परंपरावादियों की ओर से आर्यभट के अनुयायियों पर जबरदस्त हमले भी सतत जारी थे। यह बात ब्रह्मगुप्त के एक कथन से स्पष्ट हो जाती है। वे लिखते हैं—जिस तरह सिंह का सामना हरिण नहीं कर सकते, उसी तरह मेरी कृति से ग्रहों की मध्यगति को भलीभाँति जाननेवालों का सामना आर्यभट आदि के अनुयायी नहीं कर सकते।[37]

ब्रह्मगुप्त ने अपने 'ब्राह्मस्फुट-सिद्धांत' की रचना 30 वर्ष की आयु में की थी, उसमें उन्होंने आर्यभट का खंडन करने के लिए एक स्वतंत्र अध्याय लिखा-'तंत्रपरीक्षाध्याय'। परंतु 67 वर्ष की परिपक्व आयु में ब्रह्मगुप्त ने आचार्य आर्यभट-तुल्य परिणाम प्राप्त करने के लिए अपने 'खंडखाद्यक' ग्रंथ की रचना की थी। अत: स्पष्ट है कि तरुण ब्रह्मगुप्त ने आर्यभट के मतों की आलोचना पूर्णत: स्वबुद्धि से नहीं की थी, उन्हें इसकी प्रेरणा परंपरावादियों से मिली थी।

परंतु आर्यभट की आलोचना करने के लिए ब्रह्मगुप्त को प्रेरित करनेवाले, उन पर दबाव डालने वाले, वे परंपरावादी कौन थे? वे थे, श्रुति-स्मृति को प्रमाण मानने वाले, पुराणकथाओं के प्रचारक ब्राह्मण-पुरोहित, जिनके हितसाधन में आर्यभट की नई वैज्ञानिक मान्यताएँ बाधक बन गई थीं।

आचार्य आर्यभट भी ब्राह्मण कुल में ही पैदा हुए थे, परंतु वे श्रुति-स्मृति और पुराणों के अंधभक्त नहीं थे। उन्होंने स्वबुद्धि से यथार्थ ज्ञान का उद्धार किया था,

मगर ब्राह्मण-पुरोहितों के ही वर्ग ने एक ब्राह्मण गणितज्ञ-खगोलविद् के मतों को हेय क्यों करार दिया?

इसके लिए प्रेरणाएँ पहले से मौजूद थीं। 'मनुस्मृति' की व्यवस्था है—श्रुति और स्मृति में बताए गए धर्म का अनुष्ठान करनेवाले मनुष्य की इस लोक में कीर्ति होती है और परलोक में जाने पर उसे अत्युतम सुख मिलता है। श्रुति का अर्थ है वेद और स्मृति का अर्थ है, धर्मशास्त्र। इन दोनों के प्रतिकूल तर्क नहीं करना चाहिए, क्योंकि इन्हीं से संपूर्ण धर्म प्रकट हुआ है। जो द्विज तर्कबुद्धि का सहारा लेकर श्रुति-स्मृति परंपरा का तिरस्कार करता है, उसे साधुजनों द्वारा नास्तिक और वेद-निंदक मानकर बहिष्कृत कर देना चाहिए।[38]

मनु की यह व्यवस्था मुख्यत: द्विज लोकायातिकों के लिए थी; परंतु बुद्धिवादी आर्यभट ने भी श्रुति-स्मृति की अवहेलना की थी, इसलिए उन पर भी इसे लागू कर दिया गया। आर्यभट के मतों को, विशेषकर उनके भू-भ्रमणवाद को कुचलने, बदलने और मिटा देने के सभी संभव प्रयास हुए, सदियों तक सतत जारी रहे। इतना ही नहीं, हम बता चुके हैं कि आर्यभट को लोक-परंपरा से भी बहिष्कृत कर देने के प्रयास हुए। वराहमिहिर के बारे में कई सारी दंतकथाएँ प्रचलित हैं, आर्यभट के बारे में कहीं कोई दंतकथा नहीं है।

आर्यभट अपना जन्म वर्ष (476 ई) स्वयं बताते हैं, परंतु उनकी मृत्यु-तिथि के बारे में कहीं कोई जानकारी नहीं मिलती, इस मामले में उनके भाष्यकार भी मौन हैं।

इतिहास का, विज्ञान वे इतिहास का भी, प्रयोजन केवल तथ्यों व तिथियों को प्रस्तुत कर देना ही नहीं है। अतीत में क्या हुआ और क्या नहीं हुआ, यह जानना निश्चय ही महत्त्वपूर्ण है, मगर उससे भी अधिक महत्त्वपूर्ण है, यह जानना कि ऐसा क्यों हुआ और भिन्न प्रकार से क्यों नहीं हुआ। विज्ञान के इतिहास के लिए इस क्यों का विशेष महत्त्व है।

इस क्यों को समझने के लिए आर्यभट एक उत्तम उदाहरण है। आर्यभट के साथ वराहमिहिर और ब्रह्मगुप्त को भी शामिल किया जाए तो वस्तुस्थिति अधिक स्पष्ट हो जाती है। भारतीय विज्ञान, समाज और धर्म-कर्म के परस्पर संबंधों को ठीक से समझने के लिए यह वैज्ञानिक त्रिमूर्ति एक उपयुक्त उदाहरण है।

हम जानते हैं कि ईसा की आरंभिक सदियों में विदेशी ज्ञान-विज्ञान के संपर्क में आने पर भारतीय विज्ञान विशेषत: गणित-ज्योतिष, तेजी से फलता-फूलता रहा, मगर बाद में उसकी प्रगति रुक गई, वह लगभग निष्क्रिय हो गई। भारतीय विज्ञान

की इस गतिहीनता के वैचरिक एवं सामाजिक कारणों को समझना अत्यावश्यक है।

वैज्ञानिक उपलब्धियाँ समाज को गहराई से प्रभावित करती हैं, उसे गति देती हैं। दूसरी तरफ समाज की व्यवस्था और उसमें रूढ़ मान्यताएँ भी विज्ञान को प्रभावित करती हैं। इस दूसरी बात के लिए आर्यभट का जीवन और कृतित्व पर्याप्त प्रमाण प्रस्तुत करता है। साथ ही, यह भी स्पष्ट हो जाता है कि भारतीय समाज के किस वर्ग ने किस समय से श्रुति-स्मृति परंपरा का खंडन करनेवाले नए ज्ञान-विज्ञान का विरोध शुरू कर दिया था। बाद की हमारी वैज्ञानिक अवनति के स्रोत भारतीय इतिहास के तथाकथित स्वर्ण युग में ही उपलब्ध हैं।

❑

संदर्भ और टिप्पणियाँ

1. काले महति देशे वा स्फुटार्थ यस्य दर्शनम्।
जयत्यार्यभटः सोऽब्धिप्रांतोल्लङ्घिसद्यशाः ॥
आलमार्यभटादंयैर्ज्योतिषां गतिवित्तये।
तत्र भ्रमंति तेऽज्ञानबहलध्वान्तसागरे ॥ लघुभास्करीय, 1,2-3
2. सिद्धांतपञ्चकविधावपि दृग्विरुद्धमौढ्योपरागमुखखेचरचारक्लृप्तौ।
सूर्यः स्वयं कुसुमपुर्यभवत् कलौ तु भूगोलवित् कुलप आर्यभटाभिधानः ॥
3. भारत : अलबरूनी (डॉ. सखाउ के अंग्रेजी अनुवाद के संक्षिप्त संस्करण का हिंदी अनुवाद : नूर नबी अब्बासी), नई दिल्ली, 2003, पृ. 164।
4. देखिए धर्मपाल द्वारा संपादित Indian Science and Technology in the Eighteenth Century Delhi 1971 में हेनरी टॉमस कोलब्रूक का मूल लेख : Hindu Algebra.
5. शंकर बालकृष्ण दीक्षित : भारतीय ज्योतिष हिंदी अनुवाद : शिवनाथ झारखंडी), लखनऊ, 1963, पृ. 264।
6. परमेश्वर केरल के समुद्रतट-क्षेत्र के अश्वत्थ (आधुनिक अलत्तूर) गाँव के निवासी थे। उन्होंने ज्योतिष शास्त्र पर कई पुस्तकें लिखीं। 'आर्यभटीय' पर अपनी टीका लिखने में परमेश्वर ने सूर्यदेव यज्वा की आर्यभटीय टीका का उपयोग किया था। सूर्यदेव यज्वा (जन्म : 1911 ई.) गंगैकोंडचोलपुरम् (तमिलनाडु) के निवासी थे।
7. रामनिवास राय बताते हैं कि उदयनारायण सिंह मुजफ्फरपुर जिले (बिहार) के थे।

   मगर महावीर प्रसाद श्रीवास्तव 'सूर्य-सिद्धांत' के अपने 'विज्ञान-भाष्य' की ग्रंथ-सूची में लिखते हैं कि उदयनारायण सिंह की 'आर्यभटीय-टीका' ब्रह्म प्रेस, इटावा से छपी।
8. आर्यभटीयम्, बिहार रिसर्च सोसाइटी, पटना, 1966, 'भूमिका', पृ. 26।

9. शंकर बालकृष्ण, पूर्वोक्त, पृ. 276।
10. भारतीय राष्ट्रीय विज्ञान अकादमी (नई दिल्ली) ने 1976 ई. में भास्कर प्रथम, सोमेश्वर और सूर्यदेव यज्वा की टीकाओं सहित 'आर्यभटीय' को प्रकाशित किया। उसी अवसर पर अकादमी ने मूल सहित कृपाशंकर शुक्ल का 'आर्यभटीय' का अंग्रेजी अनुवाद (व्याख्या सहित) भी प्रकाशित किया। अब ये पुस्तकें उपलब्ध नहीं हैं।
11. सदसज्ज्ञानसमुद्रात् समुद्धतं देवताप्रसादेन।
सज्ज्ञानोतरत्नं मया निगम्नं स्वमतिनाया॥ —गोलपाद 49, आर्यभटीयम्।
12. देखिए V.S. Apte's The Practical Sanskrit-English Dictionary : भटः = a warrior, soldier : & भट्ट = a lord. master : a bard, panegyrist.
13. षष्ट्यब्दानां षष्टिर्यदा व्यतीतास्त्रयश्च युगपादाः।
त्र्यधिका विंशतिरब्दास्तहदेह मम जन्मनोऽतीताः॥—कालक्रियापाद 10, आर्यभटीयम्
14. आर्यभट ने यहाँ बताया है कि पृथ्वी से दूरी की दृष्टि से ग्रहों और नक्षत्रों का क्या क्रम है (कृ-शशि-बुध-भृगु-रवि-कुज-गुरु कोण-भगणा)। अर्थात् आर्यभट भी मानते थे कि पृथ्वी (कु) इन सबके केंद्र में स्थित है।
15. देखिए Nundo Lal Dey : The Geographical Dictionary of Ancient and Mediaeval India (1927) पृ. 111।
16. कुसुमपुरं पाटलिपुत्रं, तत्राभ्यर्चितं ज्ञानं निगदति। एवनमुश्रूयते-अयं किल स्वायंभुव-सिद्धांतः कुसुमपुरनिवासिभिः कृतिभिः पूजितः, सत्स्वपि पौलिश-रोमक-वासिष्ठ-सौर्येषु। तेनाह—कुसुमपुरेऽभ्यर्चितं ज्ञानमिति।
17. सिद्धांतपञ्चकविधावपि दृग्विरुद्धमौढ्योपरागमुखखेचरचारक्लृप्तौ।
सूर्यः स्वयं कुसुमपुर्यभवत् कलौ तु भूगोलवित् कुलप आर्यभाभिधानः॥
18. भारत : अलबरूनी (एडवर्ड सी. सखाउ के अंग्रेजी अनुवाद का संक्षिप्त हिंदी अनुवाद : अनुवादक : नूर नबी अब्बासी), नई दिल्ली, 2003, पृ. 164।
19. Aryabhatiya with the Commentary of Bhaskara I and Someshvara (Ed. by K.S. Shukla), INSA. N. Delhi, 1976, pp.xxv-xxvii
20. देखिए K.V. Sarma's article : Tradition of Aryabhatiya in Kerala in IJHS (INSA). Vol. 12, No. 2, Now 1977.
21. देखिए वा.वि. मिराशी : वाकाटक नृपति आणि त्यांचा काल (मराठी),

नागपुर, 1957, पृ. 370-392। अजिंटा के इस लेख का वाचन पहली बार डॉ. भाऊ दाजी ने किया था।

22. प्राचीन भारत ने श्रुति-स्मृति की आलोचना करने की स्वस्थ परंपरा अभी कायम थी। ब्रह्मगुप्त ने आर्यभट के दोष दिखाने के लिए अपने 'ब्राह्मस्फुट-सिद्धांत' (628 ई.) में एक स्वतंत्र 'तंत्रपरीक्षाध्याय' लिखा तो वटेश्वर ने ब्रह्मगुप्त के दीप दिखाने के लिए अपने वटेश्वर-सिद्धांत (904 ई.) में एक अलग 'ब्राह्मस्फुट सिद्धांत परीक्षाध्याय' लिखा। ब्रह्मगुप्त ने आर्यभट की युग-पद्धति की इसलिए आलोचना की, क्योंकि वह स्मृतियों की मान्यता के विपरीत थी। परंतु वटेश्वर अपने वटेश्वर-सिद्धांत में पूछते हैं—

    स्मार्तगस्त युगमेव वेत्कथं नो रवेरुपरि शीतदीधितिः।
    तत्स्मृतावसदितीह नेष्यते हन्त! साऽपि युगकल्पना मृषा॥

    —वटेश्वर-सिद्धांत, 1.10.3

    अर्थात् यदि ब्रह्मगुप्त द्वारा कथित युग स्मृतियों की शिक्षा के अनुरूप है तो फिर (उसके अनुसार) चंद्रमा सूर्य के परे क्यों नहीं है (जैसा कि स्मृतियों में बताया गया है)? यदि स्मृतियों की उस शिक्षा को गलत मानकर अस्वीकार किया गया है तो स्मृतियों की युग-कल्पना भी गलत है।

23. ब्रह्मगुप्त ने अपने 'ब्राह्मस्फुट सिद्धांत' की रचना 628 ई. में की। उसमें आर्यभट के भू-भ्रमण को यथावत् प्रस्तुत करके इसकी आलोचना की गई है। उसके एक साल बाद ही 629 ई. में भास्कर प्रथम ने अपना 'आर्यभटीय भाष्य' लिखा, मगर उसमें आर्यभट के भू-भ्रमण को भं-भ्रमण (भूः को भं) में बदल दिया गया! केवल एक साल के अंतराल में यह 'चमत्कार' कैसे हो गया?

24. Alfred Hooper : Makers of Mathematics, Random House, New yourk, 1948, P. 126.

25. 'आर्यभटीय' के टीकाकार सूर्यदेव यज्वा (जन्म 1191 ई.), परमेश्वर (1431 ई.) और नीलकंठ (1500 ई.) की मान्यता थी कि कलिवर्ष 3600 (421 शकवर्ष) में बीज-संस्कार की आवश्यकता नहीं थी और 'आर्यभटीय' की रचना का वर्ष भी वही है। के. सांवशिव शास्त्री, वाल्टेर यूजेन क्लार्क और पं. बलदेव मिश्र का भी यही मत है : आर्यभट ने 'आर्यभटीय' की रचना 23 वर्ष की आयु में 499 ई. में की। पं. बलदेव

मिश्र का तर्क है—"लोगों की ऐसी भी कल्पना हो सकती है कि कलियुग के 3,600 वर्ष बीतने पर आर्यभट की अवस्था तेईस वर्ष की रही होगी और उन्होंने 'आर्यभटीय' को पीछे लिखा होगा, किंतु ऐसी आशंका की निवृत्ति 'त्र्यधिका विंशतिरब्दास्तदेह मम जन्मनोऽतीताः' इसमें 'इह' शब्द से हो जाती है—'इह ग्रंथलेखनसमये'। 'इह' का यहाँ यही अर्थ है कि इसी समय में मैंने (आर्यभट ने) इस ग्रंथ को लिखा है। चूँकि आर्यभट ने ग्रंथ-लेखनकाल में अपनी अवस्था लिखी है, इसी के अनुकरण में ब्रह्मगुप्त एवं भास्कराचार्य ने अपने ग्रंथ लिखने के समय में अपनी अवस्था दी है।" पं. बलदेव मिश्र : आर्यभटीयम्, बिहार रिसर्च सोसाइटी, पटना, पृ. 5.2।

26. प्राणेनैति कलां भूर्यदि तर्हि कुतो ब्रजेत कमध्वानम्।
आवर्त्तनमुर्व्याश्चेन्न पतन्ति समुच्छायाः कस्मात्॥—ब्राह्मस्फुट सिद्धांत, तंत्रपरीक्षाध्याय, 17।

27. एवं वराहमिहिरश्रीपेणार्यभटविष्णुचन्द्राद्यैः।
लोकविरुद्धमभिहितं वेदस्मृतिसंहिताबाह्यम्॥ —ब्राह्मस्फुट-सिद्धांत, गोलाध्याय, 39।

28. भपंजरः स्थिरः। भूरेवावृत्यावृत्य प्रतिदैवसिकौ उदयास्तमयो सम्पादयति, नक्षत्रग्रहाणाम्।

29. भूभ्रमणमप्याचार्येणाभ्युपगतम्, नक्षत्राणां स्थिरता च। विद्यते हि पाठान्तरं 'प्राणेनैति कलां भूः' (आर्यभटीयम्, 1.6) इति।—लघुभास्करीय पर उदयदिवाकर की टीका।

30. अन्ये पुनः 'क्वावतश्चिापि नाक्षत्राः' इति पठन्ति। आर्यभटीय (3.5 पर भास्कर) प्रथम का भाष्य।

31. आधार्यायभटैनापि भृभ्रमणमभ्युपगतम्। 'प्राणेनति कलां भूः' लोकभ्याद् भास्करदिभिरन्यथा मन्वेयमायां व्याख्याता।

32. 'पृथिवी प्रतिष्ठा' इति श्रुत्यन्तरात् आर्यभटाद्यभिमत-भूभ्रमणादिवादानां श्रुतिन्याय-विरोधेन हेयत्वात्। देखिए, परशुराम कृष्ण गोडे (P.K. Gode) का लेख : Appaya Dikshita'a Criticism of Aryabhata's Theory of the Diurnal Motion of the Earth (भूभ्रमणवाद), Annals of Bhandarkar Oriental Research Institute. Vol. 19 (1938), pp. 93-95.

33. पृथिवी 'प्रतिष्ठाम्' अथर्ववेद, 6.77.1.

34. स्वर्भानुरासुरिरिनं तमसा विव्याध वेदवाक्यमिदम्।
श्रुतिसंहितास्मृतीनां भवति यथैक्यं तदुक्तिरत: ॥—ब्राह्मस्फुट-सिद्धांत, गोलाध्याय, 13।

35. एवं वराहमिहिरश्रीषेणार्यभटविष्णुचन्द्राद्यैः।
लोकविरुद्धमभिहितं वेदस्मृतिसंहिताबाह्यम् ॥—ब्राह्मस्फुट-सिद्धांत, गोलाध्याय, 13।

36. मध्यगतिज्ञं वीक्ष्य श्रीषेणार्यभटविष्णुचन्द्रज्ञाः।
सदसि न भवन्त्यभिमुखाः सिंहं दृष्ट्वा हरिणाः ॥—ब्राह्मस्फुट-सिद्धांत, मध्यमाधिकार, 62।

37. श्रुतिस्मृत्युदितं धर्ममनुतिष्ठन्हि मानवः।
इह कीर्तिमवाप्नोति प्रेत्य चानुत्तमं सुखम् ॥ 9 ॥
श्रुतिस्तु वेदो विज्ञेयो धर्मशास्त्रं तु वै स्मृतिः।
ते सर्वार्थेष्वमीमांस्ये ताभ्यां धर्मो हि निर्बभौ ॥ 10 ॥
योऽवमन्येत ते मूले हेतुशास्त्राश्रयाद्द्विजः।
स साधुभिर्वहिष्कार्यो नास्तिको वेदनिन्दकः ॥ 11 ॥

—मनुस्मृति, अध्याय 2।